主 审 刘东卫

主 编 兰 峻 张培宁

副主编 傅楷历 林梦洁 卢文婷 宋玲霞

大学生职业生涯发展与规划

中山大学出版社

·广州·

版权所有　翻印必究

图书在版编目（CIP）数据

大学生职业生涯发展与规划／兰峻，张培宁主编；傅楷历等副主编. -- 广州：中山大学出版社，2025.5.
ISBN 978-7-306-08425-5

Ⅰ. G647.38

中国国家版本馆 CIP 数据核字第 2025Y02U41 号

DAXUESHENG ZHIYE SHENGYA FAZHAN YU GUIHUA

出 版 人：	王天琪
策划编辑：	金继伟
责任编辑：	翁慧怡
封面设计：	曾　婷
责任校对：	周　玢
责任技编：	靳晓虹

出版发行：中山大学出版社
电　　话：编辑部 020-84110776，84113349，84111997，84110779
　　　　　发行部 020-84111998，84111981，84111160
地　　址：广州市新港西路 135 号
邮　　编：510275　传　真：020-84036565
网　　址：http://www.zsup.com.cn　E-mail：zdcbs@mail.sysu.edu.cn
印 刷 者：广州一龙印刷有限公司
规　　格：787mm×1092mm　1/16　18 印张　308 千字
版次印次：2025 年 5 月第 1 版　2025 年 5 月第 1 次印刷
定　　价：49.80 元

如发现本书因印装质量影响阅读，请与出版社发行部联系调换

前　言

本教材旨在配合高校"大学生职业生涯发展与规划"课程的开设而编写。编者从多年的教学实践中深刻认识到，大学生从职业生涯规划意识的萌芽到形成自觉的职业生涯规划，必须在生活实践中不断强化体验，才能最终将其转化为自动化的思维模式，并自觉地将其应用于个人职业生涯发展，以起到指导作用。这一过程类似于先教会学生骑自行车或驾驶汽车的技能，随后通过不断练习，帮助学生熟练掌握，最终形成"肌肉记忆"，达到自由驾驭的境界。因此，在编写过程中，我们努力使本教材贴近大学生职业生涯发展任务的实际需求，强调其系统性、可操作性和有效性，注重大学生职业生涯规划概念的形成和技能的培养练习。

本教材在内容结构上，注重教学的逻辑性和连贯性，章节之间环环相扣。第一章的内容统领全书；第二章至第六章的内容贯穿大学学习的全过程，涵盖了各阶段可能遇到的职业生涯规划问题；第七章强调职业生涯规划的连续性，探讨大学生职场适应问题，提示新入职场的大学生们需将职业生涯发展的视角从规划转向管理。

教材的各章主题基于生涯发展的认知信息加工（cognitive information processing theory，CIP）理论，试图为大学生生涯发展规划提供一个连贯有序的组织框架，帮助学生完善个人生涯发展理论知识，建立生涯规划的思维框架。教材的第一章至第四章，涉及较多的生涯理论内容，旨在帮助学生建立理论认知框架，使其形成生涯规划系统思维方式，构建生涯规划知识体系，真正学会运用生涯规划技能。第一章以"生涯规划导论"作为开篇，介绍生涯规划的概念、生涯理论的历史发展以及部分在日常大学生职业生涯规划教育教学实践中应用较多的理论；接着以认知信息加工理论（金字塔模型）为框架，展开对第二章"了解自我"、第三章"职业世界与资源"和第四章"生涯决策"三个层次的介绍。第五章、第六章从生涯建构的视角出发，以提高生涯适应力为目的，强调大学生活学习实践的主动性，并对在大学期间需着重培养的能力进行强调和练习。其中，第五章介绍了学业规划及目标制定和管理的方法，第六章介绍了在大学期间应培养的职业素质和求职过程中的两项重要技能——简历制作和面试。第七章则将视角从如何进行生涯规划转向生涯规划管理，强调生涯规划是一个连续的过程而非结果，提醒大学生在步入职场后，仍需对自己的职业生涯发展进行阶段性的反思，进而及时调整和修正，并对大学生初入职场可能会遇到的问题进行了提示，作为全书的结尾。

教材中的部分章节通过大学生生涯发展过程中的案例展示，阐述了大学生涯中普遍存在的困惑，帮助学生对生涯问题产生感性认识。在相应的章节后，还设计了生涯规划活动练习，且活动练习注重实务性与操作性，便于学生对理论进行及时强化、理解和应用。同时，从另一个角度强调学生应积极主动建构自己的职业生涯。在文字风格方面，尽量贴近学生主体，主题与行文力求亲切、易读，以方便学生自行阅读操作。本教材的内容以教学实践为基础，可作为授课教师的备课资料。

本教材在编写过程中，参阅了大量国内外文献和相关网站，在此表示衷心感谢。由于编者水平有限，书中难免存在错漏之处，敬请读者批评指正。

编者
2025 年 1 月 6 日

目 录
contents

第一章　生涯规划导论 ··· 1

第一节　生涯规划的基本概念 ·· 4
第二节　生涯规划的主要理论 ··· 14
第三节　生涯规划的目标与要素 ······································ 36

第二章　了解自我 ·· 45

第一节　了解自我——兴趣 ·· 47
第二节　了解自我——能力 ·· 68
第三节　了解自我——价值观 ·· 86
第四节　完善自我知识 ··· 110

第三章　职业世界与资源 ··· 115

第一节　明尼苏达工作适应理论 ····································· 118
第二节　工作世界系统 ··· 120
第三节　职业环境选择的影响因素 ··································· 131
第四节　获取职业信息资源 ··· 144

第四章　生涯决策 ··· 154

第一节　生涯决策的关键问题 ······································· 158
第二节　决策制定 ··· 170

第五章　学业规划与生涯目标　……………………………………… **196**

  第一节　大学生学业规划　…………………………………… **197**
  第二节　生涯目标　…………………………………………… **203**

第六章　职业素养与求职技能　……………………………………… **223**

  第一节　大学生职业素养　…………………………………… **224**
  第二节　求职技能　…………………………………………… **240**

第七章　生涯规划管理　……………………………………………… **264**

  第一节　职场认知　…………………………………………… **266**
  第二节　管理职业生涯　……………………………………… **271**

参考文献　…………………………………………………………… **281**

第一章 生涯规划导论

本章内容框架

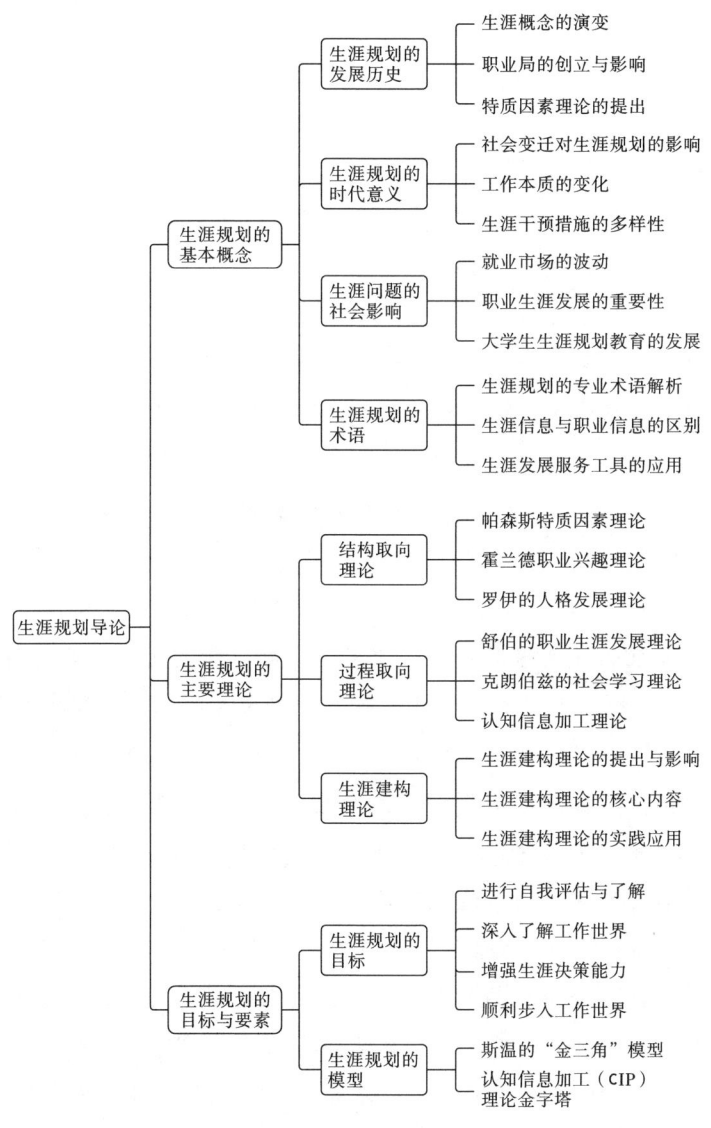

生涯案例

李茹，一名满怀憧憬的大一新生，经历了高中三年的艰苦奋斗后，终于步入了梦寐以求的大学校园。她在心中暗自思量：这下总算可以稍稍放松，喘口气了。大学开课后，她每天踩点进教室，上课对她而言，似乎只是为了应付出勤打卡，完成任务。她很少真正地投入课堂学习中，大多数时间都在低头打电子游戏。凭借着高中时期扎实的基础，考期突击复习她也基本能够应付考试。当被问及未来的发展方向时，李茹的脸上闪过一丝迷茫和焦虑，但她很快又安慰自己："毕竟还有好几年的时间，那是毕业时才需要考虑的事情。"她常常这样告诉自己："我就只想当个普通人，平平淡淡地过一生，为什么要让自己那么累呢……"

董杰，一名大二的学生。随着时间的推移，他对大学生活的新鲜感逐渐消退，现在他已经成为校园里的"老生"。每天，他都忙得不可开交，上课、听讲座、参加各种社团活动……然而，尽管如此忙碌，他却常常感到迷茫，不知道自己究竟在忙些什么。有时候，他会感到非常疲惫，但一想到需要为毕业后的职业生涯打下坚实的基础，他就觉得这些付出或许是值得的。然而，在其他时候，他仍会感到非常茫然，甚至有些沮丧，因为他忙得毫无头绪，不知道这样的付出是否真的对未来的发展有帮助。他很想让自己停下来，好好思考一下，但又不知道从何开始。

李茜，一名即将迈入大四的学生，面对即将到来的毕业季，她已经为自己规划好了未来的发展道路——继续深造，考取研究生。她天生性格内向，喜欢安静，这使得她非常适合做学术研究。在大学期间，她积极参与各种科研项目和学术活动，不仅乐在其中，而且也取得了一些小成绩。这些努力最终得到了回报，她成功被一所知名大学的研究生院录取。然而，即便如此，她还是决定参加一场招聘会，试图寻找一份稳定的工作。她之所以这样做，主要是受到了父母的影响。她的父母告诉她，在当前大学扩招的大环境下，每年都有大量的大学毕业生涌入就业市场，竞争异常激烈。即便读了研究生，也不能够保证找到一份理想的工作。因此，父母建议李茜，与其继续深造，不如现在就找一个稳定的工作岗位，这样将来就不用为生计发愁了。李茜听了父母的话，开始感到迷茫和犹豫。她原本以为自己已经对未来的道路有了清晰的规划，但是现在，她不确定是应该遵循父母的建议，一毕业就去工作，还是应该坚持自己对研究工作的热爱和追求。这个选择让她原本看似已经明确的未来变得扑朔迷离……

你是否觉得上述三位同学的经历有些熟悉，或者自己也曾有过类似的感受？步入大学前的日子，学生仿佛被设定在单一的跑道，主动选择的机会寥寥无几，社会实践的涉足也浅尝辄止。他们的目标几乎千篇一律，那便是全力以赴地备战高考，那段时光虽然紧张却充实，每一步都走得坚定而有力。然而，踏入大学校门后，学生的未来规划受到各种因素的影响，变得五花八门。课程的密集度骤降，自由时间十分充裕，这使得不少学生仿佛走进迷雾，找不到前行的方向；又仿佛置身于茫茫大海之中，四周皆是海水，看不清哪条是通往未来的航道。有些学生用"船到桥头自然直"的心态来安慰自己，将焦虑暂时搁置，期待毕业时一切问题都能迎刃而解，结果内心的焦虑却日积月累；有些学生虽然终日忙碌，却如同无头苍蝇徒劳无功，渐渐地，那份最初的热情也被消磨；还有些学生虽然对未来发展有所规划，但一旦周围出现不同的声音，尤其是与家长的意见相悖时，他们就开始犹豫不决，质疑自己的选择是否正确。这些，都是大学生在生涯规划中常遇到的问题。

我们观察到大学生在生涯规划上主要遭遇两大困惑：一是未来的职业方向，他们常常因职业选项众多而感到迷茫，不确定自己究竟适合什么样的工作，或者应该选择什么样的职业道路；二是实现目标的途径，即使确定了职业目标，大学生也常常困惑于如何有效地规划自己的学习和生活，以确保能够顺利地达到既定的目标。他们可能会对如何分配时间、如何选择课程、如何参与实习和社团活动等问题感到迷茫，甚至在面对各种选择时感到焦虑和有压力。这些困惑不仅降低了他们的学习效率，也可能对他们的心理健康产生负面影响。

在面对生涯规划这一议题时，有些人可能会提出疑问："如果我事先就清楚地了解了自己未来的职业发展轨迹、生活方式及个人成长路径，那么生活中的惊喜和未知岂不是荡然无存了吗？此外，鉴于计划往往跟不上变化的步伐，我们又怎能确信通过规划就能实现我们的目标呢？"在一部曾经风靡一时的电影中出现的台词"人生是旷野，而非轨道"，似乎传达了对既定人生路径的质疑，挑战了生涯规划的价值所在。然而，让我们想象一下，在浩瀚的大海中航行，如果没有明确的方向指引、没有目标的牵引，也没有周密的计划作为辅助，我们可能会陷入更深的迷茫之中，甚至迷失方向，不知该何去何从，更不用说成功抵达目的地，开启一段崭新的人生旅程。

在接下来的课程中，我们将深入探讨生涯规划的历史发展脉络、深远意义，以及介绍一些实用的生涯规划方法。我们的目标是帮助大学生提升其解决实际生涯问题和制定生涯决策的能力，使他们在这样一个充满不确定性和变数的世界里，能够增强对未来的"掌控感"，并且能够灵活应对这个纷繁复杂的世界所带来的各种变化。

第一节　生涯规划的基本概念

一、生涯规划的发展历史

当我们从历史的长河中审视"生涯"这一概念时，可以发现它是一个相对较新的概念。事实上，在20世纪初期之前，对于大多数人来说，职业选择并不是一个普遍存在的现象。在那个时代，通常情况下，"子承父业"是就业的常态。换句话说，"职业"这一概念的形成，实际上仅仅经历了百余年的历程。

随着时间的推移，社会经历了巨大变革。特别是工业革命的兴起，不仅促进了社会经济的转型，也使得"就业"（即职业选择）变得日益复杂。1908年，弗兰克·帕森斯（Frank Parsons）在美国波士顿创立了职业局，这一机构成立的主要目的是帮助年轻人在日益复杂的职场中找到适合自己的方向。他提出了职业设计的"三要素模式"，这一模式包括个人特质的自我了解、职业要求的分析以及个人与职业的匹配。这一创新的就业计划，旨在引导求职者深入了解自身的个性特征，研究当地的就业市场，并据此挑选最合适的职业机会。正如我们所了解的，这标志着生涯咨询过程的开端。

弗兰克·帕森斯的理论在其所处的时代受到了广泛的欢迎和赞誉，他的著作《选择一份职业》（Choosing a Vocation）为那些怀揣梦想，渴望在繁华都市中开拓自己事业的人们提供了一套详尽而实用的规划指南。帕森斯的规划方法论清晰地界定了明智生涯选择的三个关键步骤，具体如下。

首先，个人需要深入地审视和分析自己的兴趣、技能、价值观、目标、背景及可利用的资源等。这一过程要求个人进行自我反思，以确保对自身的了解是全面而深刻的。

其次，针对学校教育、业余培训、就业机会及各种职业路径，个人需要审视所有潜在的选择机会。这一步骤要求个人对市场上的各种可能性保持开放的态度，并且积极地搜集相关信息。

最后，基于前两个阶段所搜集和分析的信息，个人需要审慎地推断并选择最适合自己的职业道路。这是决策过程中一个关键步骤，它要求个人综合考虑所有因素，并做出最符合自身情况的选择。

弗兰克·帕森斯的特质因素理论，也被称为人职匹配理论，是人们在生涯选择和思考方式上的一次重大飞跃。他的"三阶段理论"在当时为人们提供了一种逻辑清晰且理智的途径，帮助人们解决职业问题和做出职业决策。尽管随着时间的推移，生涯理论有了许多新的发展，但帕森斯的理论至今仍然影响深远，其核心思想在现代职业规划中依然具有重要的指导意义。

从20世纪50年代初期开始，生涯理论家们逐渐形成了一种共识：生涯不仅仅局限于职业、工作或单一事件，它还是一个决定人们一生的生活方式的复杂过程。职业指导的范畴也随之扩展，不再局限于选择和从事工作。换言之，帕森斯的"三阶段理论"被广泛采纳，并用于指导人们在多重生活角色（如工作者、学生、家长、公民等）中的定位调整和生涯规划。本教材正是基于上述理念而编写，旨在引导学生从职业生涯规划与发展的视角出发，学习如何制定个人职业决策，并自主掌握应对生涯问题的策略。

二、生涯规划的时代意义

随着社会的迅猛发展，与过去相比，21世纪的生涯规划展现出了显著的差异。在这个时代，社会变迁不仅创造了多种行业，还要求我们与时俱进，跟上时代的步伐。新兴行业的涌现和传统行业的转型，使得职业环境充满了变数，这就要求我们在进行生涯规划时，必须深入考虑个人的兴趣、能力、价值观，同时关注社会变迁的趋势和要求。社会的巨大变迁不仅影响着我们每个人的工作时间、方式、地点及动机，进而也影响着我们对职业生涯的规划和追求。

工作的本质已发生了转变。过去，人们一旦加入一家单位或机构，便忠于职守直至退休；如今，这样的日子已不复存在。过去的观念已不再适应于大多数工作者的现实生活。此外，当前的工作环境和组织机构日益国际化，众多企业纷纷开展跨国经营，这使得工作场所的多样性对工作和职业生涯产生了巨大的影响。

除了每周固定的工作时间，许多职场人的日程表中还排满了兼职性、弹性、临时性和应急性的工作，例如，远程工作或其他灵活的工作安排。这些新兴且灵活多样的工作安排，正逐渐提升生涯构建的复杂性与不确定性。工作场所的多样性对工作和生涯产生了巨大的影响。

在当代，各种生涯干预措施（career interventions），包括为人们的职业生涯发展提供帮助的计算机系统、问卷量表、书籍、视听材料、印刷材料及专业和非专业辅助的从业人员等，都比以往更加丰富多样。这同样给需要生涯干预的个体带来了前所未有的挑战，令他们在特定情境下选择最适合的干预措施变得愈发困难。

综上所述，面对社会经济环境的种种变迁与复杂局势，作为社会经济生活急剧变化的直接产物，掌握有效地设计和执行生涯规划的方法，已成为一项极具挑战性与重要性的任务。在这个过程中，我们需要不断地学习和适应，以确保我们的生涯规划能够适应不断变化的环境，从而实现个人职业发展的目标。

三、生涯问题的社会影响

在现代社会中，每天都有成千上万的职场人士在不同的工作环境之间流动，这种现象使得就业市场变得动荡不安。根据最新的数据分析，近年来大学生就业市场呈现出波诡云谲的态势，毕业生的人数近年持续增加，但令人担忧的是，大学生就业意愿呈现出下降的趋势，出现"慢就业，缓就业"现象。职业转换率的统计数据揭示了一个令人震惊的现象，某些专业类别的毕业生在毕业三年内转换职业的比例竟然高达43%～63%。此外，失业率与经济增长率之间存在着一种负相关关系，失业率的上升往往预示着经济的疲软和衰退。个人可能因为失业、职业转换或家庭与工作间的失衡而遭受巨大的心理和经济冲击。同样，单位和组织也可能因为员工的职业生涯问题而陷入困境，进而影响组织的正常运营和绩效表现。对于任何组织而言，一个关键的挑战就是选拔合适的人才来填补相应的岗位，因为这直接关系到组织的绩效表现和竞争力。

高质量充分就业，不仅是我国经济社会发展的首要目标，也是确保经济社会健康稳定发展的关键，它对于国家的长治久安具有深远的影响。促进高质量充分就业，已经成为新时代新征程中就业工作的全新定位和使命。个人的职业生涯发展与国家乃至全球推动就业增长的政治经济力量紧密相连。个人的职业道路可能直接取决于特定行业或组织的成功与稳定，而这些行业和组织的成功又与国家的经济政策和市场环境息息相关。我国重视个人职业生涯发展的重要性，并积极出台多样化的教育和经济激励措施，旨在激励人们积极投身于那些富有价值和前景良好的职业领域。

我国对大学生职业生涯规划的关注始于20世纪初。1916年，清华大学校长周寄梅先生率先在该校引入与"生涯规划"相关的课程辅导，这标志着我国大学生职业生涯规划教育的开端。1993年，中共中央、国务院颁布的《中国教育改革和发展纲要》明确提出了大学生"自主择业"的要求，这一政策的出台使得就业指导和生涯规划问题开始受到学者的广泛关注。尤为值得一提的是，2000年10月，北京市学联牵头，携手中国人民大学、清华大学、北京大学等八所首都知名高校，共同举办了"2000年大学生生涯规划"系列活动。该活动在首都大学生群体中引起了热烈反响并得到了广泛认同，对于推动大学生职业生涯规划教育起到了积极的促进作用。2007年，教育部办公厅印发了《大学生职业发展与就业指导课程教学要求》的通知，通知中明确要求，从2008年起，所有普通高校应开设职业发展与就业指导课程，并将其作为公共课纳入教学计划，贯穿学生从入学到毕业的整个培养过程。现阶段，该课程可作为高校的必修课或选修课开设，经过3～5年的完善后，全部过渡到必修课。这一政策的实施，标志着我国大学生职业生涯规划教育进入了一个新的发展阶段。目前，国内高校已将就业指导和职业生涯规划课程纳入教学计划，作为必修课或选修课，以帮助学生更好地规划自己未来的职业道路。2023年，教育部举办全国大学生职业规划大赛，旨在将大赛打造成强化生涯教育的大课堂。通过举办大赛,实现以赛促学,引导大学生树立正确的成才观、就业观和择业观,科学合理规划学业与职业发展,提升就业竞争力。

四、生涯规划的术语

在生涯规划这一专业领域中,存在着一系列独特的专业术语,这些术语包括"生涯"(career)、"行业"(vocation)、"就业"(employment)、"工作"(job)、"职业"(occupation)、"职位"(position)以及"产业"(industry)等。在生涯规划的语境中,这些词汇的含义与我们在日常生活中或在新闻媒体上所接触到的用法往往存在显著的差异。除了上述词汇,其他一些术语如"兴趣""价值观""技能""能力和目标"等,在生涯规划的领域内也各自承载着特定的含义和重要性。深入理解这些术语背后的含义和它们在生涯规划中的具体应用,将极大地帮助我们成为更加高效的生涯问题解决者和明智的决策者。

在面对个人职业问题的解决与决策时,我们应当清晰地区分职业信息(即与国际化相关的信息)、就业信息(即反映就业市场动态的信息)和生涯信息(即涉及个人职业发展路径的信息)之间的差异,并且深入理解它们各自的内涵。在我们寻求解决职业生涯问题的帮助时,这些对专业术语的区分和理解至关重要,因为正确使用这些专业术语,将有助于我们更迅速地获取到准确的信息,从而提高解决问题的成功率。

此外,诸如测量问卷、计算机信息系统等生涯发展服务工具,在它们的设计和应用过程中也采用了特定的专业术语。当我们使用学校提供的生涯服务系统,或者使用来自用人单位或咨询专家所提供的职业测评系统时,对这些专业术语的理解将使我们在进行生涯决策和规划自己的职业生涯道路时,能够更加清晰和有条理。这种清晰的理解有助于我们更好地利用这些工具和服务,来实现个人职业发展的目标。

1. 生涯

在职业发展领域,唐纳德·E. 舒伯(Donald E. Super)这位著名的生涯发展理论家提出了一个核心观点,即生涯是一个人长期的发展过程。在这个过程中,随着年龄和经验的增长,个人在不同的发展阶段会表现出不同的职业需求和人生追求。Super 进一步将人的职业生涯细分为五个主要阶段，每个阶段都具有其特定的职责、角色以及发展任务，这些阶段依次为：成长阶段、探索阶段、确立阶段、维持阶段和衰退阶段。这五个阶段不仅反映了个人在职业生涯中的不同需求，而且体现了个人在不同年龄阶段的自我发展轨迹。此外，Super 的生涯概念并不仅限于有酬工作，它还包括从青春期开始直至退休之后的一系列有酬或无酬职位的总和，从而构成了一个人完整的生涯画卷。1988 年，在华人的生涯理论研究领域，金树人[①]认为，人一生中所扮演的一系列不同的角色和职位，以及这些角色和职位对个人的工作与休闲生活所产生的影响，共同构成了个人独特的生活方式。这种生活方式，也被称作"个人的生涯"。

基于此，生涯规划则是一个人尽其所能地规划未来生涯发展的历程，在考虑个人的智能、特质、价值观，以及阻力和助力的前提下，做好妥善的安排，并借此调整和摆正自己在人生中的位置，以期自己能适得其所。它不仅关乎个人的职业选择，还能更深入地影响个人的成长、幸福和满足感。通过生涯规划，一个人可以更好地理解自己的兴趣和激情所在，明确自己的长期目标和短期目标，从而制定出一条清晰的发展路径。这样的规划有助于个人在面对生活和工作中的各种挑战时，更加从容不迫，更有效地利用各种资源和机会，最终实现个人的抱负。

尽管学者们在文字表述上对生涯的定义存在一定的差异性，但它们共同涵盖了某些核心的观念，而这些观念对于所有正在或即将进行生涯规划的人们来说，都具有极其重要的现实意义。让我们深入地探讨这些关键观点的内涵，以便更好地理解它们如何影响我们的职业选择、发展路径及最终的生活质量。

美国国家生涯发展协会（National Career Development Association）提出了一个在生涯领域中使用最广泛的定义：生涯是指个人通过所从事的工作创造出的一个有目的的、延续一定时间的生活模式。

首先，"延续一定时间"（time extended）这一概念意味着生涯并不仅仅

[①] 参见钟思嘉、金树人主编《大学生职业生涯规划：自主与自助手册》，高等教育出版社 2017 年版，第 3 页。

是某个事件或选择的直接结果，而是一个持续发生的过程。这表明，生涯不应被限定或固定在某个特定的工作或职责上。更准确地说，生涯本质上是一个贯穿一生的持续过程，它受到个人内在和外在因素的共同作用。一些该领域的专家甚至采用"生活/生涯"（life/career）这一术语，以强调生命过程与生涯观念之间的紧密联系。这种观点强调了生涯发展的动态性和连续性，它不仅仅局限于职业发展的某个阶段，而是涵盖了从受教育、工作到退休的整个生命周期。生涯规划和管理也因此而成为一个长期的、需要不断调整和适应的过程，它要求个人不断地评估自己的兴趣、能力、价值观及外部环境的变化，从而做出相应的决策和调整。

其次，"创造出"（working out）在这里是指生涯是个体愿望与可能性、理想与现实之间不断进行妥协与权衡的结果。生涯的发展是一个复杂的过程，它基于一系列连续的选择，这些选择反映了个体在追求职业目标时所面临的各种挑战和机遇。在这个过程中，个人必须不断地评估自己的能力和兴趣，同时考虑外部环境所提供的机会和带来的限制。通过这种方式，生涯构建可以被看作一个动态的、互动的过程，它涉及个人与社会环境之间的相互作用和适应。在这个过程中，个体不仅需要不断地调整自己的期望，以适应不断变化的现实情况，同时也要努力实现自己的理想和抱负。因此，生涯构建不仅仅是一个简单的规划或决策过程，而且是一个涉及个人成长、学习和自我实现的长期旅程。

再次，"有目的的"（purposeful）这一概念意味着对于个人而言，生涯是充满意义和价值的。它并不是偶然发生的事情，而是一个需要经过周密规划、深思熟虑、策略制定和贯彻执行的过程。生涯的形成与发展，实际上源于个人的内在动机、远大抱负和明确目标，它体现了个人的价值观和坚定的信念。这种有目的的生涯规划，能够帮助个人在复杂多变的社会环境中找到自己的定位，实现自我价值，并且在职业道路上不断前进，最终达到个人的满足和成就。

而所谓的"生活模式"（life pattern），它不仅仅是指一个人的职业或工作。实际上，生涯是一个更为广泛的概念，它是成年人在社会中扮演的所有生活角色的综合体现，这些角色包括但不限于家长、配偶、持家者、学生等；同时，生活模式还涉及人们如何整合这些不同的角色，并且安排它们在日常生活中的优先顺序和时间分配。

在定义中，"工作"（work）这个词汇可能是最容易引起混淆的概念之一。尽管我们每个人在日常生活中对它的含义都有一定的理解，但对职业规划专家来说，它却有更为丰富和专业的含义。在职业生涯领域，工作被视作一种能够为自己或他人创造价值的活动，而这种活动并不仅限于有偿劳动。实际上，任何能够对我们或他人产生有价值结果的活动，无论是否获得报酬，都被认为是工作的一部分。例如，出于个人兴趣爱好，利用业余时间指导儿童合唱团，或参与社区志愿服务等，这些活动虽然不涉及金钱交易，但它们在职业生涯规划的语境中，同样被视为工作的重要组成部分。因此，我们必须明确，在职业生涯规划的语境中，工作并不等同于就业，它是一个更为广泛和多元的概念。

最后，"个人所从事的"（undertaken by the person）这一表述，进一步强调了生涯对于每个人的独特性和个性化特征。实际上，由于生涯是基于个人特定的历史背景、社会环境及个人经历构建的，因此不存在两个完全相同的"生涯"。尽管人们可能拥有相似的兴趣或技能，从事相同的职业，为相同的单位、组织或机构工作，他们的生涯路径仍然可能截然不同。每个人的生活经历、教育背景、家庭状况及个人价值观等都会对他们的生涯选择和生涯发展产生深远的影响。因此，生涯规划和管理是一个高度个性化的过程，需要考虑个人的内在需求和外在条件的综合作用。

2. 生涯发展

生涯发展是一个多维度的概念，它不仅包括经济、社会、心理、教育、生理以及机遇等多个方面的因素，还涵盖了教育背景、工作经验、技能水平、行业选择、人际网络、个人品质、语言能力、健康状况等关键因素，这些因素共同作用于我们的人生轨迹。生涯发展是一个涉及个人成长和职业进步的广泛的概念，它要求我们综合考虑个人的内在素质和外在环境，以及它们如何相互影响和塑造我们的未来。在这个过程中，个人需要不断地评估和调整自己的目标和计划，以适应不断变化的环境和需求。

从这个定义中我们可以看出，生涯发展是一个广泛而复杂的概念。它受资金和财政资源、团队关系和社会阶层、心理健康和个性特征、教育背景和经历、生理条件和特质，以及各种机遇因素的共同影响。所有这些个人内在的和外在的因素相互交织，共同塑造了一个人职业生涯的发展路径。值得注意的是，尽管这些因素中的任何一个都无法单独决定一个人的生涯轨迹，但它们以复杂而微妙的方式相互作用，共同塑造了一个人的职业生涯。生涯发展不仅是一个线性的过程，而且是一个动态的、循环的、需要不断适应和调整的过程。

基于这样的理解，我们可以发现，"生涯"一词的定义已经将生涯规划的焦点从"寻找适合我的生涯"转变为"发展属于我自己的生涯"。生涯规划的重点已经转移到个人自身，这对于众多学生而言，是一个鼓舞人心的转变。然而，也有部分学生因缺乏必要的能力，难以担当起自己生涯发展的重任。因此，本教材的编写旨在帮助大学生树立生涯规划的意识，掌握有助于做出合适生涯选择的工具，以便他们能够为自己的生涯发展负起责任。通过提供实用的策略和方法，本教材希望能够激发学生的主动性和创造性，使他们能够更好地理解自己的兴趣和能力，识别和把握机会，以及有效地规划和管理自己的职业生涯。

3. 职业、职位与工作

在我们日常生活中，当人们需要面对职业问题的解决和职业决策的制定时，常常会遇到一个普遍的问题，那就是容易混淆"生涯"（career）、"职业"（profession）、"职位"（position）和"工作"（job）这几个不同的概念。为了更好地理解这些词汇的含义，我们首先需要明确，"生涯"这个概念是从个人的角度出发的，它被赋予了特定的意义，因此，每个人的生涯都是具有独特性的。而"职业""职位"和"工作"这三个概念则不同，它们存在于企业、组织机构和行业之中，它们的意义并不依赖于个人的主观赋予，而是具有一定的客观性和独立性。因此，为了能够有效地解决职业上的困惑，并且制定出明智的职业决策，我们需要对这些概念进行清晰的界定，明确它们各自的含义。只有这样，我们才能在职业发展的道路上找到正确的方向，做出最合适的选择，从而为自己的职业生涯打下坚实的基础。

（1）职业。职业是指在各种不同的行业和组织中所存在的一系列具有相似职责和工作内容的职位。

无论是普通的还是专业的职业，它们都具有独立于个人存在的特性，且存在于特定的行业或组织之中。例如，会计是一种职业，它可能分布在不同的行业和机构中。一个组织内可能设有多个会计职位，由于它们的相似性，这些职位可以被视为同一职业。随着社会经济的快速发展，根据大数据分析和统计，一个人在其职业生涯中可能会从事四到七种不同的职业，这反映了职业变化的普遍性和多样性。换句话说，你的职业生涯可能包含不止一种职业，而是多种职业的组合，每种职业都可能需要不同的技能和知识。

（2）职位。职位指的是个人在组织中所承担的一系列任务和责任。它是由一系列重复或持续进行的任务所构成的工作单元，这些任务和责任共同定义了该职位的职责范围和工作内容。

职位的产生源自组织对特定知识领域、技能集合及任务的细致划分，其目的是促进组织运作的高效性和优化工作流程。例如，某医药公司经过内部评估后，决定由专人来负责优化雇员、客户和投资者之间的沟通流程。为了实现这一目标，公司编写了"信息专员"的职位描述，并开始寻找合适的人选来担任这一职位。求职者在寻找工作机会时，往往会根据市场上公布的空缺职位来提出申请，但无论这些职位是否已经有人担任，其实际存在性并不受影响。一个人在其职业生涯中可能会在许多不同的职位上工作，即使这些职位位于同一组织机构或属于同一职业范畴。通常情况下，职位的承担者是有偿雇员，他们通过完成这些任务和责任来获得相应的薪酬。但值得注意的是，某些组织也会出于社会责任和公益目的，设立一些无薪的志愿岗位，以鼓励社会成员参与社会服务和公益活动。

（3）工作。工作，特指在特定组织内，由具有相似特征的个体所从事的、具有薪酬性质的职位。工作不是一个简单的概念，它涵盖了人们在社会中扮演的角色，以及他们为了生计而进行的有偿劳动。这种劳动通常是在一个组织的框架内进行的，比如公司、政府机构或者其他形式的团体。

一份工作可能包含一个人所从事的一个或一组相似的带薪职位，传统上实行每周固定工作时长的制度。在我国，一个人在其一生中可能会从事多种不同的工作。根据官方数据，目前有超过1500个不同的工种，覆盖了从制造业到服务业等多个领域。这些工种包括从蓝领到白领，从技术工人到管理阶层，从教育工作者到医疗专家等各种职业。对于特定组织而言，工作具有特殊的意义。它不仅关系到组织的运作效率和目标实现，还与员工的个人发展和满意度紧密相关。工作由人类执行，可划分为以任务解决为主导和以组织为核心两大类。前者强调的是完成具体的工作任务，后者则更注重团队合作和组织文化的建设。

要区分职位和工作的不同，我们可以这样理解：人们失去或获得工作，而组织失去或获得职位。从这个意义上来看，工作通常指的是个人所从事的具体任务和职责，它可能随时间而变化，甚至可能在不同的组织或项目之间转移；而职位则更多地与组织结构相关，它代表了一个在组织内部的特定角色和地位，职位的增减往往与组织的战略调整和人员配置有关，例如当组织内部机构重组时，有的职位可能因职能交叉而被合并。

通过对上述职业规划相关术语的探讨，我们可以深刻体会到，个人的生涯具有独一无二的特性。实际上，生涯并不仅仅局限于一个特定的职业或一份工作，它可能包含工作，也可能不包含工作。它是我们的生活、经历及成长过程的一部分，这表明我们每个人实际上都处于自己的生涯之中。因此，可以说，生涯是我们生活中极其重要的一个方面。它不仅涵盖了我们的职业发展，还包括了个人兴趣、家庭责任、社会参与等多方面的内容。生涯规划是一个持续的过程，它要求我们不断地评估自己的目标、价值观和兴趣，以及思考如何将这些因素与外部环境相匹配，从而实现个人的满足和职业的成功。

第二节　生涯规划的主要理论

在当今社会，绝大多数人，当他们站在职业生涯的十字路口，面临选择或决策时，内心都怀揣着一个共同的愿望，那就是寻找到一种被广泛认可且行之有效的"成功的职业生涯模式"。他们渴望能够简单地复制一套现成的模板，以此来确保自己能够沿着一条已被证明是通往成功的道路前进。在不同历史时期和社会背景下，总是会涌现出一些流行的成功哲学或者心灵鸡汤式的励志语录，这些观点和理论试图为人们提供指导，告诉人们如何构建一个"成功的生涯"。虽然这些观点和理论或许能够为某些人带来启发和动力，帮助他们在某种程度上找到前进的方向，但现实生活中，我们所面对的复杂情境及职业生涯问题的深度和广度，已经远远超出了这些理论所能覆盖和解释的范畴。因此，虽然有选择地吸收这些信息和观点确实可以对职业生涯的发展提供一定的帮助，但这并不能取代系统的职业生涯规划。系统的职业生涯规划，能够帮助个人全面地分析自身情况，并据此制订出符合个人特点和市场需求的长远计划，同时，也不应该替代基于自我认知的生涯探索过程，因为只有深入了解自己的兴趣、价值观、能力和期望，个人才能真正找到适合自己的职业道路，从而实现个人职业生涯的成功和满足。

根据行为科学家的研究，我们可以了解到，个体的行为模式往往会对个人生活产生深远的影响，这些影响可能是正面的，也可能是负面的。鉴于此，我们不妨主动采纳并实践积极的行为模式，持续不断地学习新知识，坚持不懈地努力去提升和改善生活质量，并将它们应用于解决职业生涯中遇到的问题及改善决策的过程。通过学习和掌握生涯规划的相关理论知识，我们能够更加深入地理解职业生涯中所面临的问题的核心本质，以及如何采取恰当而有效的行动策略。这样一来，我们不仅能够提高解决生涯问题的效率，还能够显著提升在职业生涯中做出决策的质量，从而长远促进个人职业发展和生活质量的全面提升。

这些在实际运用中挑选和整理出来的关于生涯发展的最佳观点和最新观点是什么呢？在专家给出的建议中，哪些对我们真正有用呢？这是值得我们深入探讨的问题，因为生涯发展不仅关乎个人的未来，也影响着整个社会的进步。

自20世纪初弗兰克·帕森斯的特质因素理论提出职业选择的三大要素以来，心理学家、社会学家、经济学家和教育学家等众多领域的学者，都致力于深入理解人们如何进行职业选择和解决职业生涯中的问题。他们通过长期的研究和实践，积累了大量的知识，这些知识可以被视为一个学科领域或一套完整的知识体系。他们对"工作"的学术研究也呈现出跨学科的特性，涵盖了职业心理学、职业社会学、劳动力市场经济学、职业行为学及最普遍的生涯发展理论。这些理论和研究为我们提供了丰富的视角，能帮助我们更好地理解职业生涯的复杂性，以及如何在不断变化的工作环境中找到自己的位置。

本教材所展示的研究和理论学说，其核心目的是提供实际建议的理论支撑，以帮助人们提升生涯满意度。通过深入理解并应用这些基于学术研究的理论知识，我们不仅能够有条不紊地规划自己的行动步骤，而且能够在此基础上做出更为明智和有见地的生涯选择。这些在实际运用中挑选和整理出来的理论和研究结果，旨在为读者提供一个全面的视角，帮助他们在职业发展和个人成长的道路上，能够更加自信和有方向地前行。

深入探索和学习生涯理论不仅对学术研究具有重要价值，而且在我们的日常生活和职业规划中也扮演着至关重要的角色。当我们面临生涯规划和决策时，我们常常会不自觉地依赖于个人对职业选择和生涯发展的内在理解和信念体系，我们可以称之为"个人生涯理论"（personal career theory，PCT）。例如，你可能会基于个人的兴趣和爱好这样表达："我对户外活动充满热情，对植物和泥土有着特别的喜爱，因此，我倾向于认为自己将来可能会成为一名专业的园艺科学家。"与此同时，了解你的朋友或家人可能会基于他们对你的认识提出不同的建议："根据我对你的了解，我认为你非常适合成为一个优秀的幼儿园教师。"在这个例子中，无论是你自己的想法还是他人的建议，都体现了人们如何将自我认知、教育背景及职业兴趣相结合，以确定最适合自己的职业道路。约翰·霍兰德（John Holland）的生涯类型理论，也被称作"霍兰德职业兴趣理论"，自1959年首次提出以来，已经经历了六十多年的广泛研究和实际应用。这一理论为我们提供了一个理解和分析个人职业兴趣与职业选择之间关系的框架。通过深入学习和理解霍兰德的理论，我们不仅能够更好地理解自己所使用的个人生涯理论的理论基础，还能通过这一理论的指导来优化和调整我们的个人生涯理论。这将有助于我们更有效地解决生涯规划中遇到的问题，做出更明智的职业选择，并在职业生涯中取得成功。

当我们从时间维度来审视生涯规划理论时，可以发现它主要被划分为两大类别：结构取向理论和过程取向理论。

结构取向理论倾向于将生涯问题和决策看作在特定时刻发生的单一事件，这些事件是个人在生活中的某个时间点所经历的。这类理论的核心在于选择的具体内容，以及个人与周围环境之间的匹配程度。相对而言，过程取向理论则将生涯问题和决策看作一个人一生中不断演变的连续过程，随着个人年龄的增长，这个过程会变得越来越复杂。过程取向理论强调初始抉择的重要性，并且关注一系列旨在实现特定目标的事件或任务。举个例子，如果一个人选择了音乐学作为自己的生涯方向，那么这个决定可能会引导他走上成为音乐教育者或者音乐理论研究者的道路。

接下来，我们将深入探讨在解决生涯问题和制定生涯决策的过程中，这两类理论中应用较为广泛的理论学派。

一、结构取向理论

1. 帕森斯特质因素理论

弗兰克·帕森斯是一位杰出的结构主义理论家。他在1909年提出了特质因素理论，这一理论目前已经成为职业选择和职业指导领域中一个非常重要的经典理论。该理论的核心思想是分别独立地关注每一个职业选择或生涯选择。帕森斯在其理论研究中，致力于深入探索与个人选择和职业选择相关的各类因素。

该理论体系建立在这样的假设之上：每个人都有其独特的人格特质和能力模式，这些特质和能力与某些特定职业存在相关性。帕森斯强调，在制定生涯决策时，需要掌握关于个人及其各种选择的充分信息。在了解个人的主观条件和社会职位需求的基础上，将二者进行对比，最终选择与个人相匹配的职业，从而解决职业选择的问题。

帕森斯认为，职业成功的可能性取决于个人特质与工作要求之间的匹配程度，匹配度越高，职业发展的成功概率越大。如果个人缺乏对自己职业或工作的了解，或者推理技能不足，无法将个人特质与工作要求进行对比，那么他可能会做出不适当的职业选择。

帕森斯将人职匹配的方式分为两种类型：一种是因素匹配，也称为条件匹配，是从职业要求的角度出发去寻找合适的求职者，即把那些需要特定技术和专业知识的职业与具备相应知识技能的求职者相匹配；另一种是特质匹配，即从个体的角度出发去寻找适合的职业，例如，具有敏感、独创性、情感丰富、理想主义等特质的人适合从事美学、艺术等创作型职业。

对于那些自我认知明确的、能意识到职业选择的必要性且拥有丰富工作经验的个体而言，特质因素论尤为适用。这一理论能够帮助他们更好地理解自己的人格特质和能力模式，从而在职业选择上做出更为明智和适合自己的决定。

2. 霍兰德职业兴趣理论

约翰·霍兰德在吸收人格心理学的关键概念后，在特质因素理论的基础上，提出了与个人特质相匹配的职业类型理论。该理论于 1971 年提出，影响广泛。霍兰德职业兴趣理论包含以下四种假设。

（1）个人特质类型可以分为六类：现实型（realistic）、研究型（investigative）、艺术型（artistic）、社会型（social）、企业型（enterprising）和常规型（conventional），分别用 R、I、A、S、E、C 这几个首字母表示。这些类型反映了人们在工作和生活中所表现出的不同倾向和偏好。

（2）存在六种与上述人格类型相对应的环境类型。这些环境类型为个人提供了不同的工作背景和职业机会，使得人们能够在与自己特质相匹配的环境中获得满足感和成就感。

（3）人们往往寻求能展现个人才能、实现自我价值、解决难题或达成目标的环境，拥有特定性格特征的人会被具有相似性质的工作环境吸引。这种倾向性使得个体在选择职业时，更倾向于选择那些能够让他们感到舒适和满足的环境。

（4）若个人的性格类型与职业环境相契合，他们便会更加专注工作并能发挥所长，进而取得更高的工作满意度及出色的工作成效。这种契合度是职业成功和职业满意度高的重要因素之一。

霍兰德认为，个体兴趣类型的相似性越大，相容性越强，在职业选择时遇到的内在冲突和犹豫就会越少。因此，了解自己的兴趣类型对做出明智的职业选择至关重要。

基于这一理论，霍兰德开发了职业自我探索量表（self-directed search, SDS），帮助人们根据自己的评估结果找到适合自己的职业。具体操作如下：计算自己在六大类型中的得分，由于大多数人是多种兴趣类型的综合体，很少出现单一类型显著突出的情况，因此，可以将得分最高的前三个类型代码组合成霍兰德代码。例如，如果得分最高的三种类型依次是 A、S、E，那么霍兰德代码就是 ASE。该代码对应的职业，如戏剧导演、舞蹈教师、广告撰稿人等，将符合测试者的兴趣。同时，ESA、SEA、EAS 对应的职业也可能会符合你的兴趣。关于霍兰德代码的具体含义以及如何利用它来辅助职业探索，可以参阅第二章的详细内容。

3. 罗伊的人格发展理论

安妮·罗伊（Anne Roe），作为一位专注于结构取向理论的学者，特别强调早期童年经历，以及个人需求在职业选择过程中的重要性。她提出，通过分析个人需求满足程度的不同，我们可以更深入地理解职业选择的动机。基于对人格特质与艺术创造力相关性的研究，罗伊深入探讨了不同专业科学家的成长背景和人格特征，并得出了两个主要结论：首先，物理学家、生物学家和社会学家之间存在显著的人格差异，这些差异主要体现在他们对人和事的反应类型上；其次，这些差异在一定程度上源于他们不同的童年抚养经历。罗伊认为，个体遗传了一种特定的倾向，这种倾向决定了他们释放心理能量的方式。这种先天释放心理能量的方式，结合他们的童年经历，共同塑造了个体满足其需求的基本模式。其中，父母对个体早期的教养方式，在很大程度上影响了他们对未来的职业选择。从需求满足或受挫的角度，罗伊概括了三种基本的亲子关系，具体如下。

第一种亲子关系是依赖型。在这种关系中，父母将其注意力直接投注于孩子身上，提供过度保护或提出过高要求。罗伊指出，过度保护和过高要求的父母往往吝啬于表达爱和赞许。尽管过度保护的父母会无条件满足孩子的生理需求，但他们往往忽视了孩子对爱与自尊的渴求，这促使孩子学会了通过迎合他人来获取赞赏，进而逐渐形成了依赖心理。而过高要求的父母则对孩子期望过高，孩子若未能达到标准则不会得到认可。在这种严苛环境下成长的孩子，往往容易形成完美主义倾向，他们因过度追求完美而时常感到焦虑，进而在职业选择的过程中面临诸多困扰。

第二种亲子关系是回避型。在这种关系中，父母忽视或拒绝孩子的身体需求或情感需求。相对而言，那些在一定程度上忽视孩子健康状况的父母，对孩子造成的伤害似乎小于那些吝啬于表达自己的爱与尊重的父母。被拒绝的孩子若未能见识到其他更为积极的养育方式，其个人发展很可能会受到阻碍，尽管如此，他们的人格却未必会因此而扭曲。这类儿童长大后往往避免与他人交往，宁愿在自己的工作岗位上，通过自己的努力满足自己的需求。

第三种亲子关系是接纳型。这包括那些爱孩子和部分接受孩子的父母，他们能在生理和心理层面上满足孩子的需求，尽管这两类父母在满足方式和程度上存在细微差别。

罗伊的人格发展理论指出，个体早期的家庭环境对其职业选择有显著影响。例如，那些在充满爱和过度保护的家庭中成长的个体，往往倾向于选择社会性职业,如商业、文艺、服务和行政等,这些职业通常需要与人频繁交往。相反,那些在拒绝或回避氛围占主导的家庭中成长的个体,可能更倾向于选择科学家等职业,因为这些职业的工作性质不太需要与人频繁直接接触。然而,这些结论真的准确吗?罗伊的人格发展理论虽然尝试解释遗传因素和儿童早期经验对职业行为的影响,但其研究资料多依赖于追溯或回忆,这可能导致信息的不准确。此外,父母行为风格的复杂性和差异性,以及儿童早期经历与生涯结果之间的众多干扰因素,都影响了该理论的准确性和限制了其应用范围。

帕森斯、霍兰德和罗伊是结构取向理论的代表人物,他们对生涯规划和咨询领域的知识基础产生了深远的影响。该领域所使用的许多工具和技术,均源于结构派方法。

二、过程取向理论

过程取向理论家,也被称作"发展取向的理论家",他们特别强调个人在进行生涯选择时所遵循的人生模式。这些理论家深入研究了个人不同的年龄阶段、学习经历、自我概念的成熟及人格特征等因素是如何影响生涯选择的。与结构取向理论家有所区别的是,过程取向理论家更专注于特定选择情境,将重点放在个人的决策模式、风格及生活情境上。他们强调了学习如何正确理解生涯发展过程和决策制定过程的重要性,而不是只关注特定选择的结果。过程取向理论家认为,了解个人如何在不同生活阶段做出选择,以及这些选择是如何与个人的内在发展和外在环境相互作用的,对于理解生涯规划至关重要。他们倡导一种动态的视角,认为生涯规划是一个持续的、适应性的过程,需要个人不断地评估自己的兴趣、能力、价值观及外部环境的变化,并据此做出相应的调整。

在心理学领域,人生阶段的划分是一个备受关注且至关重要的议题。爱利克·埃里克森(Erik H. Erikson),这位杰出的心理学家,提出了一个广为人知的心理社会发展理论。根据他的理论,个人的发展可以被细致地划分为八个不同的阶段,每个阶段都伴随着其独特的心理社会任务及核心冲突。例如,在人生的早期阶段,即婴儿期(0~1.5岁),个体面临的是基本信任与不信任的心理冲突。这个阶段的婴儿通过与照顾者的互动,学习是否可以相信世界是安全和可靠的。而当个体进入青春期（12～18岁），他们则面临自我同一性与角色混乱的冲突。在这个成长阶段，青少年开始探索自己的身份，试图理解自己在社会中的位置，以及他们想要成为什么样的人。这些阶段的顺利过渡对于形成健全的人格至关重要，因为每个阶段的挑战和冲突都为个体提供了成长和发展的机会。

过程取向理论的学者也借鉴了发展心理学家关于人生阶段划分的理论。他们认为，人们在人生的不同阶段都以特定的方式探索职业生涯，每个阶段都对应一个发展主题，这些主题反映了个体在不同年龄阶段可能面临的挑战和机遇。例如，在成年早期，个体可能专注于建立职业基础和探索不同的工作领域；在中年期，他们可能更关注职业的稳定性和提升。基于这一观点，如果我们能够将个人的职业历程划分为在特定年龄发生的、可预测的阶段，那么我们就有理由更早地开始职业生涯规划。通过早期规划，个体可以更好地为迎接未来可能遇到的挑战做准备，从而在职业发展上取得成功。

1. 舒伯的职业生涯发展理论

在众多过程取向理论家中，唐纳德·E. 舒伯无疑是最为突出和重要的一位。他受到了早期理论家的启发，早在20世纪50年代初期开始，就基于差异心理学、发展心理学及自我概念理论，引入了关于生涯发展的新思考方式。舒伯的研究指出，个人的自我认知在职业选择中扮演了至关重要的角色，个人往往倾向于选择与自我概念相匹配的职业，以此来实现自我价值。这一观点将人格概念与职业概念紧密地联系起来，从而形成了他的生涯理论。舒伯将个人的职业生涯发展划分为五个阶段，每个阶段都有各自的特征和任务。

（1）成长阶段（14岁之前）。在这一阶段，个体的自我概念逐渐成熟。在成长初期，个体对职业的好奇心占主导，个人愿望和空想起着支配作用；后期则开始关注社会现实，并逐步有意识地培养职业能力。个体的成长历程，可以进一步细化为以下三个成长阶段。

第一，幻想期（10岁之前）：在这个时期，主观需求占据主导地位。儿童从外界感知到许多职业，对于自己觉得有趣和喜爱的职业充满幻想，通过游戏等方式发展职业角色认同。角色扮演反映了儿童对世界的早期追求。这一阶段是孩子们探索自我和职业世界的一个重要时期，他们通过模仿和想象来构建自己对职业的理解。

第二，兴趣期（11～12岁）：在这个时期，以兴趣为中心，儿童开始理解、评价不同的职业，并发展职业爱好与兴趣。他们开始对各种职业有更深入的认识，并根据自己的兴趣选择喜欢的职业领域进行探索。这个时期是儿童职业兴趣形成的关键时期，他们通过各种活动和学习来深化对职业世界的了解。

第三，能力期（13～14岁）：在这个时期，能力所占的比重较大，儿童开始考虑自己感兴趣的职业所需的条件和自身能力的差距，并有意识地进行能力培养。他们开始更加现实地评估自己的能力和潜力，并根据这些评估来选择适合自己的职业路径。这个阶段是儿童从幻想和兴趣转向实际能力培养的过渡时期，为他们未来的职业生涯打下基础。

（2）探索阶段（15～24岁）。在这个阶段，个体主要通过学校的学习经历、休闲活动的参与以及实践工作的锻炼，来实现自我考察、角色定位，并深入探索职业道路，进而形成自我概念与职业概念，最终完成择业并迈出初步就业的步伐。这个阶段是个体成长和职业发展的重要时期，是个体从青少年向成年人过渡的关键阶段。该阶段也可细分为三个时期。

第一，试探期（15～17岁）：在职业规划中，青少年会综合考虑个人意愿、兴趣、能力、价值观以及职业的社会价值和就业机会等，缩小选择范围，并根据这些因素对职业发展方向做出初步判断，对未来职业进行尝试性或暂时性的选择。这个时期，青少年开始对各种职业有所了解，开始思考自己的兴趣和能力，以及未来可能从事的职业。

第二，过渡期（18～21岁）：在这个阶段，个体开始正式进入劳动力市场或参与专业教育培训，逐步将职业理想转化为现实，并根据市场和个人的情况调整职业期望。同时，也是个体在现实和环境中寻求"自我实现"的时期。在这个时期，个体可能会面临各种挑战和困难，需要学会如何应对和解决这些问题。

第三，尝试期（22～24岁）：在这个阶段，个体通常会进入一个看起来比较适合自己的领域，寻找到一个入门级的工作机会。他们开始尝试将这份工作作为维持生计的方式，或者考虑将其作为自己的终生职业。在这个过程中，个体会对自己的职业目标进行深入的探索和验证，以确保所选择的职业路径是切实可行的，并且能够满足他们长期的职业发展需求。

(3) 建立阶段 (25～44岁)。在这个阶段,个体在进入职场后开始探索并发现真正适合自己发展的领域,并且会付出努力,试图将这个领域转变为自己的长期职业。这一阶段的初期,对于某些人来说,可以被看作对所从事职业的"试验期",在这个过程中,他们可以验证自己在前一个阶段所做出的职业选择和决定是否恰当和正确。如果他们认为自己的决定是正确的,那么他们将会更加努力地经营自己的职业,继续在该领域内发展;反之,如果他们感觉当前的职业并不适合自己,那么他们就会选择其他更加适合自己的职业。随着时间推移,个体逐渐在某一职业岗位上找到了自己的位置,实现了职业上的稳定。建立阶段可以进一步细分为两个时期。

第一,适应期 (25～30岁):在这个时期,个体对新环境的适应能力各不相同,有的人可能很快就适应了新的工作环境,并且直接步入职业稳定期;有的人则可能因为对初就业的不满或者对工作的不适应,需要重新规划自己的职业道路,甚至可能需要重返探索阶段,再次寻找适合自己的职业方向。

第二,稳定期 (31～44岁):在这个时期,个体已经最终确定了自己的职业方向,并且致力于实现稳定的职业目标。这是一个富有创造性的时期,在这个阶段,个体不仅需要巩固自己在职业上的地位,还需要不断地创新和提升,以确保自己能够在所选择的职业领域中保持竞争力,并实现个人价值的最大化。

(4) 维持阶段 (45～64岁)。在这个人生阶段,个体通常会集中精力于既定的目标,努力保持自己已经取得的成就和地位。他们积极探索各种晋升的途径,同时努力在家庭和工作之间找到平衡点,为即将到来的退休生活做好准备。尽管大多数人在这个阶段会选择稳妥的道路,但仍有极少数人愿意冒险,去探索新的领域,寻求个人发展的新机遇。

(5) 衰退阶段 (65岁至死亡)。这个阶段标志着个人的精力和体力开始逐步下降,也是职业生涯逐渐走向终点的时期。随着年龄的增长,人们开始逐渐离开工作岗位,接受并适应从职业角色到退休角色的转变。衰退阶段也可细分为两个时期。

第一,减速 (65～70岁):在这个年龄段,个人的工作节奏开始放缓,工作责任或性质也相应地发生改变,以适应个体逐渐衰退的体力和心理状态。许多人在这一时期会选择从事兼职工作,将自己完全参与工作的身份转变为选择性的参与者，从而更好地适应身体和心理上的变化。

第二，退休（71岁至死亡）：对于大多数人来说，退休是一个全新的生活阶段。有些人能够愉快地适应完全停止工作的状态，享受退休生活带来的自由和闲暇；有些人则可能因为无法适应这种变化而感到困难重重，心情郁闷；至于年老体衰者则被迫来到生命的尽头。

根据这些理论，我们可以了解到，每个发展阶段都具有其特定的发展任务，这些任务需要被逐一完成，并且必须达到一定的发展水平或满足特定的成就标准。此外，前一个阶段的完成情况对于后续阶段的发展具有决定性的影响，因为它们之间存在着紧密的联系和相互作用。

在生涯发展阶段理论提出之后，舒伯还进一步深化了他对发展任务的理解。他提出，在一个人的一生中，生涯发展的各个阶段都必须面对成长、探索、建立、维持和衰退的问题。因此，生涯发展可以被看作一个循环过程，包括"成长—探索—建立—维持—衰退"的循环。以一名大学新生为例，入学后，他们首先需要适应新的角色和学习环境。通过"成长"和"探索"，他们逐渐"建立"起一套适应模式，以"维持"一段时间的大学学习生活。当他们临近毕业时，就会面临一个新的阶段——准备继续升学或求职。在这个过程中，原有的、已经适应了的模式会逐渐"衰退"，为新阶段的任务让路，从而开始新一轮的循环。从这个角度来看，生涯发展阶段的划分不应该有明确的年龄界限，因为生涯发展是一个连续不断的过程。

舒伯所提出的"生活/生涯彩虹图理论"（life-career rainbow）（图1-1）认为，有六种生活角色是我们理解生涯概念的重要途径。在人的一生中，每个人都会在不同阶段扮演一个或多个这样的角色。此外，对每个人而言，每一种生活角色的强度都会随着时间的推移而发生变化。这些生活角色的结合，以及它们各自的强度，共同构成了个人生涯的基础。其中，部分角色是基于生物学和遗传学的角度被界定的，而其他角色则可以由个人根据自己的意愿自由选择。这一点与罗伊的观点相辅相成，都强调了个人选择在生涯发展中的重要性。

在图1-1中，我们可以清晰地看到这六种不同的角色，它们分别是：①子女；②学生；③休闲者；④公民；⑤工作者；⑥持家者。舒伯在其理论中特别强调了个人自我概念、年龄及生活中的各种角色对于生涯发展的重要

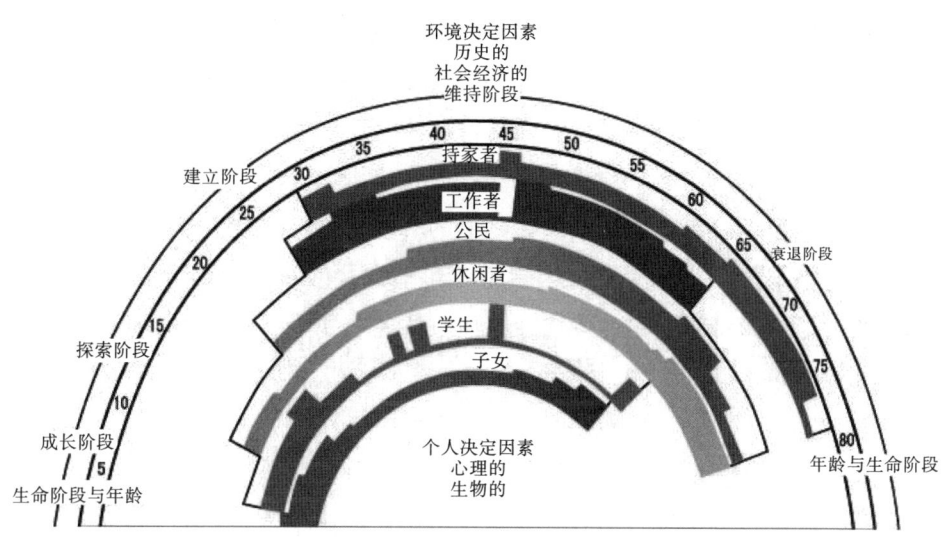

图 1-1　舒伯的生活/生涯彩虹图理论

性，这使得我们对生涯发展和决策制定的深层含义有了更加明确的理解。显然，生涯规划并不仅仅局限于选择一个大学专业、一份职业或者一个工作地点，它实际上涵盖了我们对自身以及我们在生活中扮演的所有角色所进行的彻底的分析和理解。

2. 克朗伯兹的社会学习理论

约翰·克朗伯兹（John Krumboltz）是另一位过程取向的生涯理论家。他提出了一个关于生涯发展的理论，即社会学习理论，该理论强调了自我认知和探索各种选择可能性的重要性。克朗伯兹认为，生涯发展是一个持续的自我发现过程，个体通过这个过程不断地了解自己，包括自己的兴趣、能力、价值观以及对不同职业的偏好等。在这个过程中，个体不断地评估和重新评估自己的选择，以期找到最适合自己的生涯路径。

克朗伯兹的社会学习理论着重指出，外界环境在很大程度上支配着个人的诸多选择。这意味着，个体所处的社会文化背景、家庭环境、教育机会及经济条件等因素，都会对个体的生涯选择产生重大影响。此外，克朗伯兹还强调，过去的学习经验对我们的生涯决策产生影响的多元方式。这些经验包括学校教育、工作经验、人际交往及各种形式的非正式学习。它们共同构成了个体的知识基础和技能储备，影响着个体对未来职业机会的识别和把握。

克朗伯兹提出了影响职业选择的四种主要因素，具体如下。

（1）遗传因素。这些因素包括人们先天获得的特征，如种族、性别、外貌等，以及智力、运动、知觉等方面的特殊能力。这些因素可能拓展或限制个体的学习经验和选择自由。例如，一些人在绘画、音乐、体育等领域天生具有天赋。一般而言，个体在某项天赋上的卓越程度，往往决定了其在相关领域内的适应与成长潜力。遗传因素不仅包括这些明显的身体特征和能力，还包括性格倾向、情绪稳定性等内在特质，这些内在特质同样在职业选择中扮演着重要角色。

（2）环境背景和事件。众多环境因素会影响个体的职业生涯选择，包括社会舆论、劳务市场、制度政策、技术发展、战争或自然灾害等。这些因素通常超出个体的控制范围，但对个人的学习和选择产生重大影响。环境背景不仅包括宏观的社会环境，也包括家庭、学校、朋友圈等微观环境，这些环境中的文化、价值观、期望和资源等都可能对个体的职业选择产生深远的影响。

（3）学习经验。学习经验大致可以分为联结式学习与工具式学习两类。在联结性学习中，个体观察事件间的联系，并能预测其关系；而在工具性学习中，个体直接对环境产生影响，并获得可观察的结果。学习经验还包括通过教育、培训、阅读和实践等方式获得的知识和技能，这些都对个体的职业发展和选择有直接或间接的影响。

（4）任务解决的技能。这些技能是遗传特性、环境因素与学习经验三者交互作用下的产物，涵盖了目标设定、价值观梳理、创意激发，以及职业信息的获取、备选职业的筛选与最终职业的确定等。任务解决的技能不仅包括专业技能，也包括解决问题、决策制定、人际交往和时间管理等通用技能，这些技能对于个体在职业生涯中取得成功至关重要。

克朗伯兹在探讨生涯抉择的过程中，发现还有四种主要的影响因素，它们之间相互作用，共同塑造了个体的生涯发展路径。首先，自我观察的推论是一个关键因素，它涉及个人对自己在不同情境下的表现进行评估，这种评估包括对个人兴趣、偏好及工作价值等多方面的学习和理解。通过自我观察，个体能够对自己的能力、倾向和价值观有一个清晰的认识，这对于做出生涯抉择至关重要。其次,世界观的推论也不容忽视,它是指个人对外部环境及未来发展趋势的评估,这种评估同样是基于个人的学习和经验积累。通过对外部世界的理解,个体能够更好地定位自己在社会中的位置,以及预测未来可能的发展方向。再次,任务取向的能力是个体从学习过程中培养出的一种重要能力,它包括价值观念的澄清、目标的设定、寻找解决问题的不同方法、收集相关信息、预测未来可能发生的事情及制订计划等。这些能力的培养有助于个体在面对各种任务和挑战时,能够更加有效地应对。最后,行动是个体综合各种学习经验、对自我及环境的评估,以及学习到的任务取向能力,而产生的引导自己发展的实际行动。这些行动既是将理论转化为实践的过程,又是个体生涯发展中的关键步骤。

简而言之,生涯发展的社会学理论认为,人们会将遗传因素和社会习得的特质融入自己的生活环境中,这些特质与环境相互作用,形成了个体独特的自我认知。这种自我认知进一步塑造了与工作相关的行为模式。个体的行为不仅受到环境的影响,还受到强化或惩罚的调节。在学习经验中,个人往往会将已有的经验类推到新事物的学习上,这种类推有时会导致一些非理性的信念,如先入为主的偏见、狭隘的比较标准等,这些非理性信念可能会成为生涯抉择和发展的障碍。然而,生涯的不确定性并非全是负面的,它可以被看作是一种积极的挑战,它能够激发个体进行经验探索,以及创造新的学习机会,从而促进个体的生涯发展和成长。

克朗伯兹及其同事在1996年还提出了一个观点,即个人信念与期望是生涯发展的重要组成部分。他们强调,个人信念与期望有时被称为自我效能感期望(self-efficacy expectations)。自我效能感期望是后天习得的,它是指人们对自己组织和执行各种活动以达到特定绩效水平的能力的判断。一个典型的例子就是,奥林匹克游泳运动员在每次比赛前,都会花费时间在脑海中精确地想象和演练比赛的过程。这种心理训练对运动员来说至关重要,因为它能帮助他们在实际比赛中更好地控制情绪和动作。近年来,这种心理训练对于运动员和艺术创作者来说,变得越来越重要。另一个典型的例子是数学技能。数学的自我效能感是指我们相信自己能够在数学问题解决任务中取得某种水平的成绩。这种信念可以极大地影响我们学习数学时的努力程度和持久性。自我效能感的这些观点可以应用于生涯问题解决和决策制定中。生涯自我效能感是指我们对自己能够圆满完成生涯决策活动的信心。它影响着我们选择什么样的职业道路，以及我们如何应对职业生涯中的挑战和变化。重要的是我们要记住，在生活的许多领域，我们都能学习和改变我们的自我效能期望。通过积极的自我对话、设定可达成的目标及获得成功的经验，我们可以提高自我效能感，从而在面对困难和挑战时更加自信和坚定。

3. 认知信息加工理论

1991年，盖瑞·彼得森（Gary Peterson）、詹姆斯·桑普森（James Sampson）以及罗伯特·里尔登（Robert Reardon）三位学者共同撰写了《生涯发展和服务：一种认知的方法》（*Career Development and Services: A Cognitive Approach*）一书，这本书为生涯发展的研究带来了全新的视角。这一由佛罗里达州立大学的职业咨询师团队所开发的独特方法，旨在协助大学生们解决他们当前的职业问题或进行职业选择，并且教会他们如何将这些决策技能运用到未来可能遇到的类似情况中，在面临重大决策时能够更加游刃有余。这种认知信息加工（CIP）方法，基于八项核心假设，这些假设在表1-1中有所展示。下面将对这些假设的要点进行详细阐述。

（1）生涯选择深深植根于我们的思考模式和情感体验中。这意味着我们的个人历史、价值观、信念及情感状态都会对我们的职业选择产生深远的影响。

（2）生涯选择本质上是一个解决复杂问题的过程。在这一过程中，我们需要运用分析、评估和决策制定等认知技能来处理与职业相关的信息。

（3）作为生涯领域的解题者，我们的能力源自深厚的知识储备和独特的思考方式。这表明，为了做出明智的职业选择，我们需要具备广泛的知识和能够灵活运用这些知识的能力。

（4）做出明智的生涯决策离不开出色的记忆力。这是因为我们需要记住过往的经验、学习的知识及对各种职业信息的了解，这些记忆对做出合理的职业选择至关重要。

（5）生涯决策的动力源自内心的强烈动机。个人的职业抱负、目标及对成功的渴望是推动我们进行职业选择和规划的主要力量。

（6）持续的生涯发展是我们终身学习和成长的一部分。这意味着，我们的职业生涯不仅仅局限于某个特定的阶段，而是一个持续不断的学习和适应过程。

（7）我们的生涯在很大程度上取决于我们的思维方式和思维内容。我们的态度、信念及我们对世界的看法，都会影响我们对职业机会的识别和把握。

（8）我们的生涯的质量取决于我们对解决生涯决策和生涯问题的理解程度。这就强调了自我反思和持续学习的重要性，因为它们能够帮助我们更好地理解自己的职业需求和目标。

表1-1 生涯发展的认知信息加工（CIP）理论所依据的假设

假设	解释
1. 生涯选择源于认知过程和情感过程的交互作用	CIP理论强调生涯决策制定的认知领域，但它也承认其中存在一种信息的情感资源。从根本上说，投身于实现一种生涯目标的奋斗会涉及情感过程和认知过程的交互作用
2. 进行生涯选择是一个问题的解决过程	个人能学会解决生涯问题（如选择一份职业），正如他能学习解决数学、物理和化学问题。生涯问题和数学或科学之间的主要差别在于刺激的复杂性和矛盾性，以及在正确解决问题方面更大的不确定性
3. 生涯问题解决者的能力取决于知识和认知操作的有效性	作为生涯问题解决者，一个人的能力取决于他的自我知识和职业知识。这种能力还取决于认知操作，人们能利用这种认知操作来了解这两个领域之间的关系
4. 生涯问题解决是一项记忆负担很重的任务	自我知识的领域是很复杂的，工作领域的知识同样如此。要了解这两个领域的关系需要同时关注这两个领域。这样一种任务也许很容易增加工作记忆的存储负荷
5. 动机	成为一个更好的生涯问题解决者的动机，源于个体渴望通过更好地理解自我和工作领域从而做出令人满意的生涯选择
6. 生涯发展包括知识结构方面的持续发展和变化	自我知识和职业知识由一些在个人生命全过程中不断发展的、有组织的记忆结构（又叫"图式"）组成。工作领域和我们自己都在不断变化。因此，发展和整合这些领域的需要从未停止过

续表 1-1

假设	解释
7. 生涯认同取决于自我知识	用 CIP 的术语说，生涯认同被定义为自我知识的记忆结构的发展水平。生涯认同是自我知识领域的图式之复杂性、整合性和稳定性相互作用的结果
8. 生涯成熟度取决于一个人解决生涯问题的能力	从 CIP 的观点看，生涯成熟度被定义为独立和负责任地制定生涯决策的能力。这种能力以对自我和职业领域可供选择的最佳信息的深入整合为基础
9. 生涯咨询的最后目标是通过促进信息加工技能的发展而达到的	从 CIP 的观点看，生涯咨询的目标是提供促进记忆结构和认知技能发展的学习条件，以便提升来访者加工信息的能力
10. 生涯咨询的最终目的是提升来访者更好地成为生涯问题的解决者和决策制定者的能力	从 CIP 的观点看，生涯咨询的目的是通过发展信息加工的技能来增加来访者自身的生涯决策制定的能力

认知，这一概念涉及我们的思维模式，以及大脑如何处理信息的复杂过程。心理学家指出，在我们的长期记忆中，储存着多种类型的知识结构和元素。这些知识结构和元素对于制定生涯决策来说，是至关重要的。首先，我们需要借助这些知识结构和元素来处理与职业和专业相关的事实与概念。其次，我们要保留对生活中各种经历和历史事件的记忆，这些记忆能帮助我们理解过去，预测未来，并在现实生活中做出明智的决策。再次，我们需要一系列的规则和指导原则，这些规则和原则能够帮助我们寻找问题的解决方案，无论是在工作上还是在个人生活中。最后，我们还应具备一系列通用策略或基本原则，这些策略和原则是解决问题的关键，它们能够指导我们在面对各种挑战时，如何有效地分析问题，制订计划，并最终找到解决问题的方法。

本教材所采纳的基于认知信息加工理论的生涯规划模型，正是建立在这样一种核心理念之上：在处理生涯问题、进行决策制定的过程中，我们的大脑是如何进行信息和知识的接收、编码、存储及利用的。

通过上述内容的介绍，我们可以深刻理解到，每一种理论背后都有其代表性的理论家。这些理论家通过他们的不懈努力和持续研究，成功地催生了一系列的量表、计算机系统及生涯干预工具。这些工具和系统在帮助人们进行生涯规划和决策时起到了重要的作用。通过深入理解这些理论和工具，我们将能够更好地评估自己的职业兴趣、能力和价值观，从而做出更加符合自身情况和目标的生涯决策。然而，值得注意的是，每种理论都有其独特的优势和局限性。这种双重性也意味着，基于这些理论而开发的实用工具同样具有各自的优缺点。因此，我们强调关注理论和工具的双重性，因为这不仅能够帮助我们成为一位明智的生涯信息消费者，还能够为我们制定更加高效和科学的生涯规划策略提供指导。

三、生涯建构理论

1. 生涯建构理论的兴起

在美国职业辅导实践与研究领域，有一位资深的学者名叫马克·L.萨维科斯（Mark L. Savickas），他凭借自己在生涯咨询方面的丰富实践经验以及对生涯理论的深厚学术底蕴，于2002年正式提出了生涯建构理论。这一理论不仅基于萨维科斯个人的长期研究和实践，而且也融合了他对于职业心理学领域的深刻洞察。自提出以来，生涯建构理论迅速获得了广泛的认可，并在西方职业心理学研究领域中占据了重要的地位。它不仅为职业辅导提供了新的视角和方法，而且也为个人的生涯发展提供了新的理论支持。直到现在，萨维科斯也没有停止在这一理论上的探索，而是持续不断地进行完善和深化，以期能够更好地适应不断变化的社会环境和个人需求。

在现代社会，我们面临着各种各样的不确定性，这些不确定性为生涯建构理论的出现提供了坚实的现实基础。在西方，最初的传统职业理论主要强调组织在生涯管理中的主导作用，认为职业匹配是组织在生涯管理时代的最佳策略。然而，随着经济全球化和社会多元化的发展，组织为适应市场环境的变化，需要变得更加灵活、敏捷、迅速。这导致组织采取了精简层级结构、打破职能单位之间壁垒的策略，进而使得雇佣关系变得脆弱、组织边界变得模糊。个体的生涯发展不再仅是基于自身职业特征与工作的固定搭配，而是需要根据外部环境的变化不断调整自我生涯行为；同时，信息技术的发展进一步促使个体能够减少对组织的依赖，进而产生了自主管理生涯发展的需求与可能性。

舒伯的理论强调了生涯规划的重要性，并提出了生涯发展的五个阶段：成长、探索、建立、维持和衰退。每个阶段都有其特定的任务和挑战，个体需要在这些阶段中不断探索和调整，以适应不断变化的环境和需求。然而，随着社会的快速发展和工作环境的不断变化，舒伯的理论也面临着新的挑战和批评。该理论认为，生涯是从一种稳定状态到另一种稳定状态的线性变化，这与当前不可预测、易变、无边界的工作模式相矛盾。例如，它可能没有充分考虑到全球化和技术变革对职业生涯的影响，以及个体在职业生涯中可能遇到的非线性路径和非传统的工作模式。此外，该理论还着重于生涯成熟度（特指早期的职业选择准备）。然而，这一概念难以全面诠释在成人工作中所面临的持续变化的环境。尽管如此，舒伯的生涯发展理论仍然是职业发展领域的一个重要里程碑，为后来的研究者和实践者提供了宝贵的理论基础和实践指导。

舒伯的生涯发展理论，通过生活/生涯彩虹图和五个生涯阶段的划分，为生涯建构理论奠定了坚实的基础。20世纪90年代初，舒伯逐渐接纳了"建构论"的思想，认识到"个体是自我经验的组织者"。因此，他对生涯发展理论中的已有观点进行了改造，不再认为自我概念是个体在与环境互动的过程中"被动"发展出来的，而是"主动"建构出来的。通过自我的主动建构形成内在现实（包括能力、兴趣、需求、价值及人格特质等），并可据此预测个体对外在现实的反应方式（职业与生活方式的选择）。这一观点在生涯发展理论中被称为建构取向的生涯发展理论。该理论强调个体对生涯决策的主动掌控作用，认为生涯是个体对自身特质、职业环境及生涯路径的整合与全面构建的过程。

生涯建构理论是一个综合性的理论框架，它融合了建构主义、后现代思想等多种哲学观点。这一理论特别强调生涯建构的过程，它基于个体建构（personal constructivism）、社会建构（social constructionism）以及后现代（post-modernity）的哲学视角。萨维科斯是这一理论的重要推动者，他将社会建构主义作为一种元理论，重新定义了生涯发展理论的核心概念。萨维科斯认为，从认识论的建构主义角度来看，个体建构的不仅仅是对现实的理解，还包括现实本身。他进一步指出，基于情境主义的世界观，个体的发展应该被理解为对环境的适应过程，而不是仅仅依赖于内部结构的成熟。在这个过程中，生涯不是被主动塑造的，而是通过个体的建构活动逐渐形成的。此外，萨维科斯还借鉴了后现代思想，提出自我并非一开始就是固定不变的实体，而是需要通过个体不断构建和设计的。在这个意义上，自我被看作是一个正在进行中的故事，而不是一个由固定特质组成的静态实体。这种观点强调了生涯建构是一个动态的、持续的自我探索和自我表达的过程。

根据帕森斯所提出的差异心理学理论，以及舒伯在发展心理学领域中所强调的实证主义方法，萨维科斯结合建构主义所倡导的叙事心理学观点，深入探讨了工作者在职业生涯中可能遭遇的自我困境，在职业重构、劳动场所的转换，以及在多元文化规则的挑战面前所面临的种种问题。因此，萨维科斯提出了一种理论，即生涯建构理论，该理论认为，个体能够通过在工作环境中与他人的关系互动，进行自我建构。通过与同事、上司和下属等建立联系，个体不仅能够塑造自己的职业身份，还能够成为自己人生故事的主导者和创作者。这种理论强调了社会关系在个人职业发展中的重要性，以及个体如何利用这些关系来构建和重塑自己的职业生涯。

2. 生涯建构理论的核心内容

萨维科斯对生涯建构理论的核心内容进行了深入的提炼和整合，他巧妙地将这一理论的精华浓缩为三个主要维度：个体特质的差异性、生涯阶段任务的发展性，以及生涯过程的动态性。这三个维度不仅深刻地揭示了职业行为的内涵，而且为理解个体在职业生涯中的行为提供了全新的视角。具体来说，个体特质的差异性这一维度关注的是职业行为的内容，即职业行为所涉及的"是什么"（what）；生涯阶段任务的发展性则聚焦于职业行为的表现方式，即个体是如何展现其职业行为的（how）；而生涯过程的动态性则探讨了职业行为产生的原因，即为什么个体会采取特定的职业行为（why）。为了量化和衡量这三个维度，萨维科斯提出了相应的测量工具：职业人格类型、生涯适应力和人生主题。职业人格类型帮助我们理解不同个体的职业偏好，生涯适应力则阐释了个体如何有效地应对生涯发展的各个阶段任务，而人生主题则为我们提供了深入洞察，解释了为何每个人在面对工作和生活时持有的不同的态度和价值观。

　　生涯适应力是一个多维度的概念，它不仅包括个体在适应工作的过程中所展现出来的积极态度、解决问题的能力，还包括具体的行为表现。这种适应力与个体的人生主题紧密相连，人生主题为个体的职业发展提供了方向和意义，它指导着个体在工作中的具体表现。与此同时，个体的人格特质也会在职业生涯中得到体现和塑造。而这一切的表现和塑造，都受到生涯适应过程的调节和影响，因为在适应过程中的学习、调整和成长，会不断地影响个体如何面对职业挑战、如何在变化中找到自己的位置，以及如何在职业生涯中实现自我价值和目标。

　　根据生涯建构理论的观点，生涯建构被理解为一个涉及个体为了实现自我概念，在各种社会角色中不断进行探索与尝试的复杂社会心理过程。这个过程的目的是达到个体自我与社会之间的和谐与整合。鉴于个人的内在需求和外在环境都在不断地发生变化，个人与环境之间的匹配过程实际上是一个永无止境的动态适应过程。生涯建构的过程是连续的、逐步推进的，它不断地寻求和实现更高水平的个人与环境匹配，以适应不断变化的个人需求和环境条件。

　　适应过程是一个复杂而全面的转变，它不仅包括从学校到职场的过渡，还涵盖工作间、职业间的转换。这个过程可以被细致地划分为五个阶段：成长、探索、建立、管理和衰退。这五个阶段紧密相连，共同构成了一个完整的适应周期。每当个体面临新的转换节点时，这个周期性的适应循环就会自然而然地开始重复。在成长阶段，个体将深入探索生涯的意义，这是一个认知和自我发现的过程；探索阶段则涉及搜集工作相关信息、做出决策及尝试不同的行为模式；建立阶段是指个体对当前工作形成稳定的承诺，并在工作中找到自己的位置；管理阶段是指个体在现有的工作岗位上进行积极的工作角色管理，以实现个人和组织的目标；而衰退阶段则涉及从现有工作岗位上退出，退出原因可能是出自个人选择，也可能是组织变革导致的职位变动。

　　以一名新入职的员工为例，他在初入新工作岗位时，会经历一段成长期，在这个时期，他会积极探索岗位的任务要求、工作规范及薪酬结构等关键要素。随着时间推移，他会在岗位中确立自己的角色，并对这个工作角色进行有效的管理。当他感到需要新的挑战或机会时，会主动寻求更换工作；或者当组织变革导致他的职位变得多余时,他也会主动退出,从而最终实现与该工作的分离。在后工业经济时代,人们可能不再保持几十年持续从事同一项工作的状况。新技术的不断涌现、全球化的深入发展及工作的重新设计都要求员工更加积极地建构自己的职业生涯。例如,在新就业形态下的从业青年频繁地更换工作,每次更换工作都要经历成长、探索、建立、管理和衰退的循环过程,这不仅反映了青年群体在就业形态上的变化和趋势,也有助于解决由发展任务、职业转变和工作创伤所引发的陌生、复杂和不明确的问题。通过这样的循环过程,个体能够增强适应新环境的能力,以更好地应对职业生涯中的各种挑战。

生涯适应力是个体在职业生涯中应对各种挑战和变化的策略,它涉及将个人的职业自我概念与工作角色进行有效融合的过程。Savickas 和 Porfeli (2012)[①] 对生涯适应力的定义是:个体在面对生涯发展任务、职业角色转换以及工作中的创伤时,能够展现出的自我调节能力,以应对那些陌生、复杂和不确定的问题。这种能力不仅是对新技能的掌握或对新环境的快速适应,更是一种深层次的心理和社会能力。它能够帮助个体在职业生涯中不断地成长和发展,实现自我价值的提升。在个体层面,生涯适应力的重要性体现在它能够帮助个体更好地认识自我,明确自己的兴趣、优势和价值观,从而做出更符合个人特质的职业选择。它是在生涯发展过程中,个体应对外部挑战所必需的核心能力。生涯适应力由三个层次构成。最顶层,也是最抽象的层次,包括四个维度:生涯关注(career concern)、生涯控制(career control)、生涯好奇(career curiosity)和生涯自信(career confidence)。这些维度对应于生涯发展的四个关键问题:"我是否有未来""谁将拥有我的未来""我未来想做什么"及"我能否实现它"。这些维度构成了个体在构建生涯过程中,面对生涯任务、职业转换和工作创伤时的整体资源和策略。中间层次涉及生涯适应力的主要内容,包括态度(attitudes)、信念(beliefs)、能力(competencies)。最低且最具体的层次,涉及各种具体的职业行为(vocational behavior),特别是当个体面对外部职业环境的变迁时,所采用的自我调整策略

---

① M. L. Savickas, E. J. Porfeli, "Career Adapt-Abilities Scale: Construction, Reliability, and Measurement Equivalence across 13 Countries", *Journal of Vocational Behavior*, 2012, 80 (3), pp. 661–673.

(self-regulation strategies)。这些策略包括如何有效地管理时间、如何设定职业目标、如何处理工作中的压力和冲突，以及如何在职业生涯中持续学习和成长。

生涯建构理论在继承和发展了传统生涯发展理论的基础上，进一步融入了后工业时代的特征，为经典的职业人格理论和毕生生涯发展理论带来了新的视角和内容。它所精心构建的生涯适应力模型，不仅为生涯干预提供了理论支持，还为评估这些干预措施的效果提供了一个全面而多维度的概念框架。此外，生涯建构理论中提出的适应性生涯建构模型，能够有效地指导个体从一个动态的生涯发展视角出发，以更好地适应社会和工作环境中的不断变化。因此，生涯建构理论不仅在理论上具有创新性，而且在实际应用中也显示出显著的价值。

第三节　生涯规划的目标与要素

2005年，宋长春提出了关于生涯规划的四大基本原则，这些原则为个人职业发展提供了重要的指导。① 首先，"择己所爱"原则强调了职业兴趣在职业选择过程中的核心地位，意味着个人应当选择那些能够激发自己热情和兴趣的工作领域。其次，"择己所长"原则着重于个体独特的核心竞争力，鼓励人们识别并发展自己的优势和特长，以便在职场中脱颖而出。再次，"择世所需"原则提醒我们，个人的发展和职业规划必须与社会的需求和趋势保持一致，这样才能够确保个人的职业生涯与社会的发展同步，从而获得更多的机会和成功。最后，"优先发展"原则强调了个人成长和发展的重要性，它提倡将个人的长远发展作为优先考虑的因素，因为这将对个人的未来产生深远的影响。在深入理解了生涯规划的主要理论之后，我们可以进一步探讨职业生涯规划的具体内容，以便更好地规划和实现个人的职业目标。

---

① 参见钟思嘉、金树人主编《大学生职业生涯规划：自主与自助手册》，高等教育出版社2017年版，第21页。

一、生涯问题的共性

在我们看来，生涯问题通常具有一些普遍的特征。这些特征是由现实与理想之间的巨大鸿沟定义的，也就是说，它们是由我们当前的生活状况与我们内心深处所期望的生活之间的差异界定的。

生涯问题往往错综复杂，它们不仅是逻辑上的难题，还深深植根于我们的情感之中。在面对这些问题时，我们常常会遇到相互矛盾的线索和信号，这些线索和信号的复杂性往往源自我们内心深处相互冲突的欲望与动机、来自外界的各种压力，以及我们所感受到的忧虑和尴尬的情绪。

在解决生涯问题的过程中，我们常常需要在多种选择之间做出决策，而每一种选择都会对其他选择产生影响，它们之间存在着相互依赖的关系。因此，最佳的解决方案往往需要我们进行综合性的考量，而不是单一的、孤立的决策。

选择的结果几乎总是伴随着一定程度的不确定性。在现实生活中，没有任何一种解决方案能够保证我们所面临的生涯问题一定能够得到成功的解决，并且让我们感到完全满意。实际上，不存在所谓的完美无缺的解决方案。

当我们针对一个主要的生涯问题做出决策时，这个决策几乎总是会引发一些其他事先未能充分预见的问题。这些问题可能是新的挑战，也可能是前面遗留的问题的变种，它们要求我们不断地调整和适应，以应对生涯道路上不断出现的新情况。

二、生涯规划的目标

1. 协助学生进行自我评估与自我了解

自我评估与自我了解构成了个人选择职业生涯的起点。做出一个与个人的兴趣、动机、价值观、人格特质及能力倾向等相契合的生涯选择是至关重要的。虽然学校可以通过课程或测评等方式辅助学生更好地了解自我，但最终，大学生职业生涯规划的主体应当是学生本人。激发学生思考"我是谁""我能做什么""我想做什么"以及"这对我的意义何在"等问题，是开启生涯探索之旅的关键，这有助于提升学生的自我觉察能力。这不仅是生涯探索的第一步，也是个体最终做出生涯选择时的能量源泉。通过这样的自我探索，学生能够更清晰地认识到自己的优势和劣势，从而在职业规划中做出更加明智和适合自己的决策。此外，自我评估的过程还能帮助学生建立自信，明确自己的长期目标和短期目标，为实现个人的职业愿景打下坚实的基础。

2. 协助学生深入了解工作世界

在当今社会，工作已不仅仅是谋生的手段，更是个人表达自我和追求人生价值的平台。为了做出恰当的生涯选择，对职业信息的全面了解是必不可少的。由于职业信息包括职业类别、工作环境、薪资福利、自主程度、人际关系等多个方面，因此，职业选择成为一个复杂的决策过程。教育者和指导者需要帮助学生认识到，工作不仅仅是完成任务和获得报酬，它还涉及个人成长、社会贡献及实现个人梦想的途径。通过提供丰富的职业探索资源，如职业介绍会、实习机会、职业规划课程等，学生可以更深入地了解不同行业和职位的特点，从而做出更符合自身兴趣和能力的职业选择。

3. 增强学生的生涯决策能力

在当今这个信息泛滥的时代，大量的资料信息充斥着我们的生活，这些未经消化和理解的资料信息很难被有效地利用。无论是关于个人发展的资料，还是关于工作世界的资讯，如果不能被系统地整合和解析，它们就只是一堆无序的数据。要让这些资料真正发挥其应有的效用，我们需要经历两个关键的阶段。首先，最重要的任务是，通过资料的整合与解析，明确个人的短期乃至长期的生涯愿景；其次，通过实践的检验，灵活调整并丰富已确立的生涯目标。在生涯目标的建立与实践过程中，生涯决策能力显得尤为重要。只有通过生涯决策的整理过程，那些碎片化的资讯才能真正落实到具体的生涯目标上，从而帮助个人做出明智的选择，规划出一条清晰的职业发展道路。

4. 协助学生顺利步入职场世界

生涯规划的核心目标并不只是帮助学生寻找到一份合适的工作，它更深层次的意义在于通过一系列精心设计和策划的步骤，引导和帮助学生平稳地过渡到职业世界中去。这些步骤涵盖了对学生心态的调整及技能的培养，目的是确保学生能够以最佳的状态和充分的准备，迎接职业生涯中可能遇到的各种挑战和机遇。

三、生涯规划的模型

1. 生涯规划 "金三角"

美国伊利诺伊大学的斯温（Swain）教授提出了生涯规划的著名的"金三角"模型。① 这个模型强调，在进行生涯规划时，必须综合考虑三个核心要素：个人自我探索、职业与教育信息探索，以及环境资源评估与掌握（图1-2）。个人自我探索要素包括能力、兴趣、能力倾向、个人价值观及健康状况等多个方面。如果个人对自己的价值观和能力倾向认知不清晰，可以通过参与多样化的讲座或活动来发掘兴趣，或向朋友和长辈寻求有价值的反馈。职业与教育信息探索要素涉及产业发展趋势和职业类别，建议广泛浏览产业和财经媒体，深入学习经济知识，并利用研究机构的网站与数据库，以保持对财经动态和未来趋势的了解。环境资源评估与掌握要素则包括家庭经济状况、家人期望、地域关系、同伴群体和社会趋势等。通过对这三个核心要素进行综合考虑和规划，可以帮助个人更好地进行生涯规划，从而实现个人的职业目标和生活目标。

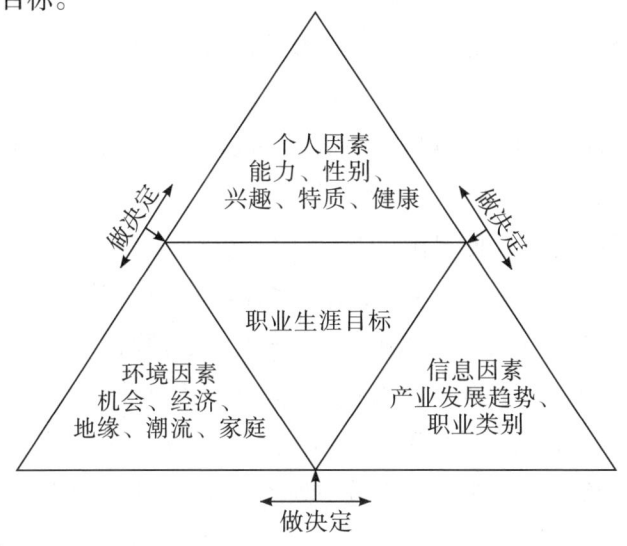

图1-2 生涯规划"金三角"模型

---

① 参见钟思嘉、金树人主编《大学生职业生涯规划：自主与自助手册》，高等教育出版社2017年版，第23页。

2. 认知信息加工（CIP）理论金字塔

图1-3展示了一个认知信息加工（CIP）金字塔模型，它涵盖了做出生涯选择所需要考虑的各个要素，并将生涯规划的元素按照不同的层级进行了组织。

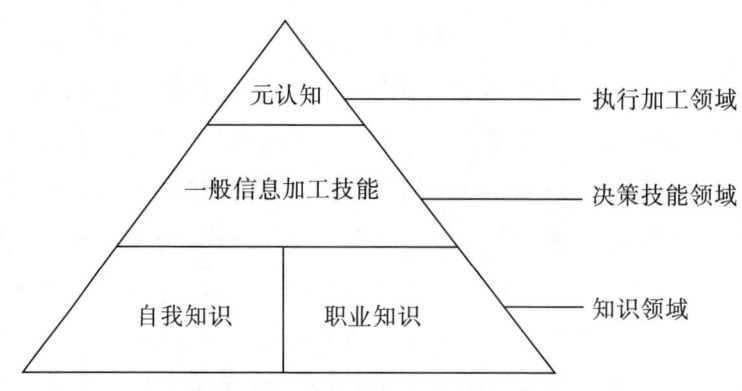

图1-3 认知信息加工（CIP）理论金字塔模型

金字塔的底座主要由两大板块构成，即知识领域（knowledge domain）。知识领域又细分为自我知识（了解自我）和职业知识（了解各种职业选择）。自我知识涉及对个人的价值观、兴趣和技能的认识。而职业知识则包括对特定专业、职业及其组织结构的理解。位于金字塔中层的是决策制定过程，它包括对生涯目标的设定、生涯路径的规划及决策策略的制定。顶层则是行动和执行，它强调了将生涯规划转化为实际行动的重要性，包括了求职技巧、时间管理和自我营销等实际操作。

金字塔底层的知识领域，可以被看作计算机记忆中存储的各类数据文件。这些数据文件包含关于自我或职业的零散信息，它们以图式形式储存，或以动态信息的形式保存。例如，在职业知识领域，我们对医生的相关知识了解得越深入，就越能发展出关于医生工作、技能、兴趣等更为完整、详尽的图式。这些图式能够帮助我们更加有效地处理和分析生涯问题的解决方案，以及决策制定过程中所需的信息。同样，在自我知识领域，我们可通过一份兴趣量表便能清晰地认识自己的兴趣模式。通过这些图式，我们可以更好地理解自己的内在动机和倾向，从而在职业选择和生涯规划中做出更符合自身特点的决策。

金字塔的第二层，即一般信息加工技能（决策技能领域），涵盖了进行决策的 CASVE 循环［沟通（communication）、分析（analysis）、综合（synthesis）、评估（valuing）、执行（execution）］五个步骤（图 1-4）。我们可以将这一层类比为各种计算机程序，它们负责将事实和数据存储在计算机文件和内存中。由于解决生涯问题需要占用我们大脑中大量的记忆空间，并要求大脑具备强大的信息处理能力，故而，我们应该如同备战重要赛事或考核一般，全神贯注，心无旁骛。在这一过程中，我们需要运用各种信息处理技能（如分析、综合、评估和预测等）来处理和分析生涯问题的解决方案，以及决策制定过程中所需的信息。这些技能的运用，可以帮助我们更好地理解和解决问题，从而做出更明智的决策。

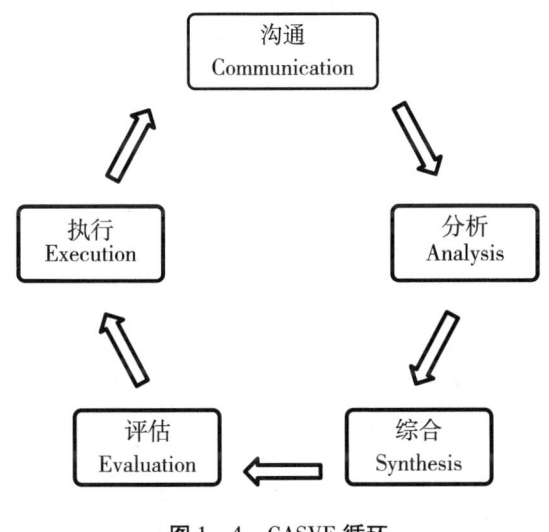

图 1-4 CASVE 循环

在金字塔的顶端，我们必须进行深思熟虑的决策制定过程（执行加工领域）。金字塔的这一部分承担着类似工作控制的职责，它将指示计算机在金字塔第二级水平上的程序按照何种顺序运作。例如，在关注各种职业和工作组织之前，你可能会先解决有关大学专业选择的问题，或者，先确定自己喜欢的生活方式（例如，经常旅行），然后再进行职业选择。这些思考决定了我们为实现目标而工作的时间和方式，以及我们将采取何种途径来解决生涯问题。这种思考也能帮助我们了解何时达到目标。

认知信息加工方法是一种简单而有效的工具，它被广泛应用于帮助我们学会如何解决生涯问题和进行生涯决策。这种方法对于生涯发展的优化而言至关重要，因为它着重于在决策过程中信息的定位、存储与运用。通过这种方法，我们可以识别并理解可能干扰和扰乱信息加工的各种过失、错误和问题。当我们聚焦于认知和思维这两大要素时，我们便会清晰地洞察到，生涯发展的诸多进程在我们的头脑中，实际上是以信息加工的形式悄然展开的。为了发展我们的生涯，我们需要确保这种信息加工的过程顺畅进行，以便我们能够有效地处理和利用各种信息。

一个人的金字塔特征可以为个人解决生涯问题和进行生涯决策提供有效的宝贵信息，帮助我们完善金字塔模型中不足的部分。这种模型的完善有助于提升我们的"个人生涯理论"（PCT）——个人对职业选择和生涯发展的内在理解和信念体系中的信息加工质量。通过不断地学习和实践，我们可以更好地懂得如何在生涯决策中应用认知信息加工方法，来提高我们解决问题的能力，优化我们的生涯发展路径。

本章小结

（1）在本章中，我们深入了解了职业指导和生涯规划的发展历程，追溯了它们的历史脉络，并探讨了影响个人生涯发展的各种社会因素。

（2）我们简要概述了生涯问题的解决方案对于个人成长与发展的重要性，强调了在职业道路上解决问题的能力对于实现个人潜能和目标的必要性。

（3）本章还回顾了一些著名的生涯理论家对生涯领域的深刻见解，以及他们所提出的各种生涯理论。我们分析了这些理论的核心观点，理解了它们如何帮助我们更好地理解个人生涯发展的复杂性。

（4）此外，我们还简要地介绍了生活规划"金三角"和信息加工金字塔模型，这两种工具和模型为我们分析和解决生涯问题提供了框架。本书的第二章至第四章将从认知信息加工金字塔模型出发，对生涯问题解决和生涯决策过程中的具体方面进行更深入的探讨，以便读者能够更全面地掌握生涯规划的策略和技巧。

生涯规划练习

1. 关于"生命""生活""生涯"的自由联想练习

请给自己一段宁静的时光,取出一张白纸,尝试进行一次关于"生命""生活""生涯"的自由联想练习,用文字或绘画记录下你的联想内容,帮助自己思考以下这三者之间的联系。

(1) 提及"生命"一词,你的脑海中浮现了哪些景象?
(2) 提及"生活"一词,你的脑海中浮现了哪些景象?
(3) 提及"生涯"一词,你的脑海中浮现了哪些景象?
整理你的联想内容,思考你期望如何度过自己的一生?

_____

_____

2. 绘制个人生活/生涯彩虹图

请在图1中绘制你的个人生活/生涯彩虹图。想象一下,在你的生活或生涯中,你将扮演哪些角色?你即将进入这些角色的深度或强度如何?这些角色将在哪个年龄或年龄段最为活跃?这些角色的参与度是如何被你决定的?哪些因素是源自内部的,哪些是源自外部的?

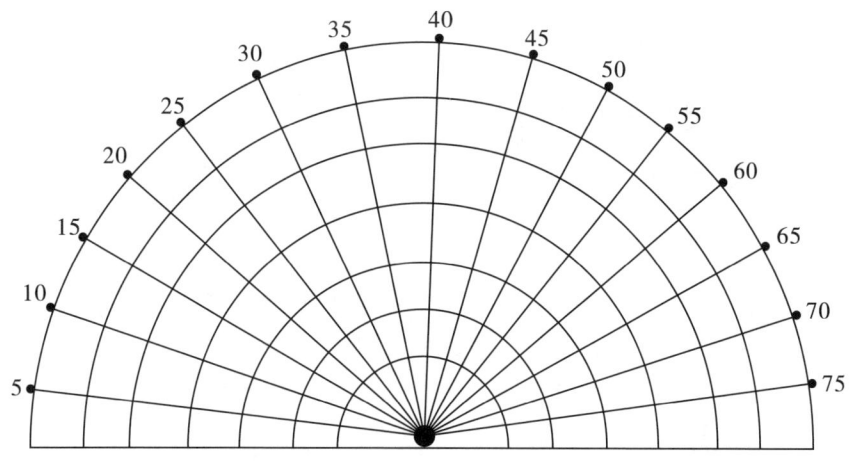

图1 个人生活/生涯彩虹

3. 生活阶段的划分

通过学习生涯发展阶段,你将如何划分自己的生涯阶段?请尝试描述一下自己的生涯阶段。那么,你目前处于职业生涯发展的哪个阶段?从个人的角度出发,不同发展阶段的主要任务是什么?

现阶段:_____。

下一阶段:_____。

第二章　了解自我

本章内容框架

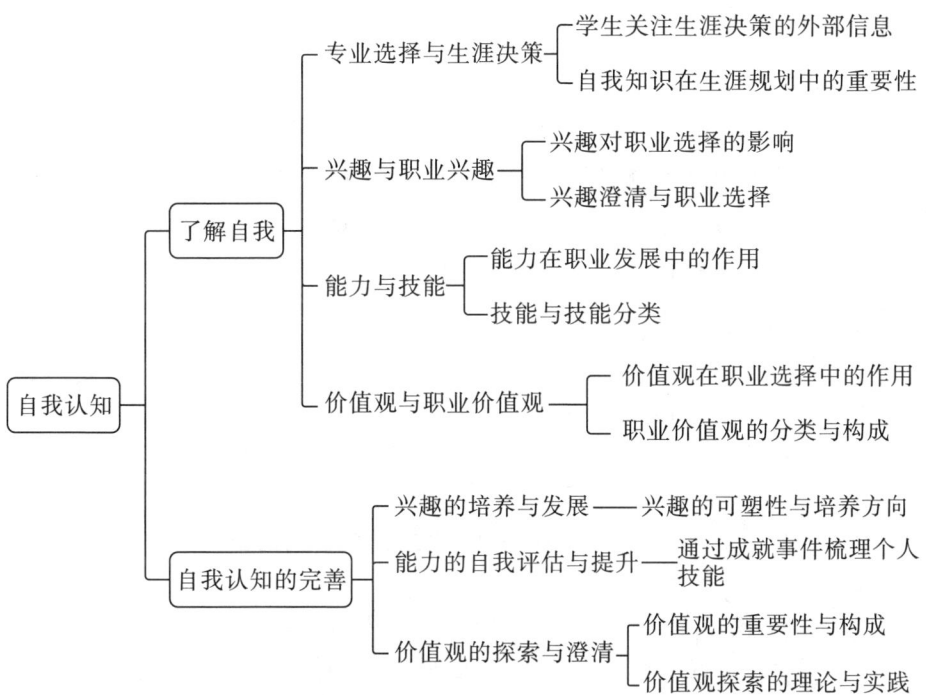

在大多数情况下，我们发现学生踏入职业咨询室或生涯辅导中心，主要是为了寻求帮助，解决他们在硕士阶段面临的专业选择难题。他们提出的第一个问题是："哪个专业能确保我毕业后找到工作？"这个问题反映了学生对于未来职业道路的不确定性和焦虑。此外，还有学生会询问："毕业后，有哪些薪资待遇不错且工作压力不大的职位可供选择？"这个问题则揭示了学生在职业规划时，不仅关注经济收入，还希望工作环境能够相对轻松，减少压力。从这两个问题中，我们可以观察到学生在寻求关于生涯决策的"外部"信息，他们希望从专业选择和职位选择中获得一些明确的指导和建议，以便更好地

规划自己的未来。

这些学生特别关注的是认知信息加工金字塔模型中的"职业知识——了解自己的各种选择"这一层面。我们可以清晰地看到，这个层面实际上属于知识领域，它不仅储存了各种信息和事实依据，还涵盖了对这些信息和事实依据的深入理解与应用。在解决生涯问题和制定生涯决策的过程中，有些人确实是从这个层面开始着手的，因为这为他们提供了一个坚实的基础，能帮助他们更好地理解自己的兴趣、能力和价值观。

我们建议，生涯规划的过程最好从认知信息加工（CIP）理论金字塔模型中的"自我知识"这个层面开始（图2-1）。我们生活中发生的各种事件，以及由此获得的生活经验，都是获取关于自我知识的宝贵资源。因此，从了解自己开始进行生涯规划的过程相对容易，困惑也较少。此外，从这个层面开始可以让我们在最初就将注意力集中在自己身上，深入挖掘自己的内在潜力和可能性，并最终成为自己职业选择的决策者，对自己的生涯负起责任。通过这种方式，我们可以更清晰地认识到自己的长处和短处，从而做出更符合自身情况和期望的职业规划。

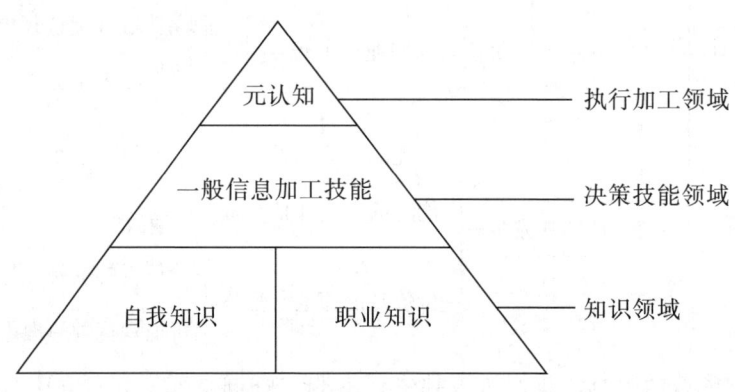

图2-1　认知信息加工（CIP）理论金字塔模型

自我认知构成了职业生涯规划的坚实基础。尽管在各种情境下，深入的自我认知总是能够带来积极的影响，兴趣、价值观和技能这三个核心要素对于大学生在进行职业选择和决策时尤为重要，应当被优先考虑。接下来，我们将详细地分析兴趣、价值观和技能这三个关键因素是如何帮助个人增进自我了解，并在职业规划的过程中发挥其关键作用的。

第一节 了解自我——兴趣

生涯案例

正如许多同龄的大学生一样,朱珠在面对高考后的志愿填报以及专业选择时,感到十分迷茫和困惑。她并不清楚自己真正的兴趣所在,因此在选择专业时,她被建议要选择自己真正喜欢的领域。然而,当朱珠在审视自己的内心时,她发现她对于自己真正热爱的事物并没有一个明确的认识。在父母的建议和期望下,她最终选择了被普遍认为"未来工作稳定"的医学专业。尽管她对医学专业既没有特别的热爱,也没有强烈的反感,但她发现自己经常过分地关注外界对所学专业的看法,如就业前景、其他专业的潜在优势等。每当这些问题浮现在她的脑海中,她就会陷入深深的困惑和迷茫之中,开始质疑自己所选择的专业是否真的适合自己,以及是否能够与自己的兴趣和未来的职业规划相匹配,对未来的职业道路充满了不确定感和忧虑。

王宇对计算机领域怀抱着极大的热情。自大学时代起,他就梦想着能够攻读计算机专业,深入探索这个充满挑战与创新的领域。然而,他的父母对此却持有不同的看法,他们坚信学习医学并成为一名医生才是一个稳定且充满前途的职业选择。因此,王宇目前在一所知名大学的临床医学专业中读大四,正面临着考研的巨大压力,这让他时常感到心情沉重。尽管他全力以赴,努力适应并掌握那些需要大量记忆的医学课程,但内心深处,他对这些课程始终提不起兴趣,这导致他在考研复习时经常感到注意力难以集中。王宇一直在内心深处挣扎,考虑是否应该跨专业报考计算机专业的研究生,但家人的不理解和不支持成为他前进道路上的一大障碍,这使得他的考研复习进度一度停滞不前,让他倍感焦虑和迷茫。

李欣,一个拥有广泛兴趣爱好的人,却时常因为自己的兴趣广泛而感到困惑。她的兴趣爱好涵盖了多个领域,从她小时候开始,她就学习了舞蹈、绘画、唱歌,甚至还有打羽毛球。此外,她还涉猎了邮票收集、昆虫研究、服装设计，以及烘焙等。在这些领域中，她甚至取得了一些成就，获得过一些奖项。然而，尽管她对这些事情都充满了热情，但她的热情就像流星划过夜空一样，虽然绚烂夺目，却转瞬即逝。她总是无法持久地专注于某一个领域，这让她在面临职业选择的时候，感到迷茫和困惑。她不禁自问：究竟什么才是她真正的兴趣所在？

在当今社会，大学生群体中出现了一种普遍现象，即许多学生对自己的兴趣爱好感到迷茫和不确定。有的学生可能对自己的兴趣感到模糊不清，难以明确自己的喜好；而有的学生则可能兴趣广泛，涉猎多个领域，难以确定哪一个领域才是自己真正的热情所在；还有的学生虽然对某些领域有着明确的兴趣和热情，但由于种种原因，比如家庭的期望、对就业前景的考虑，或是对自身兴趣的误解，他们最终选择了与自己兴趣不符的专业。这种情况往往使他们深感苦恼，因为他们渴望找到一条将个人兴趣与未来职业发展相结合的道路。对于这些学生来说，如何在大学期间正确地认识自己，深入了解自己的兴趣所在，并且探索如何将这些兴趣与所学专业以及未来的职业规划相融合，已经成为一个亟待解决的问题。这不仅关系到他们个人的幸福感和职业满意度，也关系到他们能否在未来的职场中发挥自己的最大潜力，实现个人价值。

一、兴趣与职业兴趣

1. 兴趣

兴趣是个体积极探索某种事物的内在倾向，它不仅体现了个人的喜好和偏好程度，而且是驱动我们去了解和掌握新知识、新技能的一种内在动力。通常，我们将兴趣理解为"人们出于乐趣或享受而进行的活动"。人们兴趣各异，这种多样性体现在多个方面：有的对探索自然知识和事物规律感兴趣，如天文、地理、生理、化学等科学领域；有的则喜欢与人交往，活跃于人际关系领域，他们可能对心理学、社会学、教育学等领域充满热情；还有的通过文字、音乐、绘画来表达自我，他们可能在文学、艺术、设计等领域找到自己的位置；另外，也有人对操作技能充满热情，他们对修理、驾驶、钳工、刨工、洗车等技能津津乐道。一个技能娴熟的人，能凭借他灵巧的双手，在操作技能领域如鱼得水，但若让他转身投入到抽象的研究领域，他或许会感到才华难以施展、力不从心。正是这种兴趣的差异，构成了人们选择职业的重要依据。强烈的兴趣和爱好是事业成功的重要动力，它们能够激发个人的潜能，帮助人们在各自选择的领域中不断进步和成长。

在我们初次与新朋友相识时，往往会通过分享自己的爱好来拉近彼此的距离，例如，我们会说："我酷爱摄影，热衷于捕捉生活中的每一个美好瞬间；我也非常喜欢打球，无论是篮球、足球还是羽毛球，都能让我感受到运动的快乐；此外，我还对电竞游戏充满热情，十分享受那种团队合作与竞技带来的刺激；航模也是我的一大爱好，当看着自己亲手制作的模型在空中翱翔时，那种成就感无与伦比；旅游让我有机会探索世界的每一个角落，体验不同的文化和风景；下棋则锻炼了我的思维和策略；街舞让我释放自我，享受音乐与舞蹈的韵律；唱歌则是我表达情感的一种方式。"这些活动不仅丰富了我们的生活，还帮助我们结识了许多志同道合的朋友，与他们一起分享快乐，交流心得，共同享受那些轻松愉快的休闲时光。然而，尽管这些爱好能带给我们许多乐趣，但它们与我们内心深处的"职业兴趣"还是有所区别的，它们通常被视为我们的业余消遣。

要准确理解兴趣，我们需要细致地区分"兴趣"与一般意义上的"好奇"或"觉得有趣"之间的差异。兴趣对于个人而言是相对稳定和持久的，它对个人的影响和吸引力相对强烈，并且通常与个人的价值观和身份认同感紧密相连。美国芝加哥大学的心理学家米哈里·契克森米哈赖（Mihaly Csikszentmihalyi）教授提出，当人们全身心地投入到某项活动中，达到浑然忘我的主观状态时，通常会伴随着积极情绪体验，这种状态被称为"心流"。心流理论指出，个体在高度沉浸于活动之中时，会忽略时间的流逝和周围环境的影响，从而体验到愉悦感、充实感和幸福感等正向情感。那些能够让人完全沉浸并忘记时间流逝的活动，往往反映了个人的深层兴趣。当挑战与个人技能相匹配时，强烈的兴趣可以引发"心流体验"，这种体验不仅能给个人带来即时的愉悦感，而且有助于构建个人的心理资本。如果职业能够与引起"心流"状态的兴趣相结合，将极大提升个人的职业满意度和生活幸福感，从而对个人的成长和职业发展产生深远的积极影响。

总体上来说，个人的兴趣爱好被认为是选择职业道路时的一个非常重要的参考标准，它在很大程度上决定了人们对于特定专业领域和职业岗位的偏好，进而影响个人在工作中的满足感、职业的稳定性及在职场上取得成功的可能性，并且能带来更高的职业成就感。因此，深入探索和了解自己的兴趣所在，是个人自我认知和自我发展的一个关键组成部分，同时，这一领域也是职业规划和发展研究中被广泛探讨和研究的热点话题。

2. 职业兴趣测量

自帕森斯时代起，职业发展领域的专家便始终将个人兴趣视为在职业选择过程中一个不可或缺且至关重要的因素。在早期的职业咨询实践中，专家们普遍认为，通过识别和明确个人的兴趣爱好，可以为个人探索其潜在的职业道路提供一种有效的途径。在心理测验和评估量表尚未发展成熟之前，职业咨询师通常会指导人们将自己的爱好和兴趣详细列出来，以此来帮助人们明确自己真正想要追求的职业方向，或者让他们在撰写个人自传时，详细描述自己喜欢和不喜欢的事物。经过数十年的深入研究和实践，美国著名的职业指导专家约翰·霍兰德提出了一个具有广泛影响力的理论——职业兴趣理论。该理论特别强调，个人兴趣与职业选择之间存在着紧密的联系，并指出，通过了解一个人的职业兴趣，可以有效地预测其未来的职业选择倾向。霍兰德的这一理论至今仍然在个人职业规划及企业人力资源管理领域中被广泛采纳和应用，其影响力和实用性经受住了时间的考验。

在20世纪40年代，心理学领域出现了一位杰出的学者，他就是弗雷德里克·库德（G. Frederich Kuder）。库德与另一位心理学家E. K. 斯特朗（E. K. Strong）携手合作，共同开发了两个重要的职业评估工具：库德职业兴趣调查（Kuder occupational interest survey，KOIS）和斯特朗职业兴趣量表（Strong vocational interest blank，SVIB）。这些工具的诞生，为人们提供了一种全新的方式来识别和理解自己的职业兴趣领域。库德和斯特朗通过他们的研究发现，不同职业领域工作的人们往往展现出不同的兴趣模式。例如，会计师这一职业的人士，他们的兴趣模式可能与工程师、护士等其他职业的人士存在显著差异。基于这样的发现，库德和斯特朗认为，如果能够快速且有效地测量一个人的兴趣，那么这个过程将极大地简化职业规划的步骤，帮助个人更快地找到适合自己的职业路径，从而提高工作满意度和职业成就感。

兴趣量表的核心功能在于，对个人对于一系列涉及个人喜好和不喜好的陈述的反应进行量化评估。通过这种方式，量表能够描绘出一个人的兴趣剖面图，即个人兴趣的详细分布图。随后，将这个剖面图与特定职业领域内其他人的兴趣剖面图进行对比分析，以判断两者之间是否存在相似性或匹配度。这种比较有助于揭示个体的兴趣倾向是否与某个职业领域相契合。兴趣测评在职业规划和职业活动中扮演着至关重要的角色，它不仅能够帮助个人更清晰地认识自己的职业兴趣所在，而且还能为他们提供关于未来职业发展可能路径的洞见。通过这种测评，个人可以更好地理解自己的内在动机和倾向，从而做出更加明智的职业选择，规划出一条更符合自己的兴趣和能力的职业道路。

二、兴趣澄清——"假如我有七天假期"

在一个阳光灿烂的日子里，你意外地获得了七天的假期，于是，你决定前往一个新开发的岛屿群度假。热情洋溢的旅行社经理向你详细介绍了这条新开发的旅游路线："这是一条我们与当地旅游业紧密合作共同打造的精品线路，它包括六个风格迥异、风情万种的岛屿。如果你的时间充足，你可以计划游览其中的三个岛屿，且每个岛屿停留几天，以确保你能够充分地欣赏岛上的美丽风光，我相信这些风光会让你流连忘返。"在不考虑费用的情况下，仅凭个人兴趣，你最想去哪一个岛屿？请根据你的喜好程度，选出三座你最向往的岛屿。于是，你开始认真地阅读旅游手册上对这六个岛屿的详细介绍，具体如下。

R岛屿：这是一个自然原始的岛屿。岛上保持着原始的自然生态，栖息着各种野生动物。当地居民擅长手工艺，他们自己种植水果蔬菜、修缮房屋、打造器物、制作工具，并且热爱户外运动。你可以在这里体验到真正的自然生活，与野生动物近距离接触，感受大自然的原始魅力。

I岛屿：这是一个深思冥想的岛屿。岛上建有多家天文馆、科技博览馆和图书馆。居民们热衷于探索与求知，崇尚智慧的光芒，他们经常有机会与世界各地的哲学家、科学家、心理学家等思想精英进行深入的交流与碰撞。在这里，你可以感受到知识的力量，体验到智慧的光芒。

A岛屿：这是一个美丽浪漫的岛屿。岛上美术馆林立，音乐厅座座相连，街头巷尾雕塑与艺术家身影频现，艺术气息如春风拂面，浓厚得令人沉醉。居民们保留了传统的舞蹈、音乐与绘画，许多文艺界人士都喜欢来这里寻找灵感。在这里，你可以感受到艺术的魅力，体验到浪漫的氛围。

S岛屿：这是一个友善亲切的岛屿。居民们性情温和，笑容可掬，乐于助人，社区内织就了一张紧密互动、温情脉脉的服务网络。人们重视互助合作，重视教育，关心他人，充满了人文关怀。在这里，你可以感受到人与人之间的温暖，体验到社区的和谐。

E岛屿：这是一个显赫富庶的岛屿。居民们擅长企业经营和贸易，口才出众。岛上经济高度发达，到处是高级饭店、俱乐部、高尔夫球场。往来者多为企业家、经理人、政治家、律师等社会精英。在这里，你可以感受到经济的繁荣，体验到社会的精英文化。

C岛屿：这是一个现代、井然的岛屿。岛上的现代化建筑呈现出都市的先进形态，该岛以高效的户政管理、地政管理、金融管理著称。岛民个性冷静保守，行事有条不紊，擅长组织规划，注重细节和效率。在这里，你可以感受到现代都市的节奏，体验到井然有序的生活。

（1）假如你仅有七天难得的假期，你会考虑前往哪个岛屿度假呢？你的首选目的地是哪一个？请写下你的度假计划。

选择1：_____岛屿，原因：_____，
_____。

选择2：_____岛屿，原因：_____，
_____。

选择3：_____岛屿，原因：_____，
_____。

（2）现在你需要选择未来工作和生活的地点（至少停留一年），你会选择哪一个岛屿？哪个岛屿是你心中的理想之地？请写下你的三个首选岛屿，并写下你的工作和生活计划。

选择1：_____岛屿，原因：_____，
_____。

选择2：_____岛屿，原因：_____，
_____。

选择3：_____岛屿，原因：_____，
_____。

在进行选择时，我们往往会在不同的选项之间进行比较，试图找出它们之间的差异。这种比较不仅有助于我们更清晰地了解自己的选择，而且通过深入分析这些差异背后的原因，我们可以更好地理解自己的内在动机和偏好。例如，在选择旅游目的地时，最初所倾向的岛屿往往透露出你对那个特定岛屿的向往与好奇心，这种选择通常与你的日常兴趣爱好有着密切的联系。而当你在选择生活和工作的目的地时，你的决定则更深刻地揭示了你在特定环境中的生活和工作偏好，从而隐性地反映了你的职业倾向。

那么，各个岛屿与职业、职业环境之间存在着怎样的联系呢？实际上，这六个岛屿代表了六种典型的职业兴趣类型。每一个岛屿都对应着一种特定的职业兴趣，其中，第一个岛屿代表了你的主要兴趣，而第二个和第三个岛屿则代表了你的辅助兴趣。具体来说，这个小游戏与霍兰德职业兴趣类型理论相呼应，可以被视为霍兰德职业自我探索量表的互动版。通过参与这个游戏，玩家不仅能够以一种轻松愉快的方式探索自己的职业兴趣，而且还能在互动的过程中，对自己的职业倾向有一个更为直观和深入的了解。

三、霍兰德类型说理论

在 20 世纪 70 年代初期，心理学家霍兰德开始提出一系列新的思考兴趣及兴趣量表的方法。1997 年，他修订了著作《作出职业选择：职业人格和工作环境理论》（*Making Vacational Choices：A Theory of Vocational Personalities and Work Environments*）第三版。霍兰德认为，兴趣实质上是描述人格特质的一种途径，而人格则是一个综合的概念，它不仅包括兴趣，还涵盖了价值观、需求、技能、信念、态度及学习风格等多个方面。这个广义的人格概念，在职业选择过程中扮演着至关重要的角色。就职业选择而言，兴趣是人格中最为核心的部分，是连接人与职业的关键。霍兰德的理论强调了个人兴趣与职业环境之间的匹配，认为当个人的兴趣与工作环境相匹配时，个人的工作满意度和职业成就会更高。因此，了解和评估个人的兴趣类型，对于个人的职业规划和职业发展具有重要的指导意义。

霍兰德的研究成果还揭示了一个重要的发现，那就是个人的兴趣可以通过一种既快速又高效的方式来进行测量。具体来说，这种方法要求个体依次列举出他们最向往的职业。通过这样的方式，霍兰德的方法显著地简化了兴趣测量和职业选择的过程，大大降低了其复杂性。这使得普通大众也能够轻松地利用这一工具，进而找到与自己的人格特质相契合的职业路径。霍兰德的这一创新不仅为职业规划领域带来了便利，而且为个人的职业发展提供了科学的指导。

1. 理论核心假设

霍兰德的类型说理论，也被称为 RIASEC 模型，它基于一系列核心假设来解释职业选择和职业满意度。该理论包含四个基本假设，这些假设在表 2-1 和表 2-2 中有详细描述。

首先，霍兰德认为大多数人都可以被归类为六种 RIASEC 类型之一，这六种类型分别是：现实型（realistic）、研究型（investigative）、艺术型（artistic）、社会型（social）、企业型（enterprising），以及常规型（conventional）。每种类型都代表了一组特定的兴趣、能力和价值观。

其次，霍兰德提出存在六种相对应的 RIASEC 环境，这些环境与上述六种类型相匹配。这些环境为个人提供了能够发挥其特定兴趣和能力的场所，从而满足他们的职业需求。

再次，霍兰德认为人们都在积极寻求一种环境，这种环境能够让他们运用自己的技能和能力，表达自己的态度和价值观，处理适当的问题，并承担相应的角色。这样的环境不仅能够促进个人的职业发展，还能够提高他们的工作满意度。

最后，霍兰德强调个人行为受到其人格特征与环境特征交互作用的影响。这意味着一个人的职业选择和职业满意度不仅取决于个人的内在特质，还受到外部环境因素的影响。这种交互作用决定了个人在其职业生涯中的适应性和成功程度。

在深入研究人格与职业选择之间的关系时，霍兰德基于一系列假设，创造性地提出了一个著名的六角模型。这个模型将六种不同的人格类型按照一种特定的顺序排列起来，形成了一个六边形的结构。每一种人格类型在这个模型中占据一个角，代表一组特定的兴趣和倾向。通过这种排列方式，六角模型不仅清晰地展示了不同人格类型之间的差异，还揭示了它们之间的相似性和过渡性。

霍兰德的六角模型不仅仅是一个理论框架，它还具有实际应用价值。它能够被用来比较和分析不同领域中的兴趣和活动，帮助人们识别自己最感兴趣和最擅长的领域。通过这种方式，个人可以更好地了解自己的职业倾向，从而找到与自己的人格类型相匹配的职业路径。这种匹配不仅有助于提高个人的工作满意度，还能提升个人的工作效率和职业成就感。因此，六角模型成为职业规划和人力资源管理中一个非常有用的工具，被广泛应用于职业咨询和教育指导中。

表 2-1 RIASEC 人格类型说

特征	人格类型					
	现实型	研究型	艺术型	社会型	企业型	常规型
偏好的活动和职业	操作机器、工具和物品	探索、了解、预测和控制自然和社会现象	文学、音乐、绘画、舞蹈活动	助人、教学、治疗、咨询，通过人际交往服务他人	说服、操纵、指导他人	建立或保持常规标准、实施标准
价值观	对实际成就的物质回报	知识的发展或获得	思想、情绪或情感的创造性表达	增进他人的福利，为社会服务	物质成就和社会地位	物质或经济成就，在社会、商业或政治领域的权力
自我视角	具有实践的、保守的特质，拥有动手能力和机械技能，但缺乏社会技能	具有善于分析、有智慧、有怀疑精神的特质，拥有学术天赋，但缺乏人际交往技能	具有创新的、智慧的特质，对经验持开放的心态，但缺乏文书或办公技能	具有同情的、耐心的特质，拥有人际交往技能，但缺乏机械技能	拥有销售和说服能力，但缺乏科学能力	拥有商业或制造业的技能，但缺乏艺术才能

续表 2-1

特征	人格类型					
	现实型	研究型	艺术型	社会型	企业型	常规型
他人视角	具有普通的、坦率的特质	具有不善社交的、有智慧的特质	具有非传统的、无序的、创造性的特质	具有善于照顾人的、使人愉快的、外向的特质	具有有活力的、合群的特质	具有谨慎的、顺从的特质
避免做的事	与他人交往	说服或销售活动	常规和遵从已经建立的规则	机械或技术活动	科学的、智慧的或深奥的论题	不明确的、无结构的任务

表 2-2 RIASEC 环境类型说

特征	环境类型					
	现实型	研究型	艺术型	社会型	企业型	常规型
需求	体力和机械能力，擅长与机器、工具、物体打交道	具有分析、技术、科学及语言能力	具有创新或创造能力，通过情绪表达与他人相互作用	具有人际交往能力，指导、训练、治疗或教育他人的技能	具有说服和操纵他人的能力	具有文书技能，在工作中能达到精确标准
要求和奖励	遵从行为，实际成就	在解决问题的过程中持怀疑或坚持的态度，整理新知识，问题的理解或解决	具有文学、艺术或音乐成就中的想象力	具有同情心、人道主义，和蔼可亲友好	主动追求经济或物质成就，主导性、自信心	具有行政能力，服从性、可靠性好

续表 2-2

特征	环境类型					
	现实型	研究型	艺术型	社会型	企业型	常规型
允许表达的价值观	实践的、生产性的、具体的价值观，强健的、不怕风险的、喜欢冒险的风格	通过学术或研究获得知识	非传统的观念或行为方式审美价值观	关注他人的福利	以攫取或权力为取向的风格责任感	系统的观点，关注秩序与常规
包含的职业或其他环境	具体的、实践性的活动；使用机器、工具、材料等	分析性或智力性活动；其目标在于解决问题或创造和使用知识	表演、写作、音乐、雕刻或非结构性的智力探索工作	以帮助或促进的方式与他人一起工作	销售；领导、操纵他人来达到个人或组织的目标	运用工具、数字或机器以满足预期的组织要求或具体标准
职业举例	木匠、货车司机	心理学家、微生物学家	音乐家、设计师	咨询师、教师	律师、商人、政治家	编辑、图书管理员

现在，让我们深入探讨霍兰德理论所基于的四个核心假设。

首先，将人划分为不同类型的观念在心理学领域并不鲜见。研究者经常依据不同的特征将人格进行分类。霍兰德提出的六种人格类型同样基于这一理念。霍兰德职业兴趣测试显示，现实型（R）、研究型（I）、艺术型（A）、社会型（S）、企业型（E）、常规型（C）这六种类型能够有效地测量人们的兴趣，而我们的人格实质上是由这六种类型的特定组合构成。把人格想象成一个被分成六部分的圆饼图（图2-2），或许能帮助我们更好地理解这一点。在每个人的圆饼图中，这六种兴趣类型中的某一种可能占据较大的比例。例如，图2-2（a）中样本1的个人的优势兴趣类型是I、A、S，图2-2（b）中样本2的个人的优势兴趣类型是R、C、E。

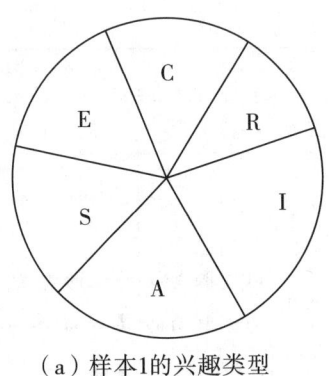 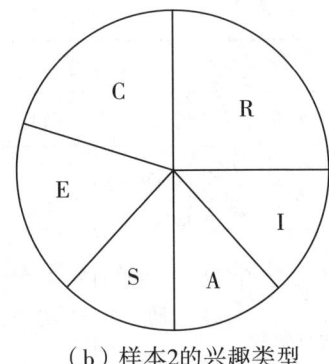

（a）样本1的兴趣类型　　　　　　　　（b）样本2的兴趣类型

图 2-2　人格饼图

其次，霍兰德理论假设，人们倾向于选择那些能够让他们发挥自己的人格特质的职业环境。换句话说，如果一个人具有研究型的特质，那么他更可能在需要分析和解决问题的环境中感到满足和获得成功。这种假设认为，职业满意度和职业成功在很大程度上取决于个人的人格特质与工作环境的匹配程度。

再次，霍兰德理论还假设，人们在选择职业时，会受到他们的兴趣的影响。由于兴趣被认为是人格特质的一种表现，因此，一个人的兴趣类型可以作为预测其职业选择和职业满意度的一个重要指标。霍兰德职业兴趣测试正是基于这一假设，通过评估个体的兴趣类型来预测其可能的职业倾向。

最后，霍兰德理论认为，个体的人格和兴趣类型是相对稳定的，但同时他也承认它们可能会随着时间和经验而发展和变化。尽管如此，霍兰德理论强调，个体在成年早期（21 岁左右），其人格和兴趣类型会达到一个相对稳定的状态，这为职业规划和指导提供了重要的参考依据。

在进一步探讨霍兰德职业兴趣理论时，我们不得不提到他关于环境分类的独到见解。霍兰德提出了一个具有深远影响的观点，即环境可以被细分为六种不同的类型。这些类型包括职业环境、工作场所、休闲活动的领域、教育项目或学习的范畴、学院的氛围，甚至包括企业文化这样的抽象概念。霍兰德认为，每一种环境都可能被特定的人格类型所影响和主导。例如，一个以实用主义为特征的环境，往往是由那些具有现实型人格特质的人主导的。这种人格类型的人倾向于喜欢具体的、实际的和操作性强的活动。环境不仅是一个物理空间，它还可以被视作社会关系的一种体现和反映。以朋友为例，如果你的朋友展现出了现实型的兴趣、爱好和技能，那么他或她实际上为你创造了一个现实型的环境。这种环境会对你产生影响，使你倾向于参与那些与现实型人格特质相符合的活动。因此，了解环境的类型和它们如何与人格类型相互作用，对个人的职业规划和生活选择具有重要的指导意义。

此外，人们往往倾向于寻找那些能够尊重、珍视、回报并充分利用其人格特征的环境。这与成语"物以类聚，人以群分"所表达的意思相似。例如，艺术型人格的人会寻找艺术性的环境，包括相关类型的工作、休闲方式、俱乐部和朋友圈等，在那里，他们的创造性、独立性和理想主义会受到重视和赞赏。这种现象在社会心理学中已被广泛研究，它说明个体倾向于与那些与自己有相似特质、兴趣和价值观的人群聚集在一起。这种聚集不仅有助于增强个体的自我认同感和归属感，而且还能促进个体在特定领域内的成长和发展。因此，艺术型人格的人在艺术性的环境中，不仅能够得到情感上的满足，还能在专业技能和创造力方面得到进一步的提升和发挥。

最终，个人的行为表现可以被看作其内在人格特质与外部环境特质之间相互影响、相互作用的直接结果。举例来说，如果一个倾向于实用主义、注重实际效果和效率的人，发现自己处于一个以社会交往和人际关系为核心的环境中，他可能会经历一系列的不适感。这些不适感可能表现为内心的不快乐和紧张，感受到巨大的压力，以及与周围人的疏远感。由于这些负面情绪和感受的影响，他在这种环境中可能无法发挥出最佳的表现水平，甚至可能会出现工作或社交上的失误。因此，为了缓解这些不适和压力，他可能会采取积极的行动，试图改变当前的环境，或者选择离开这个对于他来说并不适宜的社会型环境，寻找一个更适合他的实用主义特质的新环境。

2. 职业类型的关系

仔细观察图 2-3 所示的六角模型，我们可以进一步理解霍兰德的职业类型理论。

霍兰德所划分的六种职业类型，并非完全独立存在，它们之间没有明确的界限。根据它们之间的相似度和差异性，这些类型大致可以被分为三种关系：相邻、相近和相对。

首先，你会注意到在六角形模型中，相邻或相近的职业类型之间共享许多相似的特征。例如，现实型与研究型的人，他们往往不那么倾向于社交，而倾向于与物体互动,在这两种职业环境中,与人互动的机会也相对较少。通过这种模型,我们可以看到,尽管这些类型在某些方面存在差异,但它们在其他方面又有紧密的联系,这有助于我们更好地理解个人的职业倾向与环境适应性之间的复杂关系。

其次,如果你仔细观察六角形模型,你会注意到一个有趣的现象:位于模型对角线位置的两种职业类型之间,它们的共同点往往是最少的,甚至在某些情况下,这些职业类型之间存在着显著的差异。举例来说,如果你审视现实型职业与社会型职业,或者常规型职业与艺术型职业,你会发现它们之间的相似之处非常有限,它们在工作性质、所需技能及职业目标等方面往往大相径庭。

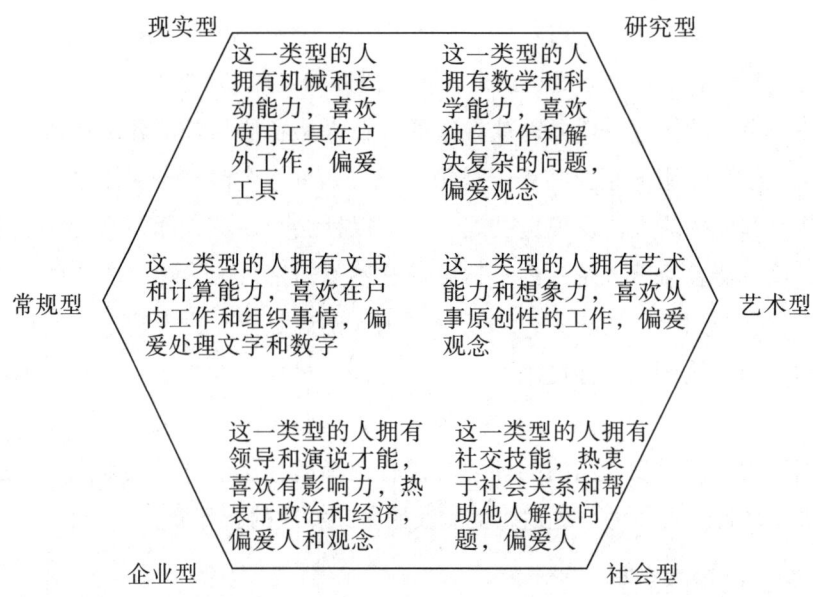

图 2-3 RIASEC 六角

因此,具有特定人格特质的个体,往往倾向于选择与自己的特质相契合的职业环境;相应地,相似的职业环境也会吸引具有相同人格特质的个体加入。通常而言,具有相似人格特质的个体会倾向于选择相似的职业环境。由于不同职业的社会责任、工作满意度、工作特性、工作风格及考评机制等各不相同,这些差异进而又导致不同职业对员工职业兴趣的特定需求。现代人力资源管理的核心原则是将合适的人才安排到合适的岗位上,强调"人职匹配",即人格特质与职业环境之间的"适配性"问题。"人职匹配"涵盖两个方面:一方面是个人的知识、能力和技能应与岗位要求相匹配;另一方面则是个人的兴趣——人格特质应与岗位相适应。这种匹配不仅关系到员工的工作效率和满意度,还关系到企业的整体绩效和竞争力。当员工的人格特质与工作环境相匹配时,他们更有可能表现出更高的工作热情和创造力,从而为组织带来更大的价值。因此,了解和评估个体的人格特质,以及如何将这些特质与特定的职业环境相匹配,是现代人力资源管理中一个至关重要的环节。

根据霍兰德的职业兴趣理论,个体的职业选择往往受其人格类型的影响。霍兰德的同事通过研究发现,在现实生活中,人们往往更倾向于选择那些与自己的人格类型相邻或相似的职业。例如,具有研究型(investigative)人格特质的人,他们天生好奇、喜欢探索和分析,可能会更倾向于选择科学、研究或技术类的职业;而那些拥有艺术型(artistic)人格的人,通常具有创造性、喜欢自由表达,他们可能会更倾向于选择艺术、设计或表演类的职业。这种选择不仅能够满足他们的兴趣爱好,而且还能让他们在工作中感到更加满足和快乐,从而促进个人的长期发展。

我们必须认识到,个体本身往往是多种兴趣类型的综合体,而单一类型显著突出的情况实际上是比较少见的。因此,在对个体的兴趣类型进行评价时,我们通常会依据他们在六大类型中得分最高的前三位类型来组合,形成一个独特的兴趣组型。在组合这些类型时,我们会根据分数的高低依次排列字母,从而形成如 RCA、AIS 等具有代表性的兴趣组合。在进行职业选择的过程中,个体实际上并不需要严格地挑选与自己的兴趣爱好完全匹配的职业环境,因为那些与个人兴趣相邻的职业环境同样能够为个体的适应性和职业发展提供必要的支持和帮助。

在探讨职业选择的问题时,我们不得不承认,影响这一决策的因素是多方面的,复杂且多元。首先,个人的兴趣类型无疑是一个重要的考量因素,它能够激发个体的工作热情和创造力。然而,兴趣并不是唯一的决定因素,社会的职业需求及获取职业的现实可能性同样扮演着至关重要的角色。这些因素共同作用,影响着一个人的职业道路选择。因此,在做出职业选择时,个体往往需要在理想与现实之间进行权衡和妥协。他们可能会寻找与自己兴趣相近的职业环境，或者选择那些在某种程度上与自己兴趣相吻合的工作领域。通过这种方式，个体试图在新的工作环境中找到自己的位置，并通过不断调整和适应，逐渐融入并享受工作带来的成就感。然而，当个体最终选择的职业环境与他们的自我兴趣大相径庭时，他们可能会遇到适应上的困难。这种情况下，个体可能难以在工作中找到乐趣，甚至可能每天都在经历着工作带来的痛苦和挑战。这种不匹配可能导致工作效率的下降、职业满意度的降低，以及长期的职业发展受阻。

霍兰德类型理论，自1973年被提出之后，已经发展成为职业心理学领域中一个极具影响力的生涯规划理论和职业分类体系。这一理论不仅得到了广泛的认可，而且在职业咨询和研究领域产生了深远的影响。例如，霍兰德编制的职业自我探索量表（SDS），自1971年首次发行以来，已经在全球范围内被超过2100万人所使用。霍兰德类型理论的核心观点是，人格与职业环境的匹配是职业成功的关键所在。它强调，当一个人的职业兴趣与其工作环境相匹配时，个体的潜能能够得到充分发挥，从而在职业生涯中获得更高的满意度和成就感。因此，对于那些缺乏职业经验的大学生而言，了解并测试自己的霍兰德兴趣类型，对他们有目的地寻找与自己的兴趣相匹配的工作，以及为未来的职业生涯做好准备，具有非常重要的意义。

3. 职业兴趣自测

个性与职业紧密相关，不同职业对从业者的人格特质有不同的要求。通过科学的评估，我们能够预测个人的个性特征，这有助于挑选出与个人发展相匹配的职业。你即将阅读的"职业兴趣自测问卷"旨在帮助你进行自我评估，以便了解你的个性特征更适合从事哪些类型的工作。这份问卷将引导你思考自己的兴趣、偏好和能力，它通过一系列精心设计的问题，能帮助你揭示你潜在的职业倾向。了解这些信息后，你可以更有针对性地规划自己的职业生涯，选择那些能够激发你的热情、发挥你的优势的工作领域，从而提高工作满意度和职业成就感。

职业兴趣自测问卷

请根据你对每一道题的第一印象作答，不必仔细推敲，答案没有好坏、对错之分。具体的填写方法是，根据自己的情况，如果选择"是"，请打

"√",选择"否"则请打"×"。

(1) 我喜欢把一件事情做完后再做另一件事。（   ）
(2) 在工作中我喜欢独自筹划，不愿受别人干涉。（   ）
(3) 在集体讨论中，我往往保持沉默。（   ）
(4) 我喜欢做戏剧、音乐、歌舞、新闻采访等方面的工作。（   ）
(5) 每次写信我都一挥而就，不再重复。（   ）
(6) 我经常不停地思考某一问题，直到想出正确的答案。（   ）
(7) 对别人借给我的和我借别人的东西，我都能记得很清楚。（   ）
(8) 我喜欢抽象思维的工作，不喜欢动手的工作。（   ）
(9) 我喜欢成为人们注意的焦点。（   ）
(10) 我偶尔会自豪地分享自己取得的好成绩。（   ）
(11) 我一直对探险充满向往，渴望有机会参与其中。（   ）
(12) 当我一人独处时，会感到更愉快。（   ）
(13) 我喜欢在做事情之前，对此事情做出细致的安排。（   ）
(14) 对于修理自行车、电器这类工作，我并不擅长也不感兴趣。
（   ）
(15) 我热衷于参加各种聚会，享受与人交流的乐趣。（   ）
(16) 我更倾向于选择虽然薪资不高但稳定的职业。（   ）
(17) 音乐总能让我心旷神怡，陶醉其中。（   ）
(18) 我做事往往比较果断，较少犹豫不决。（   ）
(19) 我倾向于频繁向上级请示。（   ）
(20) 我偏爱智力挑战型的游戏。（   ）
(21) 对于需要长时间集中注意力的任务，我感到颇为吃力。（   ）
(22) 我喜欢亲自动手制作一些东西，并从中得到乐趣。（   ）
(23) 我在动手操作方面能力有限。（   ）
(24) 我与陌生人交谈毫无障碍。（   ）
(25) 和别人谈判时，我总是很容易放弃自己的观点。（   ）
(26) 我善于结交同性朋友。（   ）
(27) 对于社会问题，我通常持中庸的态度。（   ）
(28) 当我开始做一件事情后，即使碰到再多的困难，我也要执着地干下去。
（   ）

(29) 我性格沉静,情绪内敛,不易为外物所动。 (   )
(30) 当我工作时,喜欢避免受干扰。 (   )
(31) 我梦寐以求的职业是科学家。 (   )
(32) 与言情小说相比,我更喜欢推理小说。 (   )
(33) 有些人太霸道,有时明明知道他们是对的,也要和他们对着干。
 (   )
(34) 我时常沉浸在幻想的海洋中。 (   )
(35) 我总是乐于主动向他人分享我的见解与建议。 (   )
(36) 我对诸如榔头之类的工具情有独钟。 (   )
(37) 我乐于伸出援手,帮助他人解除痛苦。 (   )
(38) 我偏爱那些自己下了赌注的比赛或游戏,因为它们能让我更投入。
 (   )
(39) 我倾向于按部就班地完成每一项工作,享受有条不紊的过程。
 (   )
(40) 我渴望经常尝试不同的工作,以丰富我的人生体验。 (   )
(41) 我总是提前安排好时间,以确保有足够的空闲赴约会。 (   )
(42) 我喜欢阅读自然科学方面的书籍和杂志。 (   )
(43) 如果掌握一门手艺并能以此为生,我会感到非常满意。 (   )
(44) 我曾渴望当一名汽车司机。 (   )
(45) 听别人谈"家中被盗"一类的事,很难引起我的同情。 (   )
(46) 如果待遇相同,我宁愿当商品推销员,而不愿当图书管理员。
 (   )
(47) 我讨厌跟各类机械打交道。 (   )
(48) 我小时候经常把玩具拆开,把里面看个究竟。 (   )
(49) 当接受新任务后,我喜欢以自己的独特方法去完成它。 (   )
(50) 我有文艺方面的天赋,总能发现其中的美。 (   )
(51) 我喜欢把一切安排得整整齐齐、井井有条,这让我倍感舒适。
 (   )
(52) 我热爱教育事业,喜欢成为一名传道授业的教师。 (   )
(53) 当和一群人在一起的时候,我总想不出恰当的话来说。 (   )

（54）看情感影片时，我常常禁不住眼圈红润。　　　　（　）

（55）我对数学总是感到头疼不已，十分讨厌学习它。　　（　）

（56）在实验室里独自进行实验时，那种寂寞感让我难以忍受。（　）

（57）对于急躁、爱发脾气的人，我仍能以礼相待。　　　（　）

（58）遇到难以解答的问题时，我常常放弃。　　　　　　（　）

（59）众人皆赞我勤劳踏实，乐于奉献。　　　　　　　　（　）

（60）我喜欢在人事部门工作。　　　　　　　　　　　　（　）

职业兴趣的类型：（符合以下"是"或"否"答案的记1分，不符合的记0分）

常规型："是"（7，19，29，39，41，51，57），"否"（5，18，40）。

现实型："是"（2，13，22，36，43），"否"（14，23，44，47，48）。

研究型："是"（6，8，20，30，31，42），"否"（21，55，56，58）。

企业型："是"（11，24，28，35，38，46，60），"否"（3，16，25）。

社会型："是"（26，37，52，59），"否"（1，12，15，27，45，53）。

艺术型："是"（4，9，10，17，33，34，49，50，54），"否"（32）。

职业兴趣自测问卷结果

各职业兴趣类型的总分

现实型（R）_____　　研究型（I）_____

艺术型（A）_____　　企业型（E）_____

社会型（S）_____　　常规型（C）_____

霍兰德码：□□□

在我们日常生活的实际情境中，一个人如果能够涉猎并培养广泛的兴趣爱好，通常会拥有更加宽广的视野和认知范围。这种多方面的兴趣和知识储备，使得他们在面对问题和挑战时，能够从不同的视角和思维中获得灵感和解决方案。广泛的兴趣爱好不仅能够丰富个人的生活体验，还能帮助他们发现那些与自己的能力倾向和天赋相契合的职业领域，从而为他们的职业生涯规划提供更加宽广的选择空间。然而，值得注意的是，如果一个人的兴趣过于分散，没有一个明确的焦点，这可能会导致他在某一特定领域内难以集中精力，缺乏持续深入研究和发展的动力。这种情况有时会对他们的职业发展造成一定的阻碍和不利影响，因为他们可能在多个领域都只是浅尝辄止，难以达到专业和精通的水平。相对而言，那些兴趣较为单一且始终如一的人，在选择职业生涯的道路上，往往面临的选择范围更加狭窄。因此，他们在做出职业选择时，需要更加精准地评估自己的兴趣和能力，以及市场需求，以确保能够做出既符合个人志趣又具有发展潜力的职业决策。

四、兴趣培养

生涯案例

　　娟娟在高三这个关键的时期，为了能够明确自己的志愿填报方向，决定进行一次职业兴趣测验。经过一系列的测试和分析，结果显示，她的职业兴趣类型为 RSI。基于这一结果，她毫不犹豫地选择了医学专业作为自己未来的学习和职业发展方向。时间飞逝，转眼间娟娟已经是一名大一新生，在大学生涯规划课程中，老师再次组织全班同学进行职业兴趣测验。测验的结果让娟娟感到非常惊讶，她的各项指标为 A10、I9、R9、S9、C8、E7，其中，A（艺术型）的比重显著增加，甚至成为她职业兴趣中最大的一部分。课程结束后，娟娟带着自己的测验结果找到了老师，希望得到老师进一步的指导和解释。

　　在老师的耐心引导和帮助下，娟娟开始回顾自己的成长历程，试图理解这一职业兴趣变化的成因。她向老师倾诉道："我一直以来都非常热爱文学和诗歌，但由于高中时期课业繁重以及高考带来的巨大压力，我不得不将大部分时间和精力投入到学习中，这让我无法在文学诗歌这一领域投入太多的时间和精力。然而，当我进入大学，拥有了更多自由支配的时间后，我便开始投身于文学诗歌的阅读与创作之中。随着时间的推移，我发现自己在这一领域的兴趣和热情不断增长，我的想象力和创造力也因此得到了显著的提升。但是，如果要我重新定位自己的人格类型，我可能会写下 AISR；而如果从工作取向出发，我的选择则会是 ISRA……"

　　正如莎士比亚所言："学问必须合乎自己的兴趣，方才可以得益。"这句话深刻地揭示了兴趣在学习过程中的重要性。爱因斯坦亦曾指出："我认为，对一切来说,只有热爱才是最好的教师,它远远超过责任感。"这位伟大的物理学家通过自己的经历和见解,强调了热情和兴趣在追求知识和科学探索中的核心作用。我们亦常言:"兴趣是最好的老师。"这句话在我们的日常生活中被广泛引用,它传达了一个简单而深刻的道理:当你真正投身于自己感兴趣的事物时,你将充满动力,无须他人催促,也无须依靠外在的强制力量。那么,问题随之而来:既然兴趣如此重要,它能否改变?我们是否可以通过某些方式培养或转变自己的兴趣,从而在学习和生活中取得更大的进步和成就?

通过观察娟娟的个人经历,我们可以深刻理解到兴趣并非一成不变,而是可以通过后天的培养和环境的影响而逐渐发展和转变的。兴趣的形成和变化是一个复杂的过程,它与个人所处的环境、成长的阶段及心理的成熟度等都有着密切的联系。在教育领域,兴趣的作用不容小觑,它不仅决定了个人的专业方向选择,而且与个人的职业发展路径紧密相连。根据相关研究显示,当一个人的兴趣和他们所学的专业与所从事的职业高度一致时,他们往往能够获得更多的满足感和成就感,这有助于他们在所处的领域内取得显著的成就。兴趣,按照其定义,是一种内在的心理倾向,它指引着我们对某些事物或活动的偏好。而所谓的兴趣培养,不是指改变这种倾向,而是指通过有意识的行为训练,增强个人的能力,培养出解决实际问题的技能。正如在人际交往的舞台上,每个人都有自己的角色和定位,有的人乐于助人,而有的人则擅长调动和利用他人的力量。即便是在帮助他人与利用他人之间的微妙平衡中,每个人也会展现出自己独特的风格和方式。因此,兴趣培养的真谛在于,在自己的天生倾向的基础上,通过不断的努力和实践,磨炼出自己独特的技能和能力。每一种兴趣类型都有其独特的总体风格和特征,但即便在同一类型内部,也存在着丰富多样的表现形式。人们可以根据自己的资源、潜力及个人喜好,像艺术家调整画布上的色彩一样,灵活地调整和平衡各类兴趣在自己生活中的比重和位置。因此,兴趣不是固定不变的,它最可能的变化方向是在同一兴趣类型内部进行拓展或转移。

第二节　了解自我——能力

生涯案例

王萍将迎来大学阶段的最后一个学年，面对即将到来的就业挑战，她感到十分迷茫。她不确定自己的专长究竟在哪里，也不清楚自己能够胜任哪些类型的工作。在求职的道路上，她感到信心不足；面对纷繁复杂的就业市场，她感到手足无措，仿佛自己手中没有一张能让雇主眼前一亮的王牌。此外，即便她找到了工作，她也怀疑自己是否能够胜任那份工作，是否能够在职场中站稳脚跟。于是，她开始思考，是否需要进一步深造，或者参加一些实习项目来提升自己的竞争力。她知道，只有通过不断学习和实践，才能找到自己的定位，才能在未来的职场中找到属于自己的位置。

李超，一名就读于一所享有盛誉的重点大学医学专业的学生，他非常明白，未来作为一名医生，他的职业生涯将不可避免地需要与患者、同事及其他医疗工作者进行频繁的互动和沟通。因此，他深知良好的人际交往能力对于他来说是至关重要的。然而，李超对自己的人际交往能力感到不太满意，他常常觉得自己在与同学进行交流时显得有些笨拙，甚至自嘲为"话题终结者"。在与人交流的过程中，他总是觉得难以找到合适的话题，这让他感到非常苦恼，他迫切地想要找到一种方法来改善自己的交流技巧。

许慧，一位英语专业的学生，她非常清楚地意识到，尽管她主修的是英语专业，但精通英语的人正在变得越来越多，这让她感到一丝忧虑。她担心自己的专业过于偏重实用性，未来在职场中可能会失去竞争优势。她认为，如果自己将来从事与专业相关的工作，似乎只能选择翻译或教师等有限的职业；而如果她选择从事非语言类的职业，她需要掌握额外的技能，以帮助自己实现职业理想，对此，她感到非常迷茫。她不知道自己应该从哪里开始学习，如何为自己的未来职业生涯做好充分的准备。

"请分享一下你具备哪些能力?"这个问题在各种面试场合中经常被问到,即便有时候它并没有被明确表述出来。实际上,能力是面试官最关注的议题之一,也是我们最需要在面试中展示的方面。因此,如何发掘、培养及展现个人的能力,让自己在众多竞争者中脱颖而出,显得尤为关键。我们需要深入地思考并做好充分的准备,以便在面试中能够自信地回答这个问题,展示出我们的优势和潜力。

一、能力与技能

我们深刻地认识到,能力是自我认知中一个非常重要的组成部分。它不仅是我们个人特质的核心,而且也受到了雇主的广泛关注。能力问题通常被表述为一个核心问题:"你能够完成哪些任务?"正如兴趣一样,能力构成了人格的关键部分,是掌握和运用知识技能的基础,也是决定活动效率的个性心理特质。这一定义向我们揭示了能力如何展现个人的独特性。能力不仅仅是一个抽象的概念,它实际上是我们个人能力的体现,是我们能够做什么、能够达到什么水平的直接反映。在职场上,能力的高低往往决定了一个人的职业发展和晋升机会。因此,个人能力的培养和提升,对于每个人来说都是至关重要的。它不仅关系到个人的职业生涯规划,还关系到个人在社会中的定位和价值实现。能力的培养是一个持续的过程,它需要我们不断地学习新知识、掌握新技能,并且在实践中不断地应用和优化。通过不断地自我挑战和超越,我们能够逐步提高自己的能力水平,从而在职场上获得更多的机会和更好的发展。此外,能力的提升也能增强我们的自信心,让我们在面对各种挑战时更加从容不迫,有效地解决问题。因此,我们应该重视能力的培养,将其视为个人成长和成功的关键。

人们常常通过我们的表现——我们擅长的领域或者不擅长的领域,我们长期习得的行为,以及我们所拥有的特殊才能和能力——来认识我们。这些表现形式也包括了我们在日常生活中所展现的技能和能力,它们是我们的个性和身份的重要组成部分。从这个角度来看,技能与能力倾向之间存在一定的差异,后者也常被用于职业评估和个人发展计划中。技能包括通过发展而习得的知识及身体行为,是后天努力学习的成果;而能力倾向则是指我们天生具备的能力,或是尚未发掘、但可用于学习和技能提升的潜在能力。在本教材中，我们并未刻意区分能力和技能这两个概念，对于"能力"的论述仅仅是为了强调在大学期间学生应重视提升个人能力这一目标，而将重点放在"技能"这一概念上。因此，在提及技能或能力时，它们指的是相同的概念，都是指那些可以通过教育和实践得到提高的个人素质。

职业技能是个人职业发展的基石。每个人都有其独特的能力倾向，而其职业发展空间最终也取决于个人的能力和潜力。借助能力评估，个体能够清晰地认识到自己掌握了哪些技能，并明确自己在哪些技能领域的表现尤为突出。这种自我认识对个人的职业规划和成长至关重要，因为它可以帮助我们更好地定位自己，找到适合自己的职业路径，并在职业生涯中取得成功。通过不断地学习和实践，个人可以进一步提升自己的专业技能，从而在竞争激烈的职场中脱颖而出。同时，充分了解自己的优势和劣势，可以帮助个人制订出更为合理的职业发展计划，避免在不适合的领域浪费时间和精力。最终，通过持续的自我提升和正确的方向选择，个人能够实现职业上的长远发展和成功。

（一）多元智力理论

多元智力理论，亦称多元智慧理论，由美国心理学家霍华德·加德纳（Howard Gardner）于1983年提出。加德纳主张，除了传统的言语－语言智力和逻辑－数理智力之外，人类还拥有其他五种智力：视觉－空间智力、音乐－节奏智力、身体－动觉智力、交往－交流智力、自知－自省智力。1995年，他又补充了自然观察智力（表2-3）。这些智力构成了全人类共有的学习、解决问题和创造的工具。该理论提出，每种智力都是独立的功能系统，这些系统能够相互作用，共同促成智力行为的外在表现。不同的职业需求促成不同的智能组合，而每个个体都拥有自己独特的智能优势，这能够使个体更好地融入并适应其所在的环境。

根据加德纳的多元智力理论，人类的智力不应被简化为单一的智力测试分数，而应该被看作一系列不同能力的集合。每种智力都有其独特的表现形式和应用领域，例如，视觉－空间智力在艺术家和建筑师中表现得尤为突出，音乐－节奏智力则在音乐家和作曲家的身上得到充分的体现，身体－动觉智力在运动员和舞蹈家身上展现得淋漓尽致，交往－交流智力在教师和销售人员中显得尤为重要，自知－自省智力则在哲学家和心理学家的工作中显得不可或缺。自然观察智力的加入，进一步强调了人类与自然环境互动和人类理解自然界的能力。

表2-3 加德纳多元智力与职业对应

智力类型	能力特点	对应职业
言语-语言智力	个人对语言的掌握和运用的灵活性，体现在能够顺畅且有效地使用语言来描述事件、表达思想及与他人进行交流	演说家、小说家、诗人、剧作家、编辑、记者、政治领袖等
逻辑-数理智力	对逻辑结构关系的理解、推理、思维表达能力至关重要。它体现为能够进行计算、量化、思考命题和假设，并执行复杂数学运算，是逻辑推理思考和从事科学研究不可或缺的能力	数学家、科学家、税务会计、电脑程序设计师、侦探、律师等
视觉-空间智力	是指个人对色彩、形状、空间位置等元素的精确感知与表达能力，体现在对线条、形状、结构、色彩和空间关系的敏感性，以及通过图形将这些元素表现出来的技巧	建筑师、室内装潢师、雕刻家、飞行员等
音乐-节奏智力	个人在音乐方面的感知、辨识、记忆和表达能力，涵盖了对音调、旋律、节奏和音色等元素的敏感度	演奏家、作曲家、钢琴调音师、音乐爱好者等
身体-动觉智力	人的身体协调性、平衡能力及运动的力量、速度、灵活性等，共同构成了身体表达思想和情感的能力，以及动手操作的技能	舞蹈家、演员、体操运动员、外科医生等
交往-交流智力	识别并区分他人的情绪、意图、动机和感受的能力，涵盖了对脸部表情、声音和动作的敏锐感知，以及辨识不同人际关系中的微妙暗示，并对这些暗示做出恰当反应的能力。具备高社交智力的人能够有效地洞察他人，并与之和谐相处	社会工作者、教师、政治家、宗教家等
自知-自省智力	个体对自我认识、洞察和反省的能力，体现在能够意识到并评估自己内在的情绪、动机和欲望，且能够有效地利用这些信息来调整自己的生活	心理学家、哲学家、神学家等

续表 2-3

智力类型	能力特点	对应职业
自然观察智力	观察自然界中的各种形态，对物体进行辨识和分类，能够洞察自然或人造系统的能力	农夫、植物学家、猎人、生态学家等

（二）技能与技能分类

在探讨职业发展和规划的领域中，由美国知名的职业指导专家理查德·尼尔森·鲍利斯（Richard Neilson Bolles）撰写的《你的降落伞是什么颜色？》，对技能的深入挖掘和提升提供了详尽的解释和指导。鲍利斯教授将职业能力细致地划分为三个核心领域：专业知识技能、可迁移技能、自我管理技能。在鲍利斯的理论框架中，他强调了个人在面对职业挑战或进行职业选择时，必须首先识别和了解自己的潜在技能。这些技能可能来源于学校教育、休闲娱乐活动、志愿服务经历，以及早期职业生涯中的各种实践经验。通过完成详尽的技能评估问卷，个人能够根据技能的重要性、与特定工作的匹配程度，以及是否需要进一步的技能提升来对自身技能进行有效的排序。鲍利斯指出，很多人往往低估了自己的技能，或者完全忽视了这些技能的存在，这种现象在很大程度上成了他们解决职业发展中存在的问题的阻碍。在接下来的内容中，我们将深入分析职业能力这三个方面的具体内涵，以及它们如何影响个人的职业选择和职业发展。

1. 专业知识技能

专业知识技能，是指一个人所具备的特定领域的知识和能力，这些通常通过具体的专业名词来表达，如汉语、化学、医学、生涯规划、职业能力、人力资源、细胞、遗传等。这些技能的特点在于，它们需要通过有意识地学习或培训，以及记忆特殊的词汇、程序和学科知识来获得。虽然正式的专业教育是获取这些能力的主要渠道，但自学、网络课程、入职培训等多种途径同样能为个人专业知识的积累贡献力量。此外，专业知识技能的掌握程度往往与个人的学习态度、学习方法及实践机会密切相关，因此，持续的学习和实践是提升这些技能的关键。

2. 可迁移技能

可迁移技能，是指个人的行动能力，通常用动词来表达，如管理能力、组织能力、表达能力、语言能力等。这些技能可以在不同的情境中迁移应用。与专业知识技能相比，可迁移技能不受时空限制，也不会过时。随着经验和阅历的增加，可迁移技能可以不断得到发展。因此，在信息时代，随着新技术的快速发展，知识更新迭代的速度加快，个体需要不断学习新的知识技能以跟上时代的步伐。当今时代越来越强调"终身学习""学习能力"（可迁移技能）的重要性，已经超过了获得某个专业的硕士学位（知识技能）。培养和提升可迁移技能，对于个人的职业发展和适应社会变化来说具有至关重要的作用。它们是个人在职业生涯中保持竞争力的关键因素，因为这些技能是跨行业、跨领域的通用技能，能够帮助个人在不同的工作环境中快速适应并发挥其潜力。此外，可迁移技能的灵活性意味着它们可以随着个人的成长和职业发展的需要而不断进化，从而使得个人能够持续地在职场上保持其价值。

在职场环境中，可迁移技能往往在用人单位发布的招聘广告中被明确提及，这些技能通常与个人的综合素质和就业通用技能紧密相关。例如，在招聘广告中，用人单位可能会强调应聘者需要具备的某些关键能力，如团队合作、时间管理、解决问题的能力等。这些技能不仅适用于应聘者目前从事的行业或职位，而且可以在不同的工作环境和领域中应用，从而为个人的职业发展提供了灵活性和多样性。以销售岗位为例，除专业知识和产品知识外，沟通表达能力、客户服务意识及说服技巧等都是至关重要的可迁移技能，这些技能对于销售岗位的成功至关重要，而且在其他许多职业角色中也同样适用。

美国著名心理学家和职业规划专家赫伍德·斐格勒（Howard Figler）曾经对可迁移技能进行了详尽的十类划分，这些技能涵盖了预算管理、督导他人、公共关系、应对紧迫的最后期限所带来的压力、磋商和仲裁、公共演讲、公共评论协作、组织、管理、调整能力、与他人进行有效沟通的面谈技巧和能力，以及教学和教导能力等诸多方面。这些技能不仅可以使我们在日常生活中得到锻炼，而且通过不断的实践和应用，它们能够得到显著的提升和增强。对于雇主来说，这些技能是极其宝贵的，因为它们在多种不同的职业环境中都能够得到进一步的强化和提升。斐格勒特别强调了研究这些可迁移技能的获取和发展过程的重要性。他指出，在课堂学习、休闲活动、团队合作或志愿服务等多种场合中，我们都可以找到培养和完善这些技能的机会。这些技能既是求职者在准备简历时应该特别突出展示的，也是在面试过程中应该重点讨论的关键要素。通常情况下，管理者与领导者往往是这些技能的高阶实践者，他们通过这些技能来有效地指导和激励团队成员，以达成组织的目标。

这十种技能具体如下。

（1）预算管理：这一技能体现在对资源的高效利用上，能够确保在有限的财务条件下，实现最大的经济效益和成本控制。

（2）领导与监督：这一技能展现了强大的执行力和目标实现能力，能够带领团队朝着既定目标稳步前进，并确保每个成员都能发挥其最大潜能。

（3）公共关系：这一技能体现在营造积极氛围的能力上，能够通过有效的沟通和协调，建立和维护良好的外部关系，为组织创造有利的外部环境。

（4）应对截止日期的压力：这一技能展现了在紧迫的时间限制下，强大的问题解决能力，能够迅速做出决策并有效执行，以确保项目按时完成。

（5）协商与调解：这一技能体现为在冲突中寻求合理妥协的能力，能够平衡各方利益，通过有效的沟通和谈判，达成共识并解决分歧。

（6）公共演讲：这一技能体现为在公众场合的引导和影响能力，能够通过有力的表达和说服技巧，赢得听众的支持和信任。

（7）团队协作与沟通：这一技能同样是影响团队内部成员及促进协作的关键，能够通过有效的沟通和协调，增强团队凝聚力，提高工作效率。

（8）组织、管理和调整：这一技能体现了领导力和资源调配的综合能力，能够合理规划和分配资源，以确保组织目标的顺利实现。

（9）人际沟通技巧：这一技能展现了个人交往和影响力的核心能力，能够通过有效的沟通建立良好的人际关系，提升个人的社交能力和影响力。

（10）教学与指导：这一技能体现了传授知识和技能的潜力，能够通过有效的教学方法和指导策略，帮助他人学习和成长。

3. 自我管理技能

自我管理技能，是指一个人在处理事务时所展现出的特定态度、风格或行为特点，这些通常可以通过副词或形容词来描绘，如认真、热情、出色、严谨等。在这些技能方面的优秀表现，能够使个体更加有效地适应所处的环境，并且在工作中面对各种挑战时能够应对自如，因此，它们也经常被称作"适应性技能"。一个人如何运用其专业知识技能，以及以何种态度去面对工作,往往比工作内容本身更为重要,这在职业技能中占据着核心的地位。这些品质和态度,使得个人在众多拥有相同专业知识的候选人中显得与众不同,能帮助他们获得工作机会,快速适应新环境,取得显著成就,最终胜任本职工作,获得晋升的机会及相应的加薪。因此,有人将这些品质和态度称为"成功所需的品质、个人最有价值的资产"。

自我管理技能,无论是与生俱来的天赋还是通过后天的努力学习而获得的,都必须通过不断的练习和实践来真正掌握和精通。这些技能不仅适用于职场或专业工作环境,它们同样可以在非工作领域(也就是我们的日常生活)中得到应用和锻炼。通过在日常生活中培养和提高自我管理技能,我们可以将这些技能有效地迁移到工作领域,从而在职业生涯中取得更好的表现和成就。

在职业发展的道路上,一个人必须具备多种能力以应对各种挑战和任务。专业知识技能、可迁移技能和自我管理技能三者相辅相成,共同构成了一个完整的职业能力框架,这个框架对个人在职场上取得成功至关重要。

根据2002年美国"全国大学与雇主协会"所进行的调查结果,我们可以清晰地看到,在美国雇主们的眼中,哪些技能和个人品质是他们最为看重的。这些技能和个人品质按照其重要性从高到低依次排序如下。

(1)沟通能力:是指个人在与他人交流时,能够清晰、准确、有效地表达自己的想法和理解他人观点的能力。

(2)积极主动性:这种品质体现了个人在面对任务和挑战时,能够主动采取行动,而不是等待指令或指示。

(3)团队合作精神:是指个人在团队环境中,能够与他人协作,共同完成目标的能力。

(4)领导能力:是指个人在团队或组织中,能够引导和激励他人,以及做出决策的能力。

(5)学习成绩:通常反映了个人在学术领域的表现和掌握知识的程度。

(6)人际交往能力:这种能力涉及个人在社交场合中建立和维护人际关系的能力。

(7)灵活性/适应能力:是指个人在面对变化时,能够灵活调整自己的行为和策略,以及适应新环境的能力。

（8）专业技术：是指个人在其专业领域内所掌握的技能和知识。

（9）诚实正直：这种品质体现了个人在行为和决策中坚持道德原则和诚实守信的特质。

（10）工作道德：通常涉及个人对待工作的态度，包括责任感、勤奋和对工作的承诺等。

（11）分析与解决问题的能力：是指个人在面对问题时，能够通过逻辑分析和创造性思维找到解决方案的能力。

在我们所列出的十一项关键能力中，专业技术能力只占了其中的两项，而其余的九项则包括了可迁移技能和自我管理技能。尽管学业成绩并不直接等同于未来职业成功的决定性因素，但对于那些刚刚步入社会、尚未积累足够工作经验的应届毕业生而言，学业成绩在一定程度上仍然能够体现个人的学习能力、工作态度及积极进取的精神面貌。进一步来说，这项调查结果也着重指出了，对于本科生来说，在校期间除了需要掌握扎实的专业知识基础，还应该特别注重提升那些可以跨领域应用的技能及自我管理的能力，这对他们未来的职业发展来说具有不可忽视的重要性。

二、认识自我的能力与技能

职业能力，是指个人从事特定职业或一系列相关职业所必须具备的能力。每一种职业都有其独特的技能要求，这些要求决定了从业者在该领域内的表现和成就。例如，会计和统计工作通常要求从业者具备出色的数字处理能力，能够精确地进行数据计算和分析。而建筑师则需要强大的空间想象力和构建能力，以便设计出既美观又实用的建筑物。记者这一职业不仅需要具备敏锐的观察力，以便能捕捉到新闻事件的每一个细节，还需要具备分析问题和撰写文章的能力，将复杂的信息清晰地传达给公众。外科医生、驾驶员、舞蹈演员等职业则对个人的手眼协调能力有着极高的要求，他们必须在操作过程中达到高度的精确性和协调性。当个人的能力与工作要求相契合时，他们最能发挥自己的潜力，并从中获得成就感。反之，如果一个人尝试从事超出自己能力范围的工作，可能会感到焦虑和挫败，因为他的个人能力无法满足工作的要求。而当个人的能力远远超过工作所需时，他们又可能会感到工作缺乏挑战性，工作将变得乏味无趣。因此，在选择职业道路时，我们应当寻求个人能力与职业要求之间的最佳匹配点。我们必须清晰地认识自己所具备的能力,并深入了解不同职业所需的具体能力,以便找到最适合自己的职业路径,实现个人价值和职业发展的双赢。

(一)智力、智能自测

1. **多元智力测量表**

在了解了各项智力的内涵之后,你是否好奇自己拥有哪些智力与智能呢?请在以下八项智力评估表中勾选出符合自己的选项。

(1)言语-语言智力。

☐写作能力高于同龄学生;

☐善于编写难以置信的故事或善于讲故事或笑话,善记人名、地点、日期或琐事;

☐喜欢文字游戏;

☐喜欢阅读各类书籍;

☐书写正确;

☐喜欢顺口溜、双关语、绕口令等;

☐喜欢听口述语言(如故事、广播、故事录音带等);

☐在同龄人中,语句表达丰富多样;

☐与人交流时,善用语言;

☐其他言语-语言智力表现:_____。

(2)逻辑-数理智力。

☐对于如何处理事项会提出很多的问题;

☐快速心算;

☐喜欢数学课;

☐对计算机游戏感兴趣;

☐喜欢象棋或其他策略游戏;

☐喜欢逻辑难题或智力难题;

☐喜欢把事物分类或分等;

☐喜欢做需要高度思考过程的实验;

☐思考方式比同龄儿童更抽象化、概念化;

□比同龄学生对因果关系更有概念；

□其他逻辑－数理智力表现：_____。

（3）视觉－空间智力。

□可以说出清楚的视觉意象；

□阅读地图、图表比文字容易；

□相较于同龄学生，拥有更强的想象力和创造力；

□喜欢艺术活动；

□比同龄学生画图画得好；

□喜欢看电影、幻灯片或其他视觉上的表演；

□喜欢拼图、走迷宫或类似的视觉活动；

□喜爱制作有趣的立体模型；

□阅读时从图画中而不是从文字中获取更多信息；

□爱在书本、纸张或其他东西上涂画；

□其他视觉－空间智力表现：_____。

（4）身体－动觉智力。

□擅长一种或多种运动；

□长时间静坐时会不自觉地扭动身体、敲打桌面或表现出烦躁不安；

□善于模仿他人的动作、言谈举止；

□喜欢拆卸，然后再组装物品；

□触摸所见的食物；

□喜欢跑、跳、摔跤或类似活动；

□手工技能佳；

□戏剧性地表达自己；

□思考与工作时传达出不同的本体感觉；

□喜欢黏土或其他手工触摸的经验；

□其他身体－动觉智力表现：_____。

（5）音乐－节奏智力。

□音乐走调时会告诉你；

□记得歌曲旋律；

□嗓音好；

□弹奏一种乐器或参加合唱团；

□讲话和/或移动时很有节奏感；

□无意识地自己哼唱；

□做事时在桌上打节拍；

□对外界噪音很敏感；

□喜欢听音乐；

□歌唱外域来的歌曲；

□其他音乐–节奏智力表现：＿＿＿＿＿＿＿。

（6）交往–交流智力。

□爱与同伴交流；

□似乎是天生的领袖；

□给有问题的朋友建议；

□在校外似乎很聪明；

□是俱乐部、委员会或其他组织的成员；

□乐于非正式地指导他人；

□喜欢与其他人一起玩游戏；

□有两三个好朋友；

□关心他人；

□他人愿让其陪伴；

□其他交往–交流智力表现：＿＿＿＿＿＿＿。

（7）自知–自省智力。

□独立、意志坚强；

□清楚地了解自己的优缺点；

□可以独处玩耍或学习；

□生活和学习方式与众不同；

□不善谈自己的兴趣爱好；

□自我目标明确；

□喜欢独立工作而不是合作；

□能准确表达自己的感觉；

□能从生活的成功和失败中学习；

□拥有高度的自尊；

□其他自知－自省智力表现：_____。

（8）自然观察智力。

□在课堂分享时，喜欢谈论最喜欢的宠物，或任何与自然有关的事物，喜欢参与大自然、动物园或博物馆的实地参观活动；

□表现出对自然事物的高度敏感性；

□喜欢照顾教室中的植物，并定期浇水；

□喜欢围绕着教室中的沙鼠箱、水族馆或养育动植物的玻璃容器观察，对研读有关生物学、大自然、植物或动物的相关信息也相当兴奋；

□在课堂上会大声疾呼保护动物权利或保护地球；

□喜欢参与自然活动，如赏鸟观蝶、收集昆虫、树木研究或饲养动物等；

□喜欢带小虫子、花卉、树叶或其他自然物到学校与同学老师分享；

□对于学校中与生命系统有关的主题表现良好；

□其他自然观察者智力表现：_____。

需要明确的是，多元智力测量表并非传统意义上的测验，而是一种自我评估工具。它并不旨在判定一个人是否具备或缺乏某种特定的智力。其核心目的是引导你通过八项智力维度来关联个人的生活经历，从而揭示出你在这一过程中涌现的记忆、情感和思考。这种测量表的设计初衷是帮助个体更好地了解自己，通过自我反思和自我发现，促进个人成长和自我提升。它鼓励人们去探索和认识自己在不同智力领域的潜能和优势，以及可能存在的不足之处。通过这种方式，多元智力测量表能够为个人提供一个全面的自我认知框架，帮助他们在学习、工作和日常生活中做出更明智的选择。

2. 结果与讨论

（1）你是否在某项智力上表现得特别出色？它在你的日常生活中是如何体现的？

（2）你是否觉得在某项智力上存在不足？这种不足对你有何影响？

（3）在进行自我评估时，你是否意外地发现了一些自己曾经拥有，却长时间被忽视的才能？

（4）你希望进一步提升哪些智力领域？你打算如何着手培养这些能力？

（二）通过成就事件梳理个人技能

回顾从童年至今的经历，在专业学习、学术研究、社会实践等各个领域，你一定有过一些让你感到特别自豪的时刻。请挑选出至今为止你认为最有成就感的三件事，并详细描述这些事件的经过、你的具体行动，以及你认为自己表现优秀的理由。这些事件可以是学术上的突破，也可以是工作中的创新，还可以是生活中的某个小胜利。通过这些描述，你将能够更清晰地看到自己在不同阶段的成长和进步。

记录下那些让你获得成就感的事件，并分析在这些事件中你运用了哪些技能（特别是那些可以跨领域应用的技能）。只要满足以下两个条件，这些事件即可被视为"成就"：你在做这件事时享受过程，你对完成它所取得的成果感到自豪。

在撰写每个成就故事时，应当确保内容中包含一系列关键要素，这些要素可以被精炼地概括为 STAR 原则，具体如下。

（1）当时的背景或情境（situation）。在这一部分，你需要详细地描述你所面临的挑战、限制或困难，以及这些情况发生的具体环境和背景。

（2）你希望达成的目标或任务（target/task）。在这一部分，你需要明确阐述你所要完成的任务是什么，包括你的目标设定，以及为实现这些目标所采取的初步计划。

（3）你的具体行动步骤（action）。在这一部分，你需要详细描述你是如何一步步克服挑战、实现目标的，包括你采取的具体行动、所使用的策略和方法，以及在行动过程中如何调整和优化你的行动计划。

（4）对结果的描述和量化评价（result）。在这一部分，你需要对所取得的成就进行描述，并提供可以衡量这些成就的标准或数量。这不仅包括最终的成果，还应该包括在行动过程中取得的任何重要里程碑或进步。

成就事件可以分为以下几类。

（1）有偿/无偿的工作。这涵盖了全职、兼职、假期工作及志愿服务。例如，在这些工作中，你是否提高了销售额、改进了工作流程，或是取得了其他成果。

（2）学校中的学业和课外活动。在回顾你的学校生活时，思考一下那些你完成得较好的作业或项目。是否有一门课程的论文让你感到自豪，或者是一个科学实验项目，你不仅理解了复杂的概念，还成功地将其展示给同学们看。你是否曾经参加过学校的戏剧表演，并通过你的表演，让观众感受到了角色的情感；或者加入过运动队，在赛场上挥洒汗水，为团队赢得了荣誉；你是否在校乐队或合唱团中，通过你的音乐才华，为学校的大型活动增光添彩；或者在校报上发表过文章，通过你的文字，传达了重要的信息和观点；或者编写过书籍，将你的知识和想象力分享给了更多的人；或者在辩论赛中获胜，用你的逻辑和口才征服了评委和观众；或者担任过某个社团的领导职务，带领团队完成了一系列有影响力的项目。

（3）家庭、信仰、娱乐、爱好、个人兴趣。在家庭生活中，你是否曾细心照料过年幼的弟妹，帮助他们成长，或者亲手制作过家具，将你的创意和实用结合在一起，为家庭创造了一个温馨的角落。你是否亲手粉刷过房屋，让家变得更加美丽，或者修理过心爱的玩具，让它们重新焕发生命。你是否精心布置过房间，并通过你的设计，让空间变得既舒适又美观。你是否在绿茵场上踢过一场激动人心的足球赛，并与队友们一起享受胜利的喜悦；或在篮球场上打过一场精彩绝伦的比赛，并通过你的努力，帮助球队赢得了关键的一分。

（4）人际关系。回想那些与人相处的时刻，你是否曾经安慰过处于困境中的朋友，帮助他们走出阴霾；或者帮助别人解决问题，成为他们眼中的问题解决专家。是否在他人需要帮助时，你总是第一个伸出援手，成为别人信赖的伙伴。是否运用你的个人魅力，将大家团结起来，共同完成一个目标；或者在社区中，你总是积极参与，帮助邻居，成为社区的活跃分子。

（5）生活中的角色。回忆一下你在生活中扮演的角色，作为儿女，你孝顺父母，关心家庭，给父母带来了无尽的欢乐；作为兄弟姐妹，你总是给予手足支持和鼓励；作为工作者，你在职场上勤奋努力，取得了显著的成绩；作为学生，你对知识的渴望和对学习的热情让你不断进步；作为朋友，你忠诚可靠，为朋友两肋插刀；作为信仰者，你坚守信念，传播正能量；作为领导者，你带领团队克服困难；作为追随者，你支持领导，共同实现目标；作为组织成员，你积极参与，为组织的发展贡献自己的力量。

【成就故事示范案例】

成就经历：

在高三这个关键的学年，我制订了一个详尽的复习计划，并且严格按照这个计划来安排我的每一天，以确保我的复习生活既严格又规律。每天清晨，当第一缕阳光透过窗帘，我便准时起床，6点钟准时到达教室开始一天的学习。我坚持着这样的日程，从早晨到晚上，直至晚上10点半晚自习结束，才拖着疲惫的身体返回宿舍。到了晚上12点，我准时上床休息，以保证有充足的睡眠来支撑第二天的学习。在宿舍里，当困倦和疲惫袭来，我从不选择屈服于它们，而是毅然决然地选择站立阅读，通过这种方式来驱散困意，振奋我的精神。在紧张的复习备考期间，面对那些难以攻克的难题，我总是积极主动地向同学和老师寻求帮助，从不放弃任何一个可以提高自己的机会。整个备考过程压力巨大，但幸运的是，我有一位挚友，她也是我的同班同学，我们互相鼓励，共同进步，成为彼此最坚强的后盾。当感到疲惫不堪时，我会到操场上跑步，通过运动来为自己打气，放松心情，让身体和心灵都得到释放。周末回家的时候，我总会与父母倾诉复习中的艰辛与疲惫，而他们总是给予我最坚实的依靠和无尽的鼓励，让我感受到家的温暖和力量。经过这样不懈的努力，考试的圆满落幕标志着我心愿的实现，对此，我深感自己的努力是值得骄傲的，因为我通过自己的坚持和努力，最终达到了自己的目标。

事件细节：
①严格的作息计划、准确的时间安排；
②多个社会支持：同学、老师、父母；
③操场上跑步给自己加油；
④因为考试顺利，为自己骄傲；
⑤在压力大时，积极应对困难。

所识别的技能：
①自我管理技能；
②协调、整合资源的能力；
③自我激励的能力；
④自信、自我效能高；
⑤应对挫折和压力的能力。

通过编写成就故事的练习，我们能够帮助自己从日常生活的点点滴滴中提炼出个人的优势和能力。我们会逐渐意识到，这些技能已经在学习、工作、生活中的各个领域，如学校、休闲活动、志愿服务或兼职工作中逐渐发展和成熟。为了有效地解决职业发展问题或做出明智的职业决策，我们不仅需要深入探索和识别自己的潜在技能，还应该通过多维度的评估来全面了解自身的能力水平和类型结构。这包括考虑培训和认证、工作绩效、项目经验、工作态度和职业精神，以及技术熟练度等因素。换言之，我们需要明确自己的优势与劣势，并据此规划能力培养与发展的路径。通过这样的过程，我们还可以更好地理解自己的职业兴趣和价值观，从而在职业选择和规划中做出更符合自身期望和目标的决策。

三、能力培养发展方向

在职业发展的道路上，理解自己的技能优势和技能劣势是至关重要的。这些优势和劣势都是在特定的目标职业或岗位的背景下进行评估的。通过深入分析自己的能力特征，我们可以寻找那些能够让自己扬长避短的工作机会。同时，培养一种意识，即充分发挥我们的优势能力，这对于个人的职业成长来说是极其关键的。每个人都有其独特的技能组合，有的人可能在沟通方面表现出色，而有的人则可能在技术分析方面更为擅长。识别并理解这些不同的能力特征，可以帮助我们更好地定位自己在职场中的位置。对于那些我们相对较弱的能力，如果目标职业或岗位对这些能力有要求，那么我们应该努力去补足这些短板。然而，更为重要的是，我们需要学会如何发掘和利用自己的优势能力。通过深入培养这些优势能力，我们可以尽情地发挥它们，并将它们运用到极致。只有这样，我们才能确保自己在职场上能够人尽其才，让自己的优势得到最大化发挥，最终带来最优化的产出。这不仅对个人的职业发展有利，而且对整个组织或团队来说也是极为有益的。

在最近的几年里，我们目睹了高等教育领域的一个显著变化，那就是高校本科生和研究生的招生规模显著扩大。这一趋势不可避免地导致了保研和考研的本科生人数的显著增长。随着越来越多的研究生完成学业，走出校园，硕士和博士研究生逐渐成为求职市场上的重要力量。与此同时，用人单位对于求职者的期望和要求也在不断提高，这使得大学生面临着更为严峻的就业挑战。在这种背景下，大学生更需要结合具体的职位需求和个人的优缺点，对自己的能力进行客观而理性的评估。只有这样，他们才能够有针对性地提升自己的技能和素质，从而在竞争激烈的就业市场中找到适合自己的理想职业。通过这样的努力，他们不仅能够找到发挥自己优势和特长的工作，还能够在职业生涯中取得更大的成就，并实现个人的全面发展。

接下来，我们将深入探讨针对不同生涯发展路径的学生，应该如何培养和提升其相应的职业能力。

对于那些计划参加研究生入学考试、争取保研机会的大学生，以及那些打算将学术研究作为未来职业道路的研究生来说，学术创新能力、资料搜集与整理能力、理论学习与应用能力、细致分析能力、大胆假设与猜想能力及提出理论思考观点的能力等，是构成他们的专业素养的关键要素。特别是研究生，尤其是博士研究生，他们必须具备的学术创新能力，是其未来从事学术研究和科学研究工作的核心能力之一。学术创新能力是一个综合性的能力，它不仅涉及智力因素，还涉及非智力因素。其基础包括知识结构、创新意识、创新思维及创新实践四大支柱。一个合理的知识结构是形成创新能力的基石，没有扎实的知识基础，就很难产生丰富的联想和创造性思维。随着科技的迅猛发展，人类社会所面临的挑战变得越来越复杂和多样化。传统的单一学科的研究方法已经无法满足解决这些日益复杂问题的需求。因此，多学科交叉研究应运而生，它通过整合不同学科的理论和方法，形成了一种全新的研究范式。这种研究方式不仅能够促进知识的创新和深化，还能够为解决复杂问题提供更为全面和深入的视角。因此，对于那些致力于学术研究的研究生来说，在学习如何进行科学研究的同时，还需要不断磨炼自身的团队协作能力、沟通协调能力、资源整合能力等综合能力。

对于那些即将毕业并打算投身于应用性工作的本科生、专业硕士，以及那些未来并不打算将学术研究作为自己职业生涯的主要方向的研究生来说，他们作为实践型人才，需要特别加强和提升自己的人际沟通技能、团队协作能力、知识转化和应用的技能、动手实践的实操能力、问题解决的技巧及自我激励的能力等。同时，他们还需要积累大量的社会实践经验，这对他们的职业发展至关重要。通常情况下，实践型的岗位会更加重视应聘者的专业成绩和实际的工作经验。

在当今的职场中，不限专业的销售、管理培训生等岗位，则更加重视应聘者的学习能力、转化能力等可迁移技能。这些岗位通常需要应聘者具备良好的实践能力，能够与他人进行有效沟通和协作共事。虽然沟通能力看似是一种外在的技能，但实际上它深刻地反映了一个人的个人素质，与知识底蕴、能力水平及品德修养等都有着紧密的联系。人际沟通能力是指一个人与他人进行有效沟通信息的能力，它不仅包括外在的沟通技巧，还涉及内在的动因。具体来说，沟通能力涵盖了表达能力、争辩能力、倾听能力及设计能力（包括形象设计、动作设计、环境设计等）。从表面上看，沟通能力似乎只是一种能说会道的能力，但实际上它包含了一个人从穿衣打扮到言谈举止等一切行为的能力。尤其在求职与入职的关键时刻，那些具备优秀沟通能力的人，能够充分发挥其专业知识与技能，给对方留下自信、专业的深刻印象。我们将在本书第六章详细介绍如何提升沟通能力。

对于处于生涯困惑中的许慧来说，关键不仅在于明确其所需技能以求职，更在于深入探索自己真正向往的职业方向。她需要进行自我反思，了解自己的兴趣、价值观和长期职业目标，以便找到与自己内在动机相匹配的工作。在这个过程中，许慧可能需要借助职业规划工具、咨询职业规划师，或参加相关的职业发展课程，以帮助她更好地认识自己，明确职业方向，从而在职场中找到属于自己的位置。

第三节　了解自我——价值观

生涯案例

小华已经研三了，即将面临毕业。摆在她面前的有三个选择：一是回家乡找一份收入稳定且相对轻松的工作；二是留在经济发达地区找一份薪水较高但工作强度大且学术平台一般的工作；三是继续深造读博，以期将来能在大城市找到更好的机会。她需要仔细权衡每一种选择的利弊，考虑自己的职业规划和个人兴趣，同时也要考虑家庭的期望和个人的生活质量。小华知道，选择回家乡意味着可以享受家庭的温暖，有更多的时间陪伴家人，生活节奏不会那么紧张，但可能缺乏职业发展的空间和挑战。而选择留在经济发达地区，虽然薪水诱人，工作机会多，但高强度的工作压力和竞争环境可能会让她难以承受，同时学术上的发展可能也会受限。继续深造读博则是一个长远的规划，这可能意味着她将面临更多的学术挑战和研究压力，但未来在大城市中找到一份理想工作的可能性也会相应增加。小华必须认真思考，她究竟想要什么样的生活，她对未来的期望是什么，以及她愿意为实现这些期望付出多少努力。

丁一，小华的中学同学，也正面临就业抉择。他目睹了师兄外企生涯光鲜背后的艰辛，加班至深夜成常态。这引发了他的思考：是否真的需要为了满足虚荣心而选择一份高收入却劳累的工作。他开始反思自己的价值观和生活目标，是否应该追求工作与生活的平衡，而不是单纯地追求物质上的成功。丁一意识到，虽然高薪工作能给他带来物质上的满足和社会地位的提升，但长期的高强度工作可能会对他的身心健康造成影响，而且可能会牺牲掉与家人朋友相处的时间，以及个人的兴趣爱好。于是，他开始思考，如何能寻找一份既能体现个人价值，又能保证生活质量的工作，让他在工作和生活中找到平衡。

王月是一名医学生，面对毕业后的职业道路，她感到迷茫。一方面，她认为医生职业相对稳定，社会地位高，而且能够帮助他人，这是她选择医学的初衷；另一方面，在长期的医学学习过程中，她发现自己可能并不适应医院的工作环境和强度，以及实验室的工作。她担心，如果选择了医生这一职业，将会长时间处于医院的环境中，这让她开始犹豫，甚至怀疑自己是否适合这个职业。她渴望找到那份能让自己心满意足的职业选择，她希望找到一个既能发挥自己专业技能，又能让自己感到快乐和满足的工作。王月明白，医生职业虽然有其独特的社会价值和职业稳定性，但同时也伴随着巨大的工作压力和情感负担。她需要考虑自己是否能够承受长期的夜班和紧张的工作节奏，以及是否能够在面对病患时保持足够的心理承受能力。她开始探索其他可能的职业道路，如医疗咨询、医学研究或者公共卫生等领域，希望能在这些领域找到既能满足她对医学的热情，又能让她保持个人生活品质的工作。

"老师，面对两个工作机会，我虽然已经尽力去比较它们各自的优缺点，但仍然感到难以做出最终的决定。""究竟什么才是好工作？什么样的工作才真正适合我？""我应该如何选择，才能找到那个让我能够全身心投入并实现自己价值的工作？"这些是在学校的就业咨询室或职业发展辅导室里，毕业生经常提出的问题。

我们每个人都在以各自独特的价值观作为行动的指南，无论是生活态度、行为选择还是思想境界，无一不深深地烙印着价值观的印记。价值观就像一座灯塔，它照亮我们的人生目标，指引我们的职业方向，并在职业选择的十字路口为我们指明前进的道路。这些职业选择不仅影响我们的职业状况，而且还在潜移默化中塑造我们的生活方式，最终决定了我们的生命质量。

一、价值观的解读

（一）价值观的含义

自20世纪50年代起，心理学家如舒伯和马丁·凯茨（Martin Katz）开始研究价值观，特别是职业价值观在生涯选择中的作用。他们的研究揭示，价值观是影响生涯决策的关键因素之一，并且与工作满意度水平呈正相关。研究还进一步表明，当人们能够按照自己的价值观生活时，他们往往能够体验到最大程度的幸福感和高自尊。这种幸福感和自尊的提升，不仅对个人的心理健康有积极影响，而且对社会的和谐与进步也起到了不可忽视的作用。

随着研究的不断深入和推进，学术界对价值观这一概念的理解逐渐趋向一致。价值观被广泛认为是评价事物是非善恶的价值标准，它并不涉及对客观现象本质规律的解释，也不具备预测未来趋势的功能。相反，价值观更多的是反映客观事物对人和人类社会的意义或价值。尽管价值观本身是抽象的，看不见也摸不着，但其影响力却如同一只无形的巨手，在现实生活中发挥着强大的作用。它不仅影响着、制约着，甚至在很大程度上支配着个体的每一个思想和行动。基于对价值观的深入理解，我们可以尝试对"价值观"这一概念进行定义：价值观是一个人对周围事物的是非、善恶及重要性的总体评价和看法。它包含了两个方面的内涵，即个人对事物价值的主观判断和对这些价值在个人生活和社会中的重要性的认识。

价值观是构成人的信念系统的核心要素，是支撑着人类生活的精神支柱。这些价值观体现了"某些对你来说非常重要或你非常渴望追求的东西"，它们是个体行为背后的深层动机。价值观反映了我们在生活中所需要的东西，以及我们所追求的目标和理想。价值观是我们做出决策和行动的指南针，能帮助我们区分对与错、好与坏，以及优先级的排序。价值观塑造了我们的个性，影响了我们的选择和生活方式，它们是我们内心深处的信仰和追求，是我们不断前进的动力源泉。

价值观是一种内心的判断尺度，它带有评价的色彩，代表了一个人对什么是好、什么是对，以及什么会令人喜爱的看法。在做人生选择时，它是做出某个决定的原因。价值观决定了人类行为的方向,决定了人们以何种心态和意图去塑造自己的新生活。价值观有时容易与兴趣相混淆,而后者更多地指的是"你为了娱乐或享受而做的事情"。在生涯决策中,价值观和兴趣一样,都是自我认知的重要组成部分。价值观可以被看作是指导我们行为的内在灯塔,它帮助我们在面对各种选择时,能够根据自己的信念和优先级来做出正确决策。它影响着我们的生活方式、工作态度及与他人的互动。价值观的形成往往与个人的成长环境、教育背景和生活经历密切相关,它们根深蒂固地存在于我们的潜意识中,影响着我们的每一个决策和行动。与此同时,兴趣则更多地关联到个人的喜好和热情,它可能来源于对某项活动的天生喜爱,或是对某种技能的追求。虽然价值观和兴趣在某些方面可能有所重叠,但它们在指导个人的行为和生涯规划时,各自扮演着独特的角色。

(二)价值观的属性

价值观是我们在生活和工作中所坚守的原则、秉持的标准和崇尚的品质,它们共同构成了我们在面对各种价值关系时所持的立场、表达的观点及展现的态度之总和。这些价值观渗透于社会的政治、经济、道德和文化领域,以及个人生活的各个层面。我们的工作价值观并非只随着对职业认识的深入而发展。实际上,价值观从儿童时期就开始形成,我们从小就拥有自己的价值观,并能判断它们对自己相对的重要性。价值观的形成是一个长期且复杂的过程,它受到家庭教育、学校教育、社会环境及个人经历等多方面因素的共同影响。随着年龄的增长和经验的积累,我们的价值观会不断地被检验、调整和重塑。在这个过程中,我们学会了区分哪些价值观是符合社会主流的,哪些是与个人发展相契合的。价值观的稳定性与适应性并存,它们既是我们行动的指南针,也是我们不断自我完善和成长的动力源泉。

价值观的形成是一个复杂的过程,它受到多种因素的共同作用和影响。这些因素包括父母的教诲、社会风气、民族文化传统、教育背景、宗教信仰及朋友和同伴的熏陶等。父母的言传身教在儿童成长初期起到了至关重要的作用,他们通过自己的行为和言语向孩子传授了基本的道德观念和生活态度。社会风气反映了社会大众普遍接受的行为准则和价值取向,它在无形中影响着个体的价值观的形成。民族文化传统是一个民族长期历史积淀的结果,它通过节日、习俗、故事等形式,将特定的价值观念传递给后代。教育背景对价值观的影响体现在学校教育和知识学习的过程中，教育不仅传授了知识技能，也塑造了学生的思维方式和价值判断。宗教信仰为信徒提供了精神寄托和道德规范，它通过教义和仪式影响信徒的价值观。朋友和同伴的熏陶则体现在日常的交往和互动中，同龄人的行为和观点往往对个体产生潜移默化的影响。从价值观的发展和形成因素来看，研究者认为它具有以下四种属性。

1. 存在上的个体性

由于每个人的先天条件和后天环境各异，人生经历也各不相同，因此，每个人的价值观的形成都会受到独特的影响。这导致每个人都有自己的价值观和价值观体系。在相同的客观条件下，具有不同价值观和价值观体系的人，其动机模式和行为也会有所不同。这种个体性不仅体现在日常生活的决策和选择上，还深刻影响着人们的社会交往、职业发展及对各种社会现象的看法和态度。

2. 形式上的文化性

在探讨文化性时，我们不得不提到形式上的文化性，它是指文化在社会生活中的具体表现形式。人们生活在特定的社会历史背景之下，他们的价值观和行为模式不仅仅受到社会关系总和的影响，如父母、老师、同学、同事等关系，这些关系还构成了个体社会化的基础。同时，个人所处的社会环境也在不断地塑造着他们的文化认同和行为习惯。这种环境包括家庭环境、教育环境、工作环境及更广泛的社会文化环境。文化性在这些环境中得以体现，并通过各种形式，如语言、艺术、宗教、习俗等，影响着人们的生活方式和思考方式。

3. 表现上的稳定性

价值观是人们思想认识的深层基础，它塑造了人们的世界观和人生观。价值观在认知能力的发展，以及环境和教育的双重作用下逐渐形成。一旦形成，人们的价值观通常相对稳定，并具有持久性。这种稳定性体现在人们的行为习惯、决策过程，以及对待生活的态度上。它不仅影响着个人的内在心理状态，还影响着个人与社会的互动方式。价值观的稳定性为社会秩序提供了基础，使得社会成员在行为上能够相互预测和理解，进而促进了社会的和谐与稳定。

4. 进程上的可变性

随着年龄的增长，个人的价值观逐渐成熟。在童年时期，我们往往从父母、师长或友人那里汲取和学习价值观；到了青少年阶段，我们开始逐渐萌生和形成自己的价值观；而当我们步入成年后，则会对这些价值观进行深入的审视与筛选，并最终确立自己的价值体系。同时，由于环境的变化、经验的积累和知识的增长，我们的价值观可能会发生变化。在当今多元化的社会中，多种价值观的冲击也可能导致原有价值观体系的混乱甚至发生改变。尽管价值观会随着年龄的增长而变迁，但真正的核心价值观终将在时间的长河中沉淀下来，变得坚定不移。在此过程中，我们不仅能明确自己的价值观，更能深刻理解生命的真谛。

（三）价值观的重要性

价值观是我们处理问题、做出选择时所依据的核心原则和标准，在个人的成长和职业发展过程中扮演着至关重要的角色，有时甚至比兴趣对个人的影响更深远和持久。价值观构成了人们的期望、态度和行为的心理基础。它们不仅影响我们的决策过程，还塑造我们的生活方式和工作方式。在相同的客观环境下，持有不同价值观的人会形成不同的理想、需求、动机和行为模式。这些差异可能会导致人们在面对相同的问题时采取截然不同的解决策略，从而影响他们的生活轨迹和职业道路。因此，明确和理解自己的价值观对个人的自我认识和成长至关重要。

亚伯拉罕·马斯洛（Abraham H. Maslow），在1970年提出了一个关于人类需求层次的理论，该理论详细地阐述了人类行为背后的动机。马斯洛认为，人类的需求可以分为五个不同的层次，依次是生理需求、安全需求、归属与爱的需求、尊重需求及自我实现的需求。根据他的理论，所有人类的行为和动机都可以追溯到这些需求的驱动。在这些需求中，对个体行为影响最大的需求被称为优势需求。当某一个需求上升为优势需求时，它会显著地占据个体的意识，并导致个体的行为大量地围绕着寻求该需求的满足而展开。这些需求层次的更迭并不是简单的替代关系，而是一种超越关系。也就是说，当一个人的较低层次的需求得到基本满足之后，更高层次的需求就会成为优势需求，从而受到个体的关注并努力去实现它。这些不同的需求层次构成了人类行为的内在动力。根据马斯洛的需求层次理论，人类行为受到不同层次需求的激发，从基本的生理需求到高级的自我实现需求，人们所做的一切都是为了满足这些需求。这些需求在我们的生活中体现出来，便构成了我们的价值观。在图2-4中，我们可以看到与不同层次需要相对应的价值观是如何被展示的。

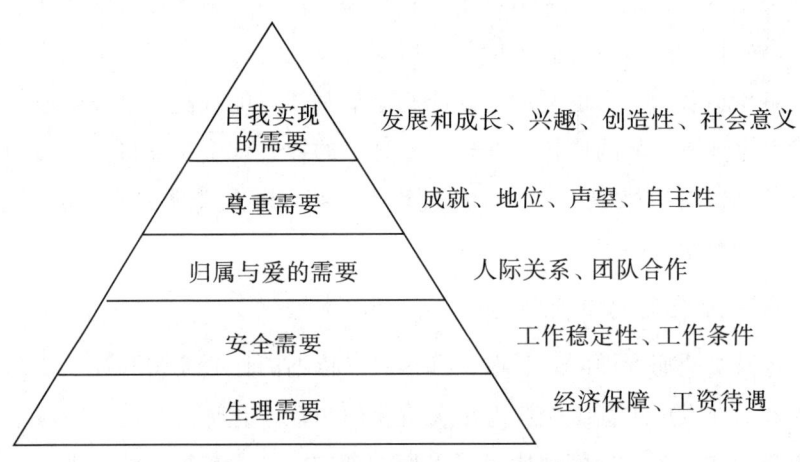

图2-4　不同层次的需要所对应的价值观

例如，一些学生可能更看重工作能带来的收入有多少，他们认为经济收入是衡量职业成功与否的重要标准；而另一些学生则可能更倾向于从事他们热爱的工作，即使这意味着可能不会有很高的经济回报。这两种不同的态度在很大程度上可以归因于他们所处的需求层次不同。前者关注的是"生理"和"安全"层面的需求，他们认为稳定的工作和足够的收入是保障生活质量和安全感的基础。而后者则是在基本的低层次需求已经得到满足的情况下，追求更高层次的需求——"归属感""自尊"和"自我实现"。他们渴望在工作中找到自己的位置，激发个人的潜能和创造力，并获得他人的认可和尊重。

（四）价值观的构成

价值观并非孤立存在，它们代表了一系列理念和信念。这些价值观通过特定的逻辑和意义相互关联，形成了一个具有结构层次或系统的整体。只有当个体的价值观被整合进整个价值体系之中时，其深远的作用与非凡的意义方能得到充分的展现。价值观的形成和存在，是人类社会文化发展和个体心理成长的重要组成部分。

价值观具有多个层次,这些层次共同构成了我们的价值体系。价值观和价值体系最初反映在人们对事物的看法与追求中,构成了所有行动的内在心理支撑;而价值观的终极目标则是目标理想与人生追求。这些目标理想和人生追求,不仅指引着个体的行为和选择,也影响着社会的发展方向和进程。

众多学者依据各自不同的理论基础,对价值观进行了细致的划分和归类。

米尔顿·罗克奇(Milton Rokeach)是一位对价值观研究领域做出了巨大贡献的学者。他倾注了毕生的精力在这一领域,并创造性地开发了罗克奇价值观测验,以此来深入挖掘和理解价值观的内涵。罗克奇于1973年在《人类价值观的本质》(*The Nature of Human Values*)中提出了一个具有深远影响的理论,即人们的价值观可以分为两大类:终极性价值观和工具性价值观。终极性价值观主要涉及个人价值和社会价值,它们代表了人们所追求的理想化终极状态和目标;而工具性价值观则关乎道德或能力,它们是人们为了达到那些理想化终极状态所采取的行为方式或手段。罗克奇将第一种类型的价值观定义为"终极价值观",这类价值观与人们所向往的"生存的最终状态"有着密不可分的联系。他识别并列举了18种终极价值观,这些价值观广泛涵盖了我们概念体系中的自由、平等、对一个美丽世界的向往、对和平世界的追求,以及对拯救的渴望等重要概念。例如,"舒适的生活"作为一种终极价值观,它象征着一种充满生机与活力的生活方式;"自由"则意味着独立自主和自由选择的权利;"令人兴奋的生活"象征着一种充满刺激和活力的生活状态;而"社会赞誉"则代表了一个人受到社会敬重和羡慕的地位。

罗克奇,这位著名的社会心理学家,他不仅提出了终极价值观的概念,还进一步定义了"工具价值观"这一重要概念。工具价值观主要关注我们在日常生活中的具体行动和行为方式,是我们实现终极价值观所必须采取的手段和方法。例如,当一个人持有"有雄心的"这一工具价值观时,他通常会表现出勤奋工作、不懈追求和充满抱负的态度;而持有"富有想象力的"这一价值观的人,则往往会展现出大胆尝试和富有创造性思维的行为。正如我们所观察到的,工具价值观与我们的日常行为有着更为直接和紧密的联系,它们在很大程度上影响着我们的决策和行动模式。为了更深入地理解工具价值观与日常行为之间的关系,可以参考表2-4,该表详细地列出了不同工具价值观与相应行为特征之间的对应关系。

表2-4 罗克奇的价值观分类法

终极性价值观	工具性价值观
舒适的生活（富足的生活）	雄心勃勃（辛勤工作、奋发向上）
振奋的生活（刺激的、积极的生活）	心胸开阔（开放）
成就感（持续的贡献）	能干（有能力、有效率）
和平的世界（没有军事冲突和战争）	欢乐（轻松愉快）
美丽的世界（艺术和自然的美）	清洁（卫生、整洁）
平等（兄弟情谊、机会均等）	勇敢（坚持自己的信仰）
家庭安全（照顾自己所爱的人）	宽容（谅解他人）
自由（独立、自主的选择）	助人为乐（为他人的福利工作）
幸福（满足）	正直（真挚、诚实）
内在和谐（没有内心冲突）	富于想象（大胆、有创造性）
成熟的爱（性和精神上的亲密）	独立（自力更生、自给自足）
国家的安全（免遭攻击）	智慧（有知识、善思考）
快乐（快乐的、休闲的生活）	符合逻辑（理性的）
救世（救世的、永恒的生活）	博爱（温情的、温柔的）
自尊（自重）	顺从（有责任感、有尊重的）
社会承认（尊重、赞赏）	礼貌（有礼的、性情好）
真挚的友谊（亲密关系）	负责（可靠的）
睿智（对生活有成熟的理解）	自我控制（自律的、约束的）

二、职业价值观

（一）职业价值观的定义

职业价值观，也被称作"择业观"或者"工作价值观"（work values），是指个人对于工作成果所具有的重要性所持有的看法，以及对于通过工作能够获得的各种回报所抱有的期望。这一概念最初是由心理学家舒伯所提出，并且后来由易里哲（Elizur，1984）① 进行了进一步的阐释和扩展。易里哲认为，职业价值观是个体对于工作成果的重要性的个人看法，以及对于通过工作能够获得的回报的个人期望。工作价值观在个体的心理结构中占据着比兴趣更基础的地位，它不仅包含了个人对于工作与社会关系的看法，还包括了个人在工作中对于情感需求的追求、对于工作环境的特定需求，以及对于经济回报的期望等多个方面。

职业价值观是个人在职业领域中所展现的价值取向，它体现了个体对特定职业价值的认知深度，以及对职业的憧憬、期望和追求。这些价值观不仅仅是对工作的一种简单态度，更是人生目标和人生态度在职业选择方面的具体体现，是个体衡量社会上某种职业的优劣和重要性的内在标准。职业价值观深刻揭示了个人需求与社会职业属性之间的内在联系，并准确反映了个人对于社会职业需求的综合评判。正如"人各有志"所表达的，职业价值观在职业选择上体现为个人对待职业的信念，是职业选择、努力实现工作目标的基础，是一种具有明确目的性、自觉性和坚定性的职业选择态度和行为。对于职业心理学领域而言，金兹伯格等学者明确指出，职业价值观隶属于人格构成的重要部分，对个体的职业目标设定及择业动机起着决定性的导向作用。这些价值观不仅影响着个人的职业发展路径，还影响着个人在职业生涯中的满意度和成就感。它们是个人在面对职业决策时的指南针，能帮助个体在复杂多变的职业环境中做出符合自身期望和价值观的选择。因此，了解和培养积极的职业价值观对于个人的职业成功和心理健康至关重要。

（二）职业价值观的分类

在职业心理学领域，舒伯及其同事通过深入研究，开发了两个重要的量表来探究工作价值观的内涵：一个是价值观量表，另一个是工作价值观问卷（work values inventory，WVI）（Super，1970）②。这两个量表不仅涵盖了广泛的职业活动，如能参与救灾济贫的工作、能经常欣赏完美的工艺作品、能经常尝试新的构想等，还包括多维度的评价指标，这些指标旨在全面评估个体

---

① D. Elizur, "Facets of Work Values: A Structural Analysis of Work Outcomes", *Journal of Applied Psychology*, 1984, 69 (3), pp. 379–389.

② D. E. Super, *Work Values Inventory: Manual*. Boston: Houghton Mifflin, 1970.

在职业选择和职业发展中的价值取向。通过大量的实证研究，舒伯及其团队进一步将工作价值观细分为三个主要维度：内在价值、外在价值和外在报酬。内在价值主要涉及与职业本身特质相关的因素，如独立自主和创造发明的能力，这些因素通常与个人的内在满足感和自我实现紧密相关。外在价值则涵盖了与职业特质无直接关联的一系列因素，如同事关系、工作环境、工作内容的多样性以及与上司的关系等，这些因素更多地与个体在职业环境中所寻求的社会和环境条件有关。而外在报酬则包括成就满足、名望地位、安全稳定、经济报酬以及生活方式的改善等方面，这些因素通常与职业所带来的物质和社会回报有关。为了更全面地测量这些维度，工作价值观问卷（WVI）包含了15个维度，它不仅广泛流传，而且对职业指导和职业规划产生了深远的影响。在职业心理学领域的文献中，WVI的使用和研究已经形成了一个重要的分支，其详细内容和结构可以在表2-5中找到更详尽的描述。

表2-5 舒伯的15种工作价值观

维度	内容
成就满足	希望能及时看到自己工作的成绩，不断地得到领导与同事的赞扬或不断地实现自己想要做的事
管理权力	希望能在工作中获得管理支配权，能指挥或调遣一定范围内的人或事
智力激发	希望能在工作中不断地进行智力的操作，动脑思考，学习和探索新事物，解决问题
声望地位	希望自己所从事的工作在人们心目中有较高的社会地位，从而使自己得到他人的重视与尊重
美的追求	希望能够在工作中实现对美的追求，得到美的享受
利他主义	希望自己的工作能够直接为大众的幸福和利益尽一份力
创造发明	希望能在工作中不断地创造新的东西，或产生新的想法
经济报酬	希望通过工作获得优厚的报酬，使自己有足够的财力去获得自己想要的东西
安全稳定	希望工作使生活过得较为富足，不管自己的能力怎样都有一个安稳的局面，不会因为奖金、工资或岗位变动等经常提心吊胆

续表 2-5

维度	内容
独立自主	希望能在工作中充分发挥自己的独立性和主动性，按自己的方式、步调或想法去做，不受他人的干扰
工作环境	希望能有比较舒适、优越的工作条件和环境
上司关系	希望领导人品较好，处事公平，能与之愉快地沟通、相处
生活方式	希望工作能轻松、自由，成为生活中令人享受的一部分
同事关系	希望一起工作的大多数同事人品较好，相处在一起感到愉快、自然
多样变化	希望工作内容经常变换，使工作和生活显得丰富多彩，不单调枯燥

米尔顿·罗克奇（Miton Rokeach）在其著作《人类价值观的本质》（*The Nature of Human Values*）中提出了与舒伯职业价值观量表中 15 个维度相似的 13 类职业价值观。这些价值观为人们在职业选择和职业发展方面提供了重要的参考。

（1）利他主义：这是一种将他人利益放在首位的价值观，它鼓励人们致力于增进大众的幸福与利益，让他人因你的善举而获益。这种价值观强调的是无私和奉献。

（2）审美主义：这是一种追求美好事物的价值观，它鼓励人们不断追求美好事物，享受由美感带来的愉悦体验。这种价值观强调的是对美的追求和欣赏。

（3）智力刺激：这是一种激发智力潜能的价值观，它鼓励人们勤于思考、学习和探索新知识，解决新问题。这种价值观强调的是智力的挑战和成长。

（4）成就动机：这是一种追求社会地位提升和社会认同的价值观，它鼓励人们期望自己的工作成果能得到他人认可，对完成工作和克服挑战感到满足。这种价值观强调的是成就感和自我实现。

（5）自主独立：这是一种在工作中享有灵活性的价值观，它鼓励人们能自由安排时间和行动，拥有高度自主权。这种价值观强调的是个人的独立性和主动性。

（6）社会地位：这是一种从事的工作在社会中享有较高地位的价值观，它鼓励人们期望通过工作获得他人的重视和尊敬。这种价值观强调的是社会地位和尊重。

（7）权力控制：这是一种获得对他人或某事的管理权的价值观，它鼓励人们能够指挥和调度一定范围内的人员或事务。这种价值观强调的是权力和控制。

（8）经济报酬：这是一种获得丰厚薪酬的价值观，它鼓励人们应确保有足够的经济能力来获取所需之物，使生活更加富足。这种价值观强调的是经济独立和富足。

（9）社会交往：这是一种擅长与各色人群交流的价值观，它鼓励人们应构建广泛且深入的社会联系网，偶有良机结识业界精英。这种价值观强调的是社交能力和人脉。

（10）安全稳定：这是一种期望职场生涯平稳如初的价值观，它鼓励人们不为奖金、晋升、岗位变动或领导训诫所扰，保持内心的宁静与安定。这种价值观强调的是安全感和稳定性。

（11）轻松舒适：这是一种希望工作能成为一种休闲、休息或享受的方式的价值观，它鼓励人们追求更为舒适、轻松、自由和优越的工作条件与环境。这种价值观强调的是工作与生活的平衡。

（12）人际关系：这是一种关心他人，与人分享的价值观，它鼓励人们帮助他人解决问题；期望与之共事的大多数同事和领导品行端正，相处时感到愉快和自然。这种价值观强调的是人际关系和团队合作。

（13）追求新意：这是一种希望工作内容经常更新的价值观，它鼓励人们使工作和生活充满变化和色彩，避免单调乏味。这种价值观强调的是创新和变化。

心理学家马丁·凯茨也鉴别出了10种与职业相关的核心价值观，这些价值观有助于个人理解从工作中能够获得的回报和满足感。他指出，通过深入理解这些价值观，人们可以更好地选择适合自己的职业道路，从而在职业生涯中实现个人价值和获得幸福感。这10种价值观具体如下。

（1）高收入：这不仅仅是指满足基本生活需求的收入水平，更意味着在满足了基本生活需求之后，个人还能拥有额外的可自由支配的收入，以用于个人的娱乐、投资、储蓄或其他个人发展活动。

（2）社会声望：这涉及个人在社会中的地位和声誉，根据其获得社会大众的尊重和认可的程度来判断社会声望的高低。高社会声望的职业往往能够带来更多的社会联系和影响力。

（3）独立性：在职业生涯中拥有更多的自主决策权，意味着个人可以根据自己的判断和意愿来规划工作，而不是完全受制于他人或组织的安排。

（4）助人为乐：将帮助他人视为职业的核心部分，致力于改善他人的健康、教育和福祉。在这种价值观驱动下的人通常在社会服务、医疗保健、教育等领域找到满足感。

（5）稳定性：在一段时间内能够持续拥有工作，不会轻易失业，且收入保持稳定。这种稳定性为个人提供了安全感，减少了经济和职业上的不确定性。

（6）多样性：工作内容涉及参与多种活动，解决各种问题，工作环境不断变化，有机会结识新朋友。这种多样性可以防止职业倦怠，保持工作的新鲜感和挑战性。

（7）领导力：在工作中能够主导事务的发展，愿意对他人产生影响，并承担相应的责任。领导力不仅限于管理层，任何希望影响团队或项目结果的人都需要这种能力。

（8）在感兴趣的领域工作：坚持从事的职业必须是个人真正感兴趣的领域。当工作与个人兴趣相结合时，可以提高工作的满意度和效率。

（9）休闲时间：高度重视休闲时间，不希望工作侵占个人的休闲时光。平衡工作与生活对于保持长期的职业满意度和生活质量至关重要。

（10）早期职业参与：关注个人是否重视尽早开始职业生涯，以及是否希望节约时间以尽快进入工作领域。早期参与职业活动可以帮助个人更早地积累经验，为未来的职业发展打下坚实的基础。

凯茨还开发了一套计算机职业指导系统中的价值澄清练习，这个练习要求个体在参与过程中对一系列的价值观进行仔细的排序和评估。我们必须深刻认识到，职业和工作本身并不是为了满足我们所有的重要的价值观而存在，期望在单一的职业选择中实现个体所有重要价值观的完全满足是不切实际的。凯茨的另一个核心观点是，在生涯决策的过程中，个人价值体系中各重要价值观之间的协调共存，与个体最主要的价值观同等重要，甚至有时候更为关键。例如，"高收入"与"稳定性"这两种价值观往往难以兼得，因为它们代表了不同的生活目标和工作期望。最终，在凯茨的价值观研究中我们可以发现，"在你感兴趣的领域中工作"实际上也被视为一种重要的价值观。马丁·凯茨认为，在进行生涯决策时，个人的价值观比兴趣更为关键，因为价值观反映了我们生活中最重要的原则、标准或品质，它们是我们做出选择和判断的基石。

在大学生的价值观体系中，职业价值观扮演着至关重要的角色，它位于核心地位，涵盖了职业需求的选择、职业理想的追求、职业兴趣的体现及职业行为倾向的形成等多个方面。这些职业价值观深刻地影响着大学生未来的职业选择与定位，以及他们可能取得的职业成就。例如，小A怀揣着成为医生的梦想，他渴望能够救治病患，获得社会的尊重，并通过这一职业实现个人的人生理想；而小B同样希望成为医生，这不仅是因为家族世代从医，父母的建议"医生是一门技术活"，认为医生职业工作稳定，收入也相对可靠，而且选择成为医生也是为了满足父母的期望。职业价值观不仅影响着大学生的学业倾向和学习行为，还在一定程度上影响着个人的成长与发展。因此，在进行职业生涯规划之前，明确自己的价值观和职业价值观显得尤为重要。

三、价值观探索

在我们对价值观及其在职业生涯中的具体表现有了初步了解之后，接下来我们将深入探讨"价值澄清理论"，以更全面地理解价值观的内涵。这一理论的创建者和主要代表人物包括来自纽约大学教育学院的路易斯·拉思斯（Louis E. Raths）、南伊利诺斯大学的梅里尔·哈明（Merrill Harmin）、马萨诸塞州大学的悉尼·西蒙（Sidney B. Simon）以及美国人本主义教育中心的主任基尔申·鲍姆（Kirschen Baum）。对于那些能够明确自己的价值观的人来说，在进行生涯规划时，他们往往能够更加顺利地前进，在前进道路上遇到的迷茫和挑战较少。拉思斯、西蒙和鲍姆共同编写的《价值与教学》（Values and Teaching, 1966, 1978）一书，已成为该理论流派中极具影响力的著作之一。他们一致认为，在价值观的形成过程中，价值观的澄清和自我认识过程比价值观的具体内容本身更为关键。

价值澄清理论特别强调，在个体价值观的形成和发展的关键过程中，可以通过一系列的分析和评价手段来辅助人们，以减少价值混乱和冲突，进而促进一致和清晰的价值观的形成。此外,该理论还特别着重于在评价和反思的进程中培养和提升人们深入思考和理解人类价值观的能力。它认为,价值观的形成和确立并不是通过简单的灌输和强制,而是通过澄清和反思的方法来实现的,即通过个人的选择、对选择的赞扬和在实际生活中的实践过程来促进理智和成熟的价值选择。

拉思斯及其研究团队对价值澄清理论的核心框架——价值形成过程(又称评价过程)的基本模式,即"价值观七步澄清表(三阶段七步骤)"进行了深入的探讨与分析(表2-6)。他们强调,任何信念或态度要转化为个人的价值观,都必须遵循这一过程的七个标准;否则,它们无法真正成为个人价值观的一部分。拉思斯等进一步阐述,这一完整过程包含三个阶段和七个步骤:首先,是选择阶段,它包括三个步骤,即个人需要识别和澄清自己的感受、态度和信念;其次,是珍视阶段,它涉及对特定价值观的深入思考和讨论;最后,是行动阶段,个人将所学的价值观融入自己的生活实践中,形成稳定的价值观体系。

表2-6 价值观七步澄清表

价值形成的阶段	分析与评价之步骤
选择 (choosing)	1. 自由选择:只有在自由的选择中,才能根据自己的价值观行事,被迫的选择是无法使这种价值整合到他的价值体系中的
	2. 从多种可能中选择:尽量考虑多种可能的选择,分析思考选择带来的利弊关系
	3. 对结果深思熟虑的选择:即对各种选择都做出理论的因果分析、反复衡量利弊后的选择,在此过程中,个人在意志、情感及社会责任等方面都受到考验
珍视 (prizing)	4. 珍视与爱护:珍惜自己的选择,并为自己能有这种理性选择而感到自豪,将其看作自己内在能力的表现和自己生活的一部分
	5. 确认:即以充分的理由再次肯定这种选择,并乐意公开与别人分享,且不会因这种选择而感到羞愧

续表 2-6

价值形成的阶段	分析与评价之步骤
行动 （acting）	6. 依据选择行动：即把信奉的价值观付诸行动，指导行动，使行动反映出所选择的价值取向
	7. 反复地行动：即反复坚定地把价值观付诸行动，使之成为某种生活方式或行为模式

（一）价值观大拍卖

指导语及说明：在这个环节中，我们将会进行一场别开生面的拍卖活动，目的是让大家更深入地理解自己的价值观以及如何在职业选择上做出明智的决策。

首先，想象一下，每个人手中都握有 1000 个生命单位，这些生命单位代表着你的时间、金钱和精力，你可以将它们投入到你认为最有价值的职业世界中去。每项投入的起始竞拍价为 100 个生命单位，而每次加价必须是 50 个生命单位或者其倍数。在正式的拍卖活动开始之前，你将拥有宝贵的 5 分钟时间来仔细思考你想要竞拍的项目顺序，以及你愿意为每个项目支付的最高生命单位数。

其次，每组成员需要选出一位拍卖主持人，这位主持人不仅负责组织和主持本组的拍卖活动，同时也会参与到竞拍中去。作为主持人，你需要确保拍卖活动的顺利进行，同时也要为自己争取到想要的项目。

在拍卖过程中，规则很简单：最终的胜利者将是那个最先出价并且出价最高的参与者。这意味着，你需要在拍卖中迅速做出反应，同时也要有策略地决定何时及如何出价，以确保能够获得你最看重的项目。

最后，请大家在拍卖结束后，将各自的竞拍结果详细记录在我们提供的表 2-7 和表 2-8 中。这些记录将帮助我们分析大家的价值观倾向，并为后续的讨论和活动提供重要的数据支持。

表2-7 价值观大拍卖价格记录单

待出售的职业（能够让我……的职业）	你的预算价格	你的最高价格	你赢得的项目	与项目相关的价值
具有吸引力，让每一个认识的人都喜欢自己				
拥有健康——长寿而且没有疾病				
有清晰的自我认识，知道自己是谁				
每年至少赚100万元				
成为一个团体或者政党中最有影响力的人				
有时间过一个愉快的、有意义的家庭生活				
参加社会活动，如音乐会、戏剧、芭蕾舞表演或体育运动等				
在一个没有歧视、欺骗和不公正的环境中工作				
为弱势群体竭诚服务				
什么时候都可以做自己喜欢的事情				
有一份稳定的工作和收入				
能够寻找到生活的意义和真谛				
精通专业，能在所做的一切事情上取得成功				
有学习的条件——有所需的全部书籍、电脑和各种辅助物				
创造一个能让人们自由地给予和付出爱的氛围				
冒险、迎接挑战，过一个精彩的人生				
产生新思想，创造新的行动方式				
自由决定工作的条件、时间、位置和着装等				
制作有吸引力的物品为世界增添美丽				
获得全国范围内和世界性的荣誉和声望				
休长假，什么都不用做，只要开心玩乐				

表 2-8 价值观拍卖清单

待出售的职业	有关项目的价值
(1) 有吸引力、受人欢迎	容貌，被赏识
(2) 健康状况良好	身体健康，心理健康
(3) 真正地了解自己	智慧，自我了解，内心和谐
(4) 每天赚100万	财富，高收入，钱，利润
(5) 最有影响力	权力，领导能力，晋升
(6) 有一个温馨的家庭生活	家庭关系，生活方式
(7) 参加社会活动	审美，休闲，刺激
(8) 不抱偏见	公平，正义，诚实，道德
(9) 给贫穷人士以帮助	利他主义，帮助他人，友谊
(10) 做喜欢做的事情	自主，独立，生活方式
(11) 有自己渴望的工作或收入	工作保障，稳定，固定的工作
(12) 了解生活的意义	智慧，真理，个人的成长
(13) 达到精通和成功	成就，技能，赏识
(14) 获得良好的学习条件	知识，智力方面的鼓励
(15) 付出和接受爱	慈爱，爱，友谊
(16) 冒险，迎接挑战	冒险，兴奋，竞争
(17) 产生新思想	创造性，多样性，变化性
(18) 自主决定工作条件	自由，独立，个人权利
(19) 为世界奉献美	审美，艺术性的创造
(20) 赢得荣誉和声望	被赏识，炫耀，威望
(21) 休长假	休闲时间，放松，健康

（二）澄清职业价值观

在你已经识别出自己的价值观之后，接下来，结合你打算进入或者目前正投身于的职业领域，尝试对拉思斯提出的七个核心标准所衍生出的 28 个具体问题进行深入的思考和实际的体验。这一过程的目的是帮助你更清晰地理解自己的职业方向，从而在工作和生活中寻找到更加丰富和深刻的精神满足感，同时为你提供持续不断的工作动力和生活热情。

1. 自由选择

在确定你的职业价值观时，你是否根据自己的真实感受来做出选择，而不受他人的意见或期望的影响？即"我是自主地选择了这些价值——也就是说，没有任何其他人或其他因素强迫我接受这些价值"。明确这一点至关重要，因为它揭示了对你而言真正重要的东西。

首先，思考一下你是否曾经在选择职业道路时，真正地倾听并遵循了自己内心的声音。你是否曾经在做决定时，将外界的期望和压力放在一边，专注于自己真正渴望和看重的是什么？

其次，思考一下在你的职业生涯中，是否有过这样的时刻，你感到自己完全掌控了职业发展生涯，没有被外界的声音所左右。这种情况下，你所做出的选择，是否让你感到满足和自豪？

最后，反思一下，如果你的职业选择完全由自己做主，没有任何限制和约束，你将会选择什么样的价值观来引导你的职业发展？这些价值观是否与你目前所持有的价值观一致？

以下问题将对你的选择过程有帮助。

（1）请回顾一下过去的一两个月的时间，你把精力主要投入了哪些领域或活动中？思考这个问题可以帮助你了解自己在时间管理上的偏好，以及你倾向于将精力放在哪些方面。这有助于你识别出那些对你来说真正重要的事情，以及可能需要调整的优先级。

（2）你通常与什么样的人相处？这个问题旨在让你反思自己的社交圈和工作环境。了解自己更喜欢与哪类人交往，可以帮助你找到更适合自己的团队和工作氛围，从而提高工作的满意度和效率。

（3）在一些难以决策的事情上，你最终做出了怎样的选择？通过回顾这些决策，你可以更好地理解自己的决策风格和价值观。了解自己在压力下会做出的选择，有助于你在未来面临类似情况时，做出更加符合自己内心期望的决定。

（4）请思考一下，你何时感到最快乐，并从你的经历中挑选出一个让你觉得特别充实和有意义的时刻。这个问题可以帮助你识别那些让你感到满足和幸福的活动或成就。通过分析这些时刻，你可以更清楚地认识到对于你来说什么是真正重要的，从而在职业规划中更加注重这些方面。

通过对这些问题的深入思考，你可以更清晰地认识到，哪些职业价值观是真正属于你自己的，哪些可能是外界强加给你的。这样的自我探索过程，将帮助你更坚定地走在符合自己内心的职业道路上。它不仅让你理解自己的职业倾向，还能够帮助你识别那些可能阻碍你发展的外部因素，从而让你在职业选择上更加明智和自主。

2. 在多种可能中做选择

在面对众多的价值观时，你是否已经仔细考虑过这些价值观与你的职业价值观是否相契合？这是一个需要深思熟虑的问题。请务必思考并确认，你是否已经充分考虑到了这些价值观可能带来的后果。注意，这些价值观是支持、反对还是恰好匹配，或者与你的职业选择完全无关？这是一个需要你认真对待的问题。

（1）在众多的价值观中，哪些价值观是你一眼就看中的？你选择这些价值观的依据是什么？请逐一分析和界定，找出你选择它们的原因。

（2）在选择价值观的过程中，哪些价值的选择需要你深思熟虑？难以抉择的障碍是什么？请逐一分析和评估，找出难以抉择的原因。

（3）请将你所选择的价值进行归类合并，看看主要体现在哪些方面，找出它们的主要体现。

（4）你是否还有其他需要考虑和添加的价值观？这是一个开放性的问题，你可以根据自己的情况，思考是否还有其他需要考虑和添加的价值观。

3. 经过深思熟虑后做选择

在经过多维度的分析和澄清之后，你可以开始深入考虑自我职业价值观的取向。这一步骤至关重要，因为它涉及你个人的核心信念和行为准则。其主要问题在于："我是否愿意根据这些价值来指导我的行动？"这不仅关乎你的职业发展，还关乎你的个人成长和生活满意度。

（1）观察这些价值在你的学习、工作和生活中的体现。思考这些价值如何在你的日常活动中发挥作用，以及它们如何影响你的决策过程。

（2）扪心自问，你是否愿意继续让这些价值成为你的行为指南？这需要你诚实地评估自己是否真正认同这些价值观，并且愿意将它们融入你的日常行为中。

（3）观察这些价值在他人身上是如何体现的？通过观察和学习他人的行为，你可以更好地理解这些价值观在现实世界中的应用和影响。

（4）试着与他人讨论和分享你对这些价值的理解。通过交流，你可以获得不同的视角和见解，这有助于你更全面地理解这些价值观，并且可能帮助你发现新的价值。

4. 珍视与爱护

在深刻领会了这些价值的内涵与作用后，你应该认识到它们对你的内心感受及意义的重要性，从而汲取行动的力量——"我是否能自豪地宣称自己坚守这一价值？"

（1）你喜欢这些价值给你带来的内心感受吗？当你深入思考并体验这些价值时，是否有一种满足感和愉悦感油然而生？这种感觉是否让你更加珍视和爱护这些价值？

（2）这些价值对你来说重要吗？哪些价值对你具有特殊的意义？请仔细思考，这些价值在你的生活中扮演着怎样的角色。它们是否是你进行决策和行动的指南针？哪些价值在你的心中占据着不可替代的位置，让你在面对选择时毫不犹豫地坚持它们？

（3）这些价值的体现，给你的"重要他人"带来了什么感受？他们的反应对你有何意义？当你将这些价值付诸实践时，你是否注意到了周围人的反应和感受？他们的正面反馈是否让你更加坚信这些价值的正确性和重要性？

（4）哪些价值是普遍存在的，却让你感到安心和快乐？在你看来，哪些价值是跨越了文化和国界的普遍真理？这些普遍价值是否为你提供了一种安全感和幸福感，让你在纷繁复杂的世界中找到归属和宁静？

5. 确认选择

在你进行职业规划和自我探索的过程中，通过深入的理性和感性分析，你可以进一步明确和确认你的职业价值观。在这个阶段，你需要问自己一个关键的问题："我是否愿意在公众场合公开维护这一价值——也就是说，在他人面前公开地为它辩护？"

(1) 你愿意向谁分享自己的价值观？思考这个问题可以帮助你了解你希望与哪些人分享你的职业理念和生活信念。

(2) 你会向家人表达你的生活信念吗？这可以帮助你评估你与家庭成员之间的沟通程度，以及你是否愿意在家庭环境中坚持自己的价值观。

(3) 你敢于向朋友公开你的行为吗？这一步骤可以帮助你判断你是否愿意在朋友圈中展示你的行为准则，并且接受他们的反馈和评价。

(4) 你愿意邀请你的导师来评估你的价值取向吗？这将帮助你确定，你是否准备好让一个在职业发展上具有指导作用的人来审视你的价值观，并且根据他们的反馈进行调整。

6. 依据选择行动

实践是检验真理的唯一标准，唯有那些能与实践相结合、指导实践的价值，方能显现其真正意义。你应扪心自问："我是否已切实按照这一价值去行动，将其融入生活？"

(1) 你对你的价值体系有多清晰，你能执行到什么程度？

在你的生活中，你是否已经明确地定义了自己的价值体系？你是否能够清晰地表达出这些价值观，并且在日常决策中体现出这些价值观？更重要的是，你能否将这些价值观贯彻到你的行动中，使之成为你行为的指南针？

(2) 你是否需要监督体系和评价系统？

在追求目标和实践价值观的过程中，你是否考虑过建立一套监督体系来确保自己不会偏离既定的路线？同时，你是否需要一个评价系统来衡量自己的进展和成效，这样的系统可以帮助你识别哪些地方做得好，哪些地方需要改进，从而更有效地实现你的价值和目标。

(3) 你的第一步、第二步……是什么？到目前为止做得如何？

在追求你的价值观和目标时，你是否已经规划了具体的行动步骤？从第一步开始，你采取了哪些行动来实现你的价值？第二步又是什么？每一步你都执行得如何？是否有任何计划外的挑战出现？你又是如何应对这些挑战的？通过回顾这些步骤，你可以更好地了解自己的进度，并对未来的行动做出相应的调整。

(4) 你考虑过你的行为结果吗？

在你行动之前，你是否已经考虑过可能产生的结果？你的行为是否会产生正面或负面的后果？你是否已经为可能出现的任何结果做好了准备？对这些结果进行思考可以帮助你更好地规划你的行动，并为可能的挑战做好准备，以确保你的行为能够有效地支持你的价值观和目标。

7. 反复行动

只有始终如一坚持的价值才是真正的价值。最后，你需要思考的是："我是否按照这项价值一贯地行动或重复某种行为模式？"

（1）你根据价值行动了多久？持续的时间长短往往能够反映出你对这一价值的执着程度和承诺深度。

（2）在坚持自我价值行动的过程中，你遇到了哪些挑战或阻力？这些挑战可能是内在的，如恐惧和怀疑，也可能是外在的，如他人的不理解或资源的限制。

（3）你觉得，为此投入了大量的金钱、时间和精力值得吗？这个问题需要你评估投入与回报之间的关系，以及你对这一价值的个人信念和满足感。

（4）你是否认为应该让更多人参与进来，这样做更有意义？通过分享和推广你的价值，你不仅能够影响更多人，还可能获得更广泛的支持和认同，从而使得这一价值得到更广泛的传播和实践。

从个人的视角出发，价值评估的过程实际上是一个涉及自主选择，在众多选项中做出明智抉择，对每个选项可能带来的后果进行深思熟虑，珍视并呵护所选价值，坚定并捍卫自己的选择，将其付诸实践，并持续一贯地采取相应的积极行动的复杂过程。同时，在这个过程中，还需要平衡个人价值观与职业选择的契合度，确保两者之间能够和谐共存。拉思斯提出，如果你能对上述所有问题给出肯定的答案，这表明你确实认为它具有价值。反之，如果你对某些问题的回答是否定的，那么你可能需要反思自己真正重视和渴望的是什么。例如，许多人声称"健康"至关重要，但在日常生活中却常常做出与健康生活方式相悖的行为，如熬夜学习、忽视饮食和休息等。这表明"健康"并非他们真正的价值取向，而可能只是一种口头上的重视，而非内心深处真正的信仰和追求。

在当今社会，当许多在校大学生站在职业选择的"十字路口"时，并没有进行深入的思考和规划，他们往往因为一时的兴趣或者偶然出现的机会就匆匆决定投身于某个行业或职业。然而，当这些年轻人真正地步入职场，开始他们的职业生涯后，他们很快就会发现，现实的工作环境和他们之前所想象的简直有天壤之别，存在着巨大的差异。因此，对于每一位大学生来说，当他们对自己的职业价值观有了一个明确的认识之后，最为关键的是要将这些价值观付诸实践，通过实际的尝试和体验来检验它们。仅仅从个人的角度去明确职业价值观是不够的，这些价值观还需要与所选择职业的特性及工作环境相匹配和契合。正如一句至理名言所言："适合自己的，往往比追求所谓的成功更为重要。"对于职场新人来说，我们不应该一开始就追求所谓的"完美选择"，或者期待立即取得巨大的成就，而应该更加珍惜在职场中的每一次经历，无论是成功还是失败。通过体验工作的乐趣与挑战，我们可以借此机会审视和反思自己的职业价值观，从而深化对职业方向的理解和认识。

第四节　完善自我知识

在我们之前进行的深入讨论中，我们详细探讨了金字塔模型的知识领域部分——自我知识，特别是影响大学生生涯决策的三个核心因素：兴趣、技能和价值观。我们已经深刻认识到，仅仅依赖外部和客观的评估方法，往往无法全面地提升我们的自我认知。与心理测验或职业咨询专家提供的评估相比，我们自身的审视和反思可能更有助于深化对自我兴趣、技能和价值观的理解，从而构建起对自己的能力和天赋的认识框架。这种自我探索的过程，不仅能够帮助我们更好地了解自己的内在动机和潜力，而且还能让我们在面对职业选择和生活规划时，做出更加符合个人特质和长远发展的决策。通过自我反思，我们可以识别出那些真正激发我们热情的事物，发现那些我们能够投入大量时间和精力去精进的技能，以及那些与我们内心深处的价值观相契合的生活方式。这种自我发现的旅程，是个人成长和职业发展的重要基石。

一、积极思考，提升自我认知

为了不断完善和丰富我们的个人知识体系，我们有必要采取一种积极主动的态度，并且运用有效的思考策略，这样可以极大地帮助我们在面对职业生涯中的各种问题时找到解决方案，并在制定相关决策时更加明智和果断。

首先，我们应当培养一种积极向上的思考习惯，不断地审视和反思自己的兴趣所在、技能水平及个人价值观，力求达到清晰和准确的认识。其次，我们必须懂得如何提高自我认知的质量，包括了解自己的优势和劣势，以及如何通过各种途径和方法来增强对自身的了解。这种积极的态度和有效的自我认知提升方法，在我们解决职业发展中的各种问题和制定职业决策时，扮演着至关重要的角色。

二、反思过往经历，并加以分析理解

在不断完善和丰富自我知识的旅程中，我们应当持续不断地回顾过去，深入探寻那些隐藏在日常生活表象之下的宝贵经验，并从中汲取养分。即使其中的某些经历可能并不令人愉快，它们也能够为我们提供深刻的洞见，从而充实我们的内在认知和智慧。通过仔细地加工这些经历与经验，通过与他人的讨论交流，以及通过深入地反思与这些经历相关的情感，我们能够逐渐清晰地界定自己的价值观、发现自己的兴趣所在，以及识别和提升自己所具备的技能。简而言之，通过认清我们对过往经历的种种感受，并对这些感受进行深入的分析和理解，我们能够为解决生涯中遇到的难题或做出重要的生涯抉择提供坚实的基础。

三、形成自我认知网络

在进行自我反思的过程中，我们应当深入地将生活中的各种事件和经历相互联系起来，形成一个完整的自我认知网络。这就要求我们不断地自问，我的价值观、兴趣和技能之间存在怎样的内在联系？它们是否以某种有意义的方式相互交织和相互影响？它们之间是否存在着某种相关性？例如，一个人如果非常喜欢与孩子相处（兴趣），并且拥有照顾孩子和小学教学（技能）的经历，那么他可能会致力于儿童教育领域，因为他深信国家的未来取决于儿童教育的质量（价值观）。而另一个人在数学方面成绩优异（技能），他希望能赚取丰厚的收入（价值观），尽管他喜欢户外活动（兴趣），但他可能不会选择与户外活动行业相关的工作，这可能因为他的兴趣和价值观不完全吻合。我们不仅需要了解自己的技能，更需要深入理解这些技能背后所蕴含的价值观和兴趣，这一点至关重要。换句话说，通过将价值观、兴趣和技能以及它们之间的相互关系联系起来，以更复杂和全面的方式思考我们的自我知识，这对于我们来说才具有真正的实际意义。因此，在本章中，我们将这三大要素融合在一起进行阐述，旨在帮助学生深刻地洞悉它们之间的内在联系，从而更好地理解自我，为未来的职业规划和个人发展打下坚实的基础。

四、避免过度概括过往经验

在反思过程中，我们需要注意避免过度概括过去的经验。例如，一旦你在解决数学难题时遭遇挫折，便可能因噎废食，对所有涉及数学的职业望而却步。此类过度泛化之举，无疑会大幅缩减你探寻心仪职业领域的范围。同样，我们还应避免因过去的成功经验而过度概括。例如，仅仅因为曾经在一门数学课上表现出色，并不意味着你就应该选择工程专业。我们知道，在有效的生涯决策中，还有许多其他重要的信息需要考虑，例如，个人的兴趣、职业前景、工作与生活的平衡、个人价值观及社会需求等，都是在做出职业选择时需要综合考量的因素。因此，我们应该更加细致和全面地评估自己的经历和能力，而不是简单地根据一两个事件来决定自己的职业道路。只有这样，我们才能做出更加明智和适合自己的职业选择。

五、谨慎对待他人的看法

我们必须谨慎地对待他人对我们的价值观、兴趣和技能的看法，尤其是当这个人具有一定的权威或影响力时，如父母、老师、导师甚至是职业咨询师。他们的意见可能会对我们产生深远的影响，因此，我们需要仔细考虑这些观点，并且在必要时进行独立思考。此外，当我们过分地看重他人对我们的技能与兴趣的反馈时，家族前辈的职业选择（比如伯父与父亲均为医生）便可能成为我们选择或回避选择同一职业的诱因。这种现象在社会中非常普遍，我们常常会受到家庭背景和家族传统的影响，从而在职业选择上做出与家族前辈相似的决定。然而，我们应当意识到，虽然家族传统和前辈的职业选择可以为我们提供一定的指导和启示，但最终的职业选择应当基于我们个人的兴趣、能力和价值观，而不是单纯地追随家族的脚步。

六、避免情绪化的决策

我们应当极力避免在情绪波动较大时进行生涯规划和决策。在常规的辅导和咨询服务中，我们经常能观察到，一些学生在成绩未能达到他们所期望的水平时，便开始怀疑自己是否适合学习某个特定的专业领域，甚至会进一步认为自己不适合从事与该专业相关的职业。由于在情绪高涨或低落的时候，人们往往缺乏冷静和客观的判断力，因此，这并不是深入思考和权衡生涯决策中涉及的价值观、个人兴趣及技能等关键要素的合适时机。

我们必须深刻地认识到，完善与生涯决策相关的自我知识实际上是一个终身的过程，这个过程是永无止境的。在我们的一生中，每一次新的生活经历，无论是成功还是失败，都是对我们的兴趣、技能及价值观信息库的丰富与拓展。正如人们常说的，"人生的每一步都算数"，没有生活经历会被浪费，因为宝贵的经验有时恰恰来源于那些最初被认为是失败的经历。在学生时代，我们可能会感叹，选错专业或误入歧途。然而，这往往只是短视之见。从长远来看，那些经历也能帮助我们明确和澄清个人的职业旅程，它们是我们成长道路上不可或缺的一部分。

本章小结

本章主要探讨了大学生在职业规划过程中如何通过自我认知来做出更符合自身期望和价值观的职业选择。强调了自我认知在职业规划中的核心作用和重要性，并提供了实用的方法和工具帮助学生在职业选择过程中做出更明智的决策。通过自我反思、价值澄清和能力培养，学生可以不断完善自我知识，明确职业方向，从而实现个人价值和职业发展的双赢。

1. 了解自我

（1）兴趣与职业选择：学生在选择专业和职业时，往往受到兴趣的驱动，但也会受到家庭期望、就业前景等因素的影响。兴趣是职业选择的重要参考，但需要结合个人的能力和价值观进行综合考量。

（2）技能与职业发展：技能是职业发展的基石，包括专业知识技能、可迁移技能和自我管理技能。个人应通过不断学习和实践来提升自己的技能水平，以适应职场的需求。

（3）价值观与职业价值观：价值观是个人行为的指南针，影响着职业选择和职业满意度。职业价值观是个人对其工作成果的重要性的看法和期望，它反映了个人对职业的憧憬、期望和追求。

2. 完善自我知识

（1）自我反思：通过回顾和分析个人的经历和成就，可以更清晰地识别自己的兴趣、技能和价值观，从而为职业规划提供依据。

（2）价值澄清：根据价值澄清理论，个人可以更深入地理解自己的价值观，并在职业选择中做出符合自己价值观的决策。

（3）能力培养：个人应通过实践活动和学习来培养和提升自己的能力，包括专业知识技能、可迁移技能和自我管理技能。

生涯规划练习

请撰写你的成就故事。

细节：_____

_____

_____

所识别的技能：_____

_____

_____

第三章　职业世界与资源

本章内容框架

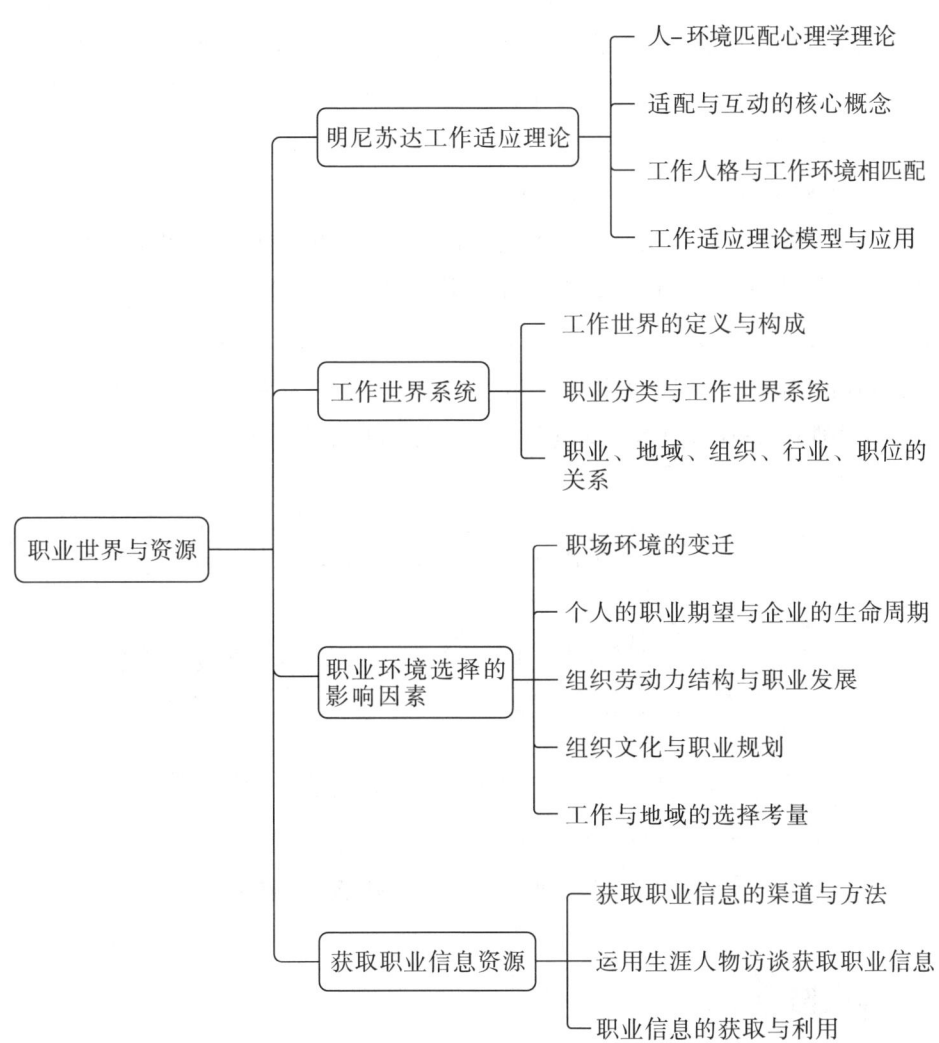

在进行生涯规划与决策的过程中，个体不仅需要深入洞察自我，还需要积极拓展对学习领域、职业路径及休闲活动多样性的探索。对自我认知与职业选择的深刻理解，是构建职业规划的信息基础与核心要素。在当今这个多元且瞬息万变的社会背景下，工作、学习与娱乐的选择极为丰富，甚至多到可能令人感到无所适从。为了在这个自由且复杂的经济社会体系中，有效且有责任感地生活，我们必须有意识地深入分析各种选择背后的信息，并理解这些选择的组织结构及其相互之间的联系。

本章将深入剖析生涯的认知信息加工（CIP）理论金字塔模型中知识领域的第二部分——职业知识（图3-1）。在这一理论架构内，职业知识包含了我们对职业选择、学习领域及休闲活动的深刻理解。但是，本章将集中探讨"职业"这一核心议题，详尽阐述职业信息的基本构成要素、职业知识的演进历程、职业分类的普遍框架及职业信息的主要获取渠道。

我们深知，对职业领域的深入理解和职业信息的全面掌握构成了生涯规划的第二个核心支柱。因此，本章旨在通过阐述一系列策略，助力学生拓展其职业认知，并为其提供一系列在这一过程中可供利用的资源。然后通过运用认知信息加工（CIP）理论金字塔模型，以及对将在第四章中详细探讨的CASVE循环进行深入思考，促进我们对个人生涯规划理论品质的提升。

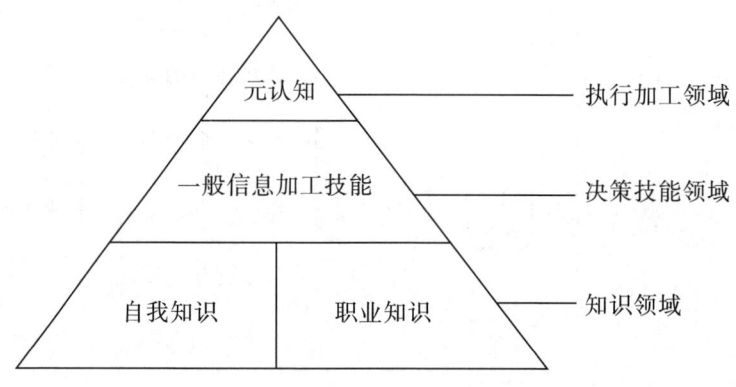

图3-1 认知信息加工（CIP）理论金字塔模型

生涯案例

陈菲，一位药学系的三年级学生，近期在考研与本科毕业后直接就业的抉择上，与父母产生了明显的意见不合。她的父母坚信，在当前的社会环境下，高学历人才更受青睐。他们认为，随着社会进步和教育普及，过去由专科生担任的岗位，现在需要本科生来承担，而本科生的工作则逐渐被研究生所取代。在他们看来，本科毕业生已不再是市场上备受追捧的"香饽饽"，因此，获取更高学历成为确保良好职业发展的关键。尽管陈菲在理智上认同父母的观点，但她内心深处并不愿意继续留在校园。每当她想到考研所需的长时间复习和烦琐的准备工作，她就会感到头痛欲裂。面对用人单位对学历要求的不断提高，她不禁自问："在这个竞争激烈的社会中，真的没有其他出路了吗？"

黄惠，一位检验专业的本科在读学生，不仅学业成绩斐然，而且极有可能获得宝贵的保研资格。她对自己的专业领域怀有坚定的信念，然而，在职业规划方面，她却感到一片迷茫。她不确定除了传统的医院岗位或专职科研工作，还有哪些职业路径可供选择。对于这些潜在职业的具体情况及所需的专业技能，她同样感到陌生。因此，她期望就业指导中心的专家能够为她提供宝贵的建议。面对充满不确定性的未来，她对是否要全力以赴准备保研也感到犹豫不决，担心这可能会影响她探索其他职业道路的可能性。

李乐，一位大学三年级的学生，近期正深陷对未来职业道路的迷茫与困惑之中。她所专攻的预防医学专业，是一门致力于通过预防措施降低疾病发生率的学科。然而，李乐对于该专业在社会上对应的具体职业岗位及其用人标准尚缺乏深入了解。她觉得自己缺乏清晰的职业规划和目标，这使得她在展望未来时感到焦虑和不安。最近，她的导师布置了一项特殊的作业——模拟撰写一份求职简历。这项任务对于李乐而言，无疑是一次严峻的挑战。她开始认真地思考自己的职业方向，试图探索自己真正感兴趣的工作领域。但是，由于对职场的了解不够，她发现自己难以确定究竟何种工作适合自己。这种不确定性让她在准备简历时感到无从下手，甚至不知如何开始。

赵彤，在完成学业之后，终于实现了她的梦想，成功地加入了一所知名的高等教育机构，担任行政管理人员的职位。在她正式成为高校的一员之前，她对自己的未来有着明确的规划和美好的憧憬：她渴望成为一名高校教师，享受那种校园环境的单纯和宁静，以及相对较小的工作压力。然而，工作了一段时间之后，赵彤开始意识到，现实与她最初的设想之间存在着不小的差距。她发现,自己的幸福感逐渐被日常的繁杂事务和时不时出现的紧急情况所淹没。赵彤之前并没有预料到,即便是成为一名高校教师,她也必须面对如此多的不确定性和压力。这些压力来自教学任务的繁重、学生问题的处理、与同事之间的协调合作等各个方面,这些让她的工作和生活都变得不再像她想象中的那样简单和轻松。

经过十余载的校园生活磨砺,大学生终将踏入社会,迎接职场的挑战。在这一转变过程中,普遍存在的陌生感是不可避免的。对于职场世界的陌生,学生往往展现出两种截然不同的态度:一方面,有些学生过于自信,他们认为凭借自己的学术背景和理论知识,便能轻松应对职场中的所有挑战,却忽略了实践经验的不可或缺;另一方面,有些学生对职场规则、行业动态及职业发展路径一无所知,这使得他们在求职时感到迷茫和无助。这两种极端的态度,常常使得大学生在职业规划或求职过程中感到困惑,难以在生涯规划上做出明智的选择。最终,他们在职场上发现,理想的工作往往与现实存在差距,甚至可能与个人的期望和能力大相径庭。因此,掌握探索职业世界的方法和必要的职业知识,对于大学生而言至关重要。这不仅能够帮助他们更加积极主动地解决生涯问题,还能使他们做出更加明智的生涯决策。通过深入理解不同行业的发展趋势、掌握高效的求职技巧、提升职场沟通和团队协作能力等关键技能,大学生将能更好地适应职场环境,为自己的职业生涯奠定坚实的基础。

第一节 明尼苏达工作适应理论

一、明尼苏达工作适应理论模型

明尼苏达工作适应理论(Minnesota theory of work adjustment,MTWA),起源于美国明尼苏达大学,由心理学家劳埃德·洛夫奎斯特(Lloyd Lofquist)和任埃夫·戴维斯(René V. Dawis)于20世纪60年代共同提出,是一个专注于人-环境匹配的心理学理论。该理论深入探讨了个人与工作环境之间的和谐关系的重要性。一方面，个人必须满足工作环境对其提出的要求；另一方面，个人也应从工作中获得满足感。维持这种满足感的过程，即为工作适应（图3-2）。该理论认为，工作适应是一个动态的过程，它涉及个人的能力、兴趣、价值观与工作环境中的任务、角色、文化、报酬等因素的相互作用。工作适应不仅包括初始的匹配过程，还包括在职业生涯中不断调整以适应变化的能力。因此，明尼苏达工作适应理论强调个人与工作环境之间的持续互动和适应，以实现长期的职业满意度和职业成功。

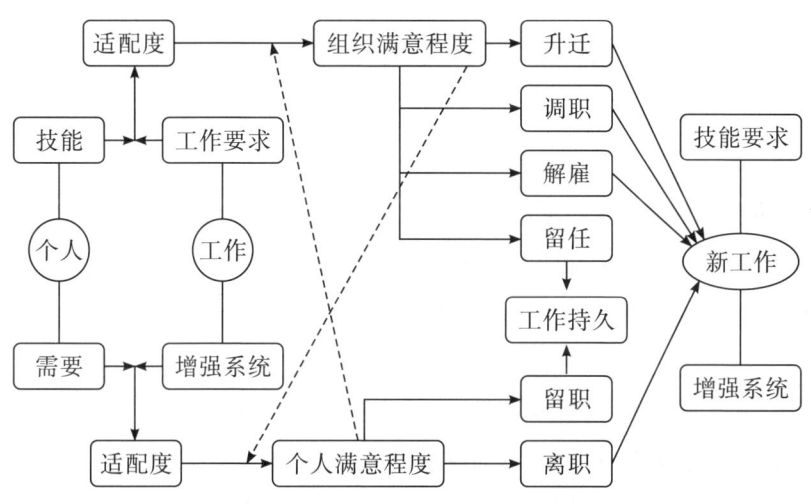

图3-2 明尼苏达工作适应理论模型

二、明尼苏达工作适应理论的核心要素

适配与互动构成了明尼苏达工作适应理论的两大核心要素。适配着重于个人特质与工作环境条件之间的契合程度，而互动则描绘了个人与环境之间不断进行的动态交流。个人特质涵盖了能力、兴趣、价值观、工作人格和性向等多个维度，其中，明尼苏达工作适应理论特别突出了工作人格和性向的重要性。个人与工作环境的互动，既包括个人积极主动的改变，如通过学习新技能或调整工作方法以适应环境，也包括对环境变化的被动适应，如在工作环境发生变动时，个人需要调整自身的行为和态度以顺应这些变化。与此同时，工作环境所提供的条件既包括主动的强化，如通过提供培训和发展机会来促进员工技能的提升，也包括根据个人需求进行的被动调整，如依据员

工的特定需求调整工作时间或工作地点。

工作人格与工作环境的契合度，体现了个人的能力与需求的平衡，以及工作对个人能力的期望与满足个人需求的潜力。当个人需求在职业活动中得到充分满足，且个人能力与工作要求高度一致时，工作人格与工作环境之间的匹配程度达到理想状态，进而能促进职业行为的持续性和稳定性。这种匹配程度的高低，直接关系到员工的工作满意度、工作投入度及最终的工作绩效。一个和谐的工作环境能够激发员工的潜能，使他们能够更好地发挥自己的专业技能和创造力，同时也能为员工提供成长和发展的空间。反之，若工作人格与工作环境不相匹配，可能会导致员工感到挫败、不满，甚至萌生离职的念头，这不仅影响个人的职业发展，也会给组织带来人才流失和效率下降的问题。

明尼苏达工作适应理论模型建立在一个核心前提之上：人们具备一套能力体系和一套需求体系。同时，工作环境既对个人技能提出特定要求，又为其提供相应的激励机制。该理论模型不仅聚焦于职业选择的议题，更深入地剖析了个体与工作之间，以及个体与工作环境之间错综复杂的关系。它尤其突出了个人发展的重要性，特别是针对就业后个体如何融入工作环境的问题。因此，这一理论模型值得我们予以特别关注，并进行深入探究。

在对明尼苏达工作适应理论的核心要素进行深入研究与全面掌握之后，我们能够更加清晰地认识到，为了实现个人能力与工作要求之间的完美契合，同时确保工作本身能够满足我们的个人需求，我们在进行职业选择和生涯规划的过程中，必须对职业或工作对个人的具体要求进行详尽的了解和分析。接下来，我们会将工作与职业紧密地联系在一起，深入探索工作世界系统，从中学习和掌握相关的职业知识，以此来丰富和完善我们的个人生涯理论。

第二节 工作世界系统

对大学生而言，工作世界既熟悉又充满未知。这种熟悉感源自他们自幼年起，便通过家庭、学校、媒体及社交活动等多种渠道，与这个领域建立了千丝万缕的联系。他们可能已经耳闻许多关于工作世界的故事，甚至在假期或兼职中，与其有过短暂的接触和体验。然而，对大多数大学生而言，他们尚未真正深入工作世界，因此，这个领域对他们而言，依旧充满了神秘和陌生。那么，工作世界究竟是什么呢？它实际上是由各种职业、行业、公司和组织构成的复杂系统，不仅包括了人们日常所见的办公室、工厂、商店等实体工作场所，也涵盖了通过互联网进行的远程工作和数字劳动。工作世界是社会经济活动的中心，是人们实现个人价值、获得经济收入、实现职业发展的关键平台。在这个世界中，每个人都可以找到属于自己的位置，通过努力工作，不仅能够为社会做出贡献，同时也能够实现自我成长和提升。

现在，让我们深入探讨本书第一章中提到的工作（work）、生涯（career）、职业（occupation）、工作（job）以及职位（position）这些概念的详细定义。我们将"occupation"这一术语定义为在各种不同的行业或机构中广泛存在的一组相似性质的"工作"（job）。这些工作通常涉及一系列相关的技能、知识和职责，它们在不同的组织和企业中可能有着不同的名称和具体要求，但本质上是相似的。例如，会计这一职业，无论是在私营企业、公共部门还是非营利组织中，都涉及处理财务记录、编制财务报表和确保财务合规性等核心任务。通过这样的定义，我们可以更好地理解不同工作角色之间的联系和区别。

工作并非孤立存在，它深植于社会生产活动与日常生活的广阔土壤之中，与社会的众多层面保持着千丝万缕的联系。我们称这种与工作紧密相连的社会环境为"工作世界"。工作世界是一个错综复杂的嵌套生态系统，它由不同的层次和元素构成，涵盖了地域、行业、组织、职业和职位等多个维度。当我们提及"工作"时，通常是指某个特定的职位，而这个职位又嵌在特定的职业领域、地理位置、组织结构和行业背景之中。这个由职业、地域、组织、行业和职位等共同构成的复合系统，我们称为"工作世界系统"。在这个系统内，各个组成部分相互交织，相互作用，形成了一个动态的互动网络。例如，一位刚从大学毕业的年轻人，可能会选择进入"人力资源管理"这一职业领域。他或她可能会在广州这个充满活力的大都市找到一份工作，可能在一家知名的医院组织内担任人力资源部门的高级管理职位，如高级人力资源管理经理。从这个例子中，我们可以清晰地看到在工作世界系统中各个要素是如何相互关联的：职业选择与个人的专业背景和兴趣紧密相关，地域选择可能与个人的生活偏好和家庭因素紧密相连,而组织和行业则决定了工作的性质和环境,职位则反映了个人在组织中的角色和职责。

因此,为了全面地探索工作世界,我们不仅需要对社会经济大环境的变化趋势有一个清晰的认识和了解,还必须深入地理解各个行业、组织及特定的职业和职位。这种深入的了解和认识对个人的职业发展和规划至关重要,它可以帮助我们更好地适应不断变化的工作环境,把握职业发展的机遇,并从激烈的职场竞争中脱颖而出。从图3-3中可以看出,探索工作世界系统这一过程需涉及对不同层面因素的综合考量,包括宏观经济的波动、行业发展的趋势、组织文化的差异及职业路径的多样性等。

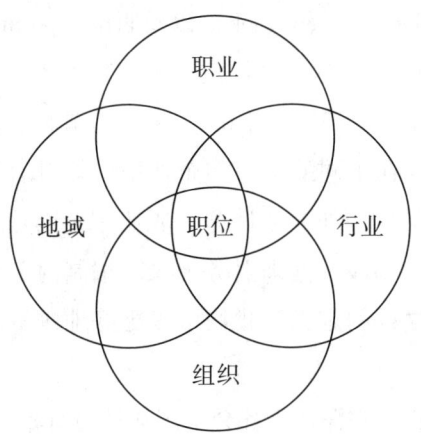

图3-3 工作世界系统

一、职业分类

现行的职业分类标准是基于2022年修订并正式发布的《中华人民共和国职业分类大典》(简称《大典》)。《大典》延续了之前职业分类的层级结构,这个结构由几个不同的层次组成,具体包括大类、中类、小类及细类(表3-1),其中,细类构成职业分类体系中的基础单元。经过一系列的调整和更新,目前的职业分类结构被划分为大类8个、中类79个、小类449个、细类(职业)1636个。与2015年版的《大典》相比,我们可以看到大类的数量保持稳定,没有发生变化。增加了法律事务及辅助人员等4个中类,数字技术工程技术人员等15个小类,碳汇计量评估师等155个职业(含2015年版大典颁布后发布的新职业)。新版大典的一个亮点,就是首次标注了数字职业(标注为S)。数字职业是从数字产业化和产业数字化两个视角,围绕数字语言表达、数字信息传输、数字内容生产三个维度及相关指标综合论证得出。标注数字职业是我国职业分类的重大创新,对推动数字经济、数字技术发展以及提升全民数字素养,具有重要意义。新版大典中共标注数字职业97个。新版大典全面、客观、准确地反映了当前社会职业发展的实际状况,将近年来新增职业信息纳入了新版大典,对部分原有职业信息描述进行了更新,并取消了已消亡的部分职业,反映了数字经济发展的需要,顺应了碳达峰碳中和的趋势,契合了创新、协调、绿色、开放、共享的新发展理念,满足了人民美好生活的需要。

2024年,人力资源和社会保障部对外发布了一项重要的公示,宣布了一个激动人心的计划,即在接下来的时间里,将会有19个全新的职业被正式纳入职业分类体系。这些职业中,网络主播和生成式人工智能系统应用员等新兴职业尤为引人注目。特别是生成式人工智能系统应用员,作为新时代职业领域的先锋,他们的工作职责广泛,从技术的设计与开发到系统的优化与维护,每一个环节都至关重要。这一职业的出现,不仅体现了中国在全球人工智能产业中日益凸显的领先地位,也标志着中国在这一前沿科技领域的积极探索和创新实践。生成式人工智能系统应用员的加入,无疑将极大地推动人工智能技术的普及和应用,加速其在各行各业中的融合与发展。同时,这一职业的兴起也预示着未来职场对专业技能需求的深刻变革,为那些希望在人工智能领域发展的人才提供了新的职业路径和机遇。

表3-1 《大典》中的我国职业(8个大类,79个中类,449个小类,1636个细类)

大类	含中类数	含小类数	含细类数
第一大类:党的机关、国家机关、群众团体和社会组织、企事业单位负责人	6	16	25
第二大类:专业技术人员	11	125	487
第三大类:办事人员和有关人员	4	12	36
第四大类:社会生产服务和生活服务人员	15	96	359
第五大类:农、林、牧、渔业生产及辅助人员	6	24	54

续表 3-1

大类	含中类数	含小类数	含细类数
第六大类：生产制造及有关人员	32	171	670
第七大类：军人	4	4	4
第八大类：不便分类的其他从业人员	1	1	1

在我们成长的过程中，对职业的初步认识往往是从童年时期开始形成的。我们常常能听到这样的简单定义："医生负责治疗病人""教师负责传授知识""警察负责维护治安"等。然而，这些定义仅仅触及了这些职业表面的职责，并不能全面地描绘出一个行业的复杂性和深度。显然，我们不能仅仅依靠这些肤浅的认识来决定自己未来的职业道路。那么，医生、教师、警察这些职业究竟需要掌握哪些专业技能和知识？它们能为我们带来怎样的经济收益，又能满足我们哪些精神层面的需求？投身于这些职业又需要付出哪些努力？为了帮助我们更全面地掌握某一职业的多方面信息，我们整理了一份职业分析清单，其中详细列出了八个维度，旨在帮助我们深入了解和评估不同职业的各个方面。

1. 职业特性

（1）该职业满足的需求、工作目标。

（2）工作中的主要职责。

（3）职业产出的产品或服务。

（4）职业内的专业细分。

（5）该职业使用的设备、工具、机器及其他辅助物品。

2. 教育、培训和经验要求

（1）为进入该职业所需的大学或高中课程。

（2）进入该行业所需的工作经验。

（3）教育、培训或工作的地点、时长、岗位。

（4）雇主提供的在职培训。

3. 个人资历、技能和能力要求

（1）进入该行业所需的能力、技能或能力倾向。

（2）职业所需的体力要求（如举重、长时间站立）。

（3）其他身体要求（如良好的视力或听力、非色盲、能攀爬等）和个人兴趣（如与数据、人或事物打交道）。

（4）特殊品质或气质，达到的标准（如一分钟至少打 60 个字）。

（5）执照、证书或其他法律规定的职业要求。

（6）必需的或有益的特殊要求（如掌握一门外语）。

4. 收入、薪酬范围和福利

（1）所赚的钱（起薪、平均工资和最高薪酬；由于所在区不同而有所不同）。

（2）通常提供的福利（如退休金、保险、假期、病假等）。

5. 工作条件

（1）物质条件和安全（包括办公室、工厂、户外、噪声、温度等）。

（2）工作时间安排（包括小时数、白天或夜晚、加班、季节性工作等）。

（3）主动性和创造性发挥、自我管理和学习机会。

（4）工作者需要自备的设备、物品和工具。

（5）作为工作条件之一的工会和职业协会会员资格。

（6）职业的监督或管理类型。

（7）雇主对着装的要求或偏好。

（8）出差要求。

（9）职业中可能存在的歧视。

（10）工作组织类型（公司、社会公共机构、代理机构、企业、雇用此类工作者的行业，自我雇佣机会）。

（11）职业存在的地理位置（全国性或仅限于特定地区或城市）。

6. 职业典型人群及其特征

（1）主导职业环境的人格特征或该行业中大多数人的特征。

（2）年龄范围、性别比例、学历层次。

（3）外籍人士比例及岗位、少数民族工作者的数量。

7. 就业和发展前景

（1）进入该行业的常规途径。

（2）地方和全国范围内的就业趋势。根据我国当前的就业形势，全国范围内的就业趋势呈现出总量压力巨大和结构性矛盾突出的特点。在总量上，劳动力供大于求的矛盾长期存在，特别是在中西部地区和资源枯竭的城市，就业问题更加突出。这些地区正在面临着一个严峻的挑战，因为劳动力市场上的供给远远超过了需求，导致失业率居高不下。在结构上，专业技术人才的需求与供应之间存在较大缺口，第一产业和第二产业对特定人才的需求尤为迫切。这些产业需要具备专业知识和技能的劳动力，但目前市场上这类人才的供应量远远不能满足其需求。此外，随着社会和经济的发展，中国本科生和高职生的就业趋势也发生了显著变化，越来越多的毕业生选择在县域就业，尤其是中西部地区，这反映了政府的政策引导和地方的经济发展对就业选择的影响。政府通过一系列的政策和措施，如提供就业补贴、创业支持和职业培训等，鼓励毕业生到基层和边远地区工作，从而缓解了这些地区的就业压力，并促进了地方经济的发展。

（3）晋升机会、职业阶梯（起始点、晋升时间表）。

（4）职业稳定性。

8. 个人满意度

（1）职业体现的价值（如高收入、成就、安全感、独立性、创造性、休闲和家庭生活时间、变化性、助人、社会声望、认可等）。这些工作价值中，哪些与你的价值观相符？在选择职业道路时，我们常常会考虑这些因素，因为它们直接关系到我们的生活质量和幸福感。高收入可以提供物质上的满足和安全感，成就和安全感则满足了我们对自我价值实现的追求。独立性赋予我们自主权，创造性则激发我们的潜能，让工作变得充满乐趣。同时，我们也会考虑工作与家庭生活之间的平衡，以及职业是否能提供足够的休闲时间。变化性意味着工作不会单调乏味，而助人和社会声望则体现了我们对社会贡献的期望。

（2）他人和社会对职业地位的看法：他们喜欢什么，不喜欢什么？在社会中，不同的职业有着不同的地位和认可度，这些看法往往会影响个人的职业选择。例如，一些人可能更倾向于那些被普遍认为有声望的职业，如医生、律师或工程师，因为这些职业通常与高收入和高社会地位相关联。另一些人可能更看重工作的社会价值，如教师或社会工作者，他们可能更看重职业带来的助人意义和社会认可。了解社会对不同职业的看法，可以帮助我们更好地定位自己的职业目标，以及如何在社会中塑造自己的职业形象。

这份职业分析清单列出了人们在做出职业选择时可能会考虑的诸多因素。我们可以依据个人需求，挑选清单中的特定项目，有针对性地对某一职业进行深入的了解与探索。通过这种方式，我们可以更全面地评估一个特定职业是否符合我们的期望和需求，从而做出更明智的职业决策。了解这些因素，不仅有助于个人的职业规划，还能帮助我们在职业道路上取得成功和满足感。

二、专业、产业与行业的概念

如果你设想中的未来的职业生涯主要是在你所学习和掌握的专业领域内展开，个人的职业发展轨迹也始终能在你所学的专业领域内得以实现，这无疑是一种非常理想的状态。在这种状态下，你能够将所学的知识和技能应用到实际工作中，真正实现学以致用。对于大多数即将步入职场的毕业生来说，在求职时，他们往往都会倾向于寻找与自己专业对口的工作机会。那么，究竟什么是专业呢？

专业，通常是指在高等学校或中等职业学校中，根据科学分工或社会、生产分工的需要所划分的学业门类。专业与职业之间既存在明显的区别，同时又紧密关联。每一种专业都对应着特定的职业群，甚至可能对应多个相关的职业群。职业群通常是由具备相通的基本操作技能、相似的工作内容和社会作用，以及相近的从业者素质的多种职业组合而成。职业群的划分大致可以分为横向和纵向两种方式：横向划分是指同一职业跨越不同的产业或行业存在，例如，会计专业，其职业群遍布在国民经济的各个领域；而纵向划分则是指同一职业在同一行业内，因岗位及晋升职务的不同而形成的划分，例如，临床医学专业对应的职业群包括内科医师、外科医师、专科医师、影像科医师、体检医师、主治医师、副主任医师、主任医师等。因此，无论怎样，专业与职场的对接都需要考虑产业与行业的影响。

产业作为国民经济活动中的基本类型，其分类和定义对于理解一个国家的经济结构和运行模式至关重要。早在1985年，我国国家统计局就根据联合国所制定的国际标准，并且充分考虑了我国当时的经济状况，结合了国家计划委员会、国家经济委员会、国家统计局及国家标准局共同发布的国家标准

《国民经济行业分类和代码》（GB 4754—84），对国民经济活动中的三次产业进行了细致而详尽的划分。这一划分不仅遵循了国际上通行的分类方法，而且也体现了我国特有的经济特点和发展阶段。通过这样的划分，可以更好地分析和比较不同产业在国民经济中的地位和作用，为国家的宏观调控和产业政策的制定提供科学依据。

关于三次产业的划分，这是一个涉及经济结构和产业分类的重要概念。

第一产业，它主要涵盖了农业、林业、牧业和渔业等领域，这些行业是地区经济发展的基础和重要组成部分。以绛县为例，2024年前三季度，第一产业的增加值达到了112032万元，相较上一年同比增长了6.5%，对GDP的贡献率高达25.8%，并且这一增长还拉动了GDP增长了1.3%。

第二产业，它包括了采掘业、制造业、自来水、电力、蒸汽、热水、煤气及建筑业等。这一产业是国民经济的重要支柱，对经济的稳定和发展起着至关重要的作用。以2022年的数据为例，绛县第二产业对GDP的贡献率达到了49.4%，在三个产业中占据首位。在一些特定的地区，第二产业对经济增长的贡献率甚至超过了65.5%，这充分展示了其在推动经济增长中的核心地位和关键作用。

第三产业，它包含了除上述第一产业和第二产业以外的所有其他产业。根据我国的实际情况，第三产业可以进一步细分为流通部门和服务部门两大部门，且这两个部门在现代经济体系中扮演着越来越重要的角色，它们的发展水平往往被视为衡量一个国家或地区经济发展水平和现代化程度的重要指标。

流通部门和服务部门具体又可以细分为四个层次。

在国民经济的结构中，第一层次主要由流通部门构成，这些部门在经济活动中扮演着至关重要的角色。它们包括交通运输业，这一行业负责货物和人员的转移，确保经济活动的顺畅进行；邮电通信业，它通过信息的快速传递，连接了社会的各个角落；商业饮食业，这一行业直接服务于人们的日常生活，为人们提供必需的商品和饮食服务；物资供销和仓储业，它们负责物资的分配和存储，保障了生产和消费的连续性。

第二层次涉及的是为生产和生活服务的部门，这些部门为经济的正常运行提供了必要的支持和便利。金融业和保险业为经济活动提供了资金支持和风险保障；地质普查业为资源的开发和利用提供了基础数据；房地产行业则满足了人们对于居住和工作空间的需求；公共事业包括了供水、供电等基础服务，是社会运行的基础；居民服务业直接服务于居民的日常生活；旅游业促进了经济的发展，同时丰富了人们的精神文化生活；咨询信息服务业和各类技术服务业则为社会提供了知识和技术支持，推动了社会进步。

第三层次是为提高科学文化水平和居民素质服务的部门，这些部门对于提升整个社会的文明程度和居民的生活质量具有深远的影响。教育部门培养了社会所需的人才，是国家发展的基石；文化、广播电视事业传播了知识和文化，丰富了人们的精神世界；科学研究事业推动了科技进步，是国家竞争力的重要体现；卫生、体育和社会福利事业则关注人们的健康和福祉，提高了居民的生活质量。

第四层次包括为社会公共需要服务的部门，这些部门确保了社会的正常运转和国家的稳定。国家机关、政党机关和社会团体在国家治理和社会管理中发挥着核心作用；军队和警察则维护了国家的安全和社会的秩序，保障了人民的生命财产安全。

所谓行业，它是指那些从事相同或类似性质经济活动的所有单位的集合体。根据经济活动的同质性原则，国民经济被划分为不同的行业类别，且每一个行业类别都是基于同一种经济活动的性质来划分的。在我国，1984 年首次颁布的《国民经济行业分类和代码》（GB 4754—84），这一标准将国民经济划分为 13 个主要的门类。随后，在 1994 年，国家对这一分类标准进行了相应的修订，以适应经济发展的需要。到了 2017 年，为了进一步完善和细化行业分类，我国又修订了新的《国民经济行业分类》（GB/T 4754—2017）国家标准（表 3-2），这一标准进一步优化了行业分类体系，使之更加符合当前经济发展的实际情况。

表 3-2　2017 年 10 月 1 日开始实施的《国民经济行业分类》的 20 个行业门类

农、林、牧、渔业	批发和零售业	房地产业	教育
采矿业	交通运输、仓储和邮政业	租赁和商务服务业	卫生和社会工作
制造业	住宿和餐饮业	科学研究和技术服务业	文化、体育和娱乐业

续表 3 - 2

农、林、牧、渔业	批发和零售业	房地产业	教育
电力、燃气及水生产和供应业	信息传输、软件和信息技术服务业	水利、环境和公共设施管理业	公共管理、社会保险和社会组织
建筑业	金融业	居民服务、修理和其他服务业	国际组织

职业分类是根据工作性质的相似性来进行的，这一过程主要由劳动部门来负责和执行。它将不同的职业按照其工作内容、职责及所需技能等方面的相似性进行归类。这种分类方式对于经济信息的交流、就业服务的提供、人口统计数据的收集、职业培训和指导的实施、职业技能的鉴定及职业资格标准的制定等都具有重要的意义和作用。而行业分类则是基于经济活动的相似性来区分不同的企业事业单位。这种分类主要应用于国家宏观管理及部门管理中的计划、统计、财政、税收、工商行政管理等领域，目的是更好地对经济活动进行行业分类统计。简而言之，职业分类关注的是人们所从事的工作本身，根据工作性质的不同来进行划分；行业分类关注的是单位的经济活动，根据经济活动的相似性来进行区分。

在深入探讨职业与行业之间的关系时，我们可以清晰地看到，二者之间存在着一种复杂的相互交叉和依赖的联系。基于这样的区分，我们可以进一步这样理解，某些职业可能主要集中在某一特定的行业领域内，它们在该行业中扮演着核心的角色，对行业的发展和运作起着至关重要的作用。例如，软件工程师这一职业在信息技术行业中就占据着举足轻重的地位。同时，我们也会发现，不同的行业之间也可能包含相同的职业角色，尽管这些角色在不同行业中可能承担着不同的职责和任务。例如，会计这一职业不仅在制造业中存在，在服务业、金融业等多个行业中也都有其身影。这种跨行业的职业存在，使得职业人士在不同行业之间转换工作成为可能，同时也促进了不同行业之间的知识和技能交流。

第三节　职业环境选择的影响因素

一、职场环境的变迁

随着智能革命的兴起，技术、工业和社会创新的浪潮汹涌澎湃，深刻地改变了人类社会经济的发展轨迹。这一变革迫使企业面临着收缩、优化、重组、外包和技术转型等多重挑战。产业的组织结构和全球化进程不仅为我们带来了严峻的挑战，同时也孕育了前所未有的发展机遇，催生了无数的可能性。然而，在这个多变的、不确定的、复杂且模糊的环境时代，许多人对于如何选择适合自己的生存环境和工作目标感到迷茫，甚至陷入失控或失序的状态。然而，我们必须认清一个事实："变化是唯一不变的。"因此，如果我们能够敏锐地洞察并把握职场趋势的变化，同时学会将这些变化与个人的兴趣和志向相结合，那么我们将会从中极大地受益。以下是一些在过去一段时间内重塑职场环境的主要变化。

（1）实际上，如果我们仔细观察并分析劳动市场的现状，我们可以明显地观察到一个非常有趣且重要的现象：在劳动市场中，绝大多数的工作岗位实际上是由那些雇员人数少于50人的小型企业创造出来的。尽管这些小型企业的规模相对较小，它们在就业创造方面却扮演着至关重要的角色，为社会提供了大量的就业机会，从而推动了经济的发展和繁荣。这些小型企业，虽然在规模上可能无法与那些大型企业相提并论，但它们在促进就业和经济增长方面所做出的贡献是不可忽视的。它们灵活的运营模式和对市场变化的快速响应能力，使得它们能够迅速适应经济环境的变化，从而在创造就业机会方面发挥了独特的作用。因此，小型企业在劳动市场中的重要性不容小觑，它们是推动社会经济发展的重要力量。

（2）在当前的商业环境中，传统的金字塔式企业结构正经历着深刻的变革，逐渐向多种结构形式演进。特别是扁平型组织结构，即减少了中间管理层的结构，正变得日益普遍。这种结构的转变使得组织变得更加灵活和多变，能够快速适应市场和项目需求的变化。在这样的结构下，专业人员能够迅速集结，为特定项目贡献他们的专业技能和知识，从而共同推进项目的成功。当新的项目启动时，他们又能够迅速组建新的团队，并根据项目的特点和需求调整团队成员的构成和工作方式，确保团队的高效运作和项目的顺利推进。

（3）小企业往往更能适应经济环境的多变性。它们能通过招募临时或合同制员工来推动企业发展，这种灵活性是大企业难以匹敌的。小企业通常拥有简化的决策流程和扁平化的组织结构，这使得它们能够迅速应对市场变动，并及时调整经营策略。在经济波动或市场需求发生转变时，小企业能够灵活地裁减或增加劳动力，以适应新的经济形势，从而维持其竞争力。此外，小企业更贴近市场和客户，能够更快地感知消费者需求的变化，并且能够更加灵活地调整产品和服务以满足这些需求。这种对市场变化的敏感性和快速反应能力，是小企业能在多变的经济环境中生存和发展的关键。

（4）在当今这个快速发展的时代，服务业已经跃升为社会经济发展的主导力量，其核心特点在于它主要依赖于知识型人才的支撑。随着信息技术的飞速进步及全球化趋势的不断深化，服务业在促进经济增长、创造大量就业机会及推动社会全面进步等方面发挥着越来越重要的作用。与以往的制造业相比，服务业更加注重创新思维和知识的应用，它依赖于人才的智力资源和专业技能。因此，培养和吸引高素质的知识型人才，已经成为各国和企业之间竞争的焦点。

（5）在现代社会，终身学习已经成为个人职业发展的核心要素。的确，学位在职场征途中扮演着一块重要的敲门砖的角色，然而，唯有通过持续不断地学习新知识、掌握新技能，我们才能确保自己在激烈的职场竞争中保持不败之地。在变幻莫测的市场洪流中，唯有那些不断进行自我反省、勇于创新、追求卓越的企业，才能满足不断变化和日益增长的需求，从而成为真正的市场赢家。因此，无论是个人还是企业，都应将终身学习视为一种持续的追求，以适应这个快速发展的时代。

（6）在全球化的宏大背景下，全球范围内的竞争格局及跨国公司的发展趋势，无疑将会对世界各地的企业产生深远且广泛的影响。这些影响不仅体现在市场准入的门槛、产品创新的速度、技术进步的领域等方面，而且还会深刻地影响到本地企业的经营策略、管理模式及人力资源的配置。跨国公司凭借其雄厚的资本实力、先进的技术及全球化的经营网络，往往能够在国际市场上占据有利地位，从而对本土企业构成严峻的挑战。本土企业为了生存和发展，必须适应这种新的竞争环境，它们通过不断地创新和改革来提升自身的竞争力，以期在激烈的国际竞争中站稳脚跟。

（7）互联网，作为当今时代最具革命性的技术之一，不仅在过去的几十年里彻底改变了我们的生活方式，而且预计在未来也将继续深刻地影响我们的思考模式、行为习惯、学习方法、商业运作及管理职业生涯的策略和方式。它作为一个全球性的信息交流平台，使得人们能够跨越地理界限，实时地获取信息，分享知识，进行沟通和协作。互联网的普及促进了电子商务的蓬勃发展，改变了传统的商业模式，使得企业能够通过网络直接与消费者进行互动，从而更快速地响应市场需求。同时，互联网也对教育领域产生了深远的影响，使得在线学习成为可能，人们可以随时随地通过网络课程和资源来提升自己的技能和知识。此外，互联网还为个人的职业发展提供了新的机遇和挑战，要求职场人士不断更新自己的技能集，以适应数字化时代的工作环境。

（8）随着互联网和移动技术的广泛普及，零工经济作为一种创新的雇佣形式迅速崛起。它不仅颠覆了传统的工作模式，还通过平台化的方式，如 Upwork 和滴滴等，为个人提供了灵活的工作机会。根据阿里研究院的报告预测，到 2036 年，将有大约 4 亿人参与其中，成为未来总体经济的重要组成部分。零工经济的兴起，归功于技术的飞速进步和产业结构的转型，它为劳动力市场带来了更多的灵活性和创造性，同时也为经济发展注入了新的活力。这种经济模式的出现，使得工作不再局限于传统的办公室环境，人们可以在全球范围内寻找适合自己的工作，不再受地理位置的限制。此外，零工经济还促进了自由职业者和小型企业的增长，为他们提供了更多的市场机会和资源。这种模式的灵活性不仅为个人提供了更多选择，也为公司带来了成本效益，因为它们可以根据项目需求灵活地雇佣人才。然而，零工经济也存在一些挑战，比如工作保障和福利的不确定性，这需要政策制定者和行业领导者共同努力，以确保所有参与者都能在这一新兴经济模式中获得公平和可持续的利益。

二、个人的职业期望与企业的生命周期

在我们探索职业道路时，是否应该将我们的注意力仅仅集中在那些雇佣

人数持续增长或者人才供不应求的领域呢？有些人可能会立刻表示赞同，并且认为："显然，投身于一个正在萎缩、无法提供充足就业机会的行业，无异于自找绝路。"然而，我们需要对其进行更深入地分析，职业的工作机会实际上源自两个主要渠道。其一，随着行业的扩张，对人才的需求不断上升；其二，由于各种因素导致的职位空缺，需要有人来填补。虽然新兴行业确实能带来大量的工作机会，但在大多数情况下，人员更替需求才是职业中工作机会的主要来源。即便是在那些从业人数正在减少的领域，由于在职人员退休、离职、去世、晋升、受伤或体力不支等原因，依然会产生职位空缺，为其他人创造就业的机会。因此，我们不应该忽视那些看似不那么有前景的行业，因为即便在这些行业中，也存在着许多潜在的职业发展机会。实际上，通过仔细研究和了解这些行业的内部情况，我们可能会发现一些隐藏的机遇，这些机遇可能并不那么显而易见，但它们确实存在，并且有可能为我们提供稳定和有成就感的职业生涯。

如同自然界中的其他生物和实体，企业的发展也遵循生命周期的自然法则。从萌芽的初创阶段，到充满活力的成长期，再到稳定成熟的经营阶段，以及可能面临的衰退期，企业生命周期的概念深刻塑造了企业的发展轨迹和成长路径。在企业成长的征途上，它们将遭遇各种挑战和经历不同的发展阶段，这些阶段涵盖了市场定位、产品开发、市场扩张、品牌建设、管理优化等诸多方面。为了适应不断变化的环境和条件，企业必须在多个领域持续进行革新和改进。在这些领域中，组织结构的调整尤为关键和重要。如果企业能够根据自身所处的不同成长阶段调整和优化其组织结构，将直接增强企业的适应能力和提升企业的管理效率。通过这种方式，企业将更有效地实现其经营目标并达到预期效果。因此，只有当企业的组织结构与其成长阶段相匹配时，企业才能稳健地、持续地向前发展，不断攀登新的高峰。

生命周期分析是一种极具价值的分析工具，它能帮助我们深入洞察市场或产品从诞生到消亡的全过程。依据标准的生命周期理论，市场通常会经历几个不同的阶段，这些阶段依次为初创期、发展期、成长期、成熟期及衰退期。在初创期，市场初具雏形，产品或服务开始进入市场，此时竞争较少，但需求尚未明确，市场潜力巨大，充满着无限的可能性。随着市场的发展，产品逐渐被消费者接受，需求开始增长，市场进入发展期。在这个阶段，企业需要不断优化产品，提高产品质量，以满足日益增长的市场需求。在成长期，市场迅速扩张，产品需求激增，竞争开始加剧，企业为了争夺市场份额，会加大投资和营销力度，以保持竞争优势。当市场达到饱和点时，需求增长放缓，市场进入成熟期，此时竞争非常激烈，产品差异化显得越来越重要，企业需要通过创新来维持市场地位。最终，随着市场饱和度进一步提高，需求开始下降，市场进入衰退期，产品或服务可能被新技术或新趋势所取代，企业需要寻找新的增长点或转型策略，以适应市场的变化，保持企业的持续发展。

　　处在创业初期的企业，通常规模较小，各项事务都处于萌芽状态，亟待整顿与优化。如果你选择加入这样的企业，你的贡献很可能会受到高度重视，你可能会被赋予独立负责一个或多个关键任务的职责。在这样的环境中，你将有机会在实际工作中迅速学习和成长，随着时间的推移，你可能会成为这个组织不可或缺的核心人物。随着企业进入成长期，组织开始迅速扩张，这时你将面临更多的职位选择，通常也会伴随着更加丰厚的物质回报。在企业达到成熟期时，其工作流程和制度已经相对完善和规范化，你将有机会接受更加系统的培训，以快速熟悉自己的工作职责，职位相对稳定，但同时也可能意味着工作内容较为单一，缺乏一定的挑战性。至于在企业衰退期，你可能会感到前景不明朗，这时选择离开可能是一个理智的决定。然而，骨干员工的离职，反而为选择坚守岗位的你提供了晋升的机会和宝贵的空间，使你有可能被赋予更重要的职责，获得更加丰富的实践经验和锻炼机会。无论在未来的职业生涯中你身处何方，这些经验都将是你的宝贵财富。因此，那种认为"选择一个正在衰退的、无法为你提供合适工作的职业是不明智的"的观点并不完全正确。实际上，处于每个阶段的企业都有其独特的机遇和挑战。在创业初期，你可能会获得快速成长和承担重要职责的机会；在成长期，你可能会享受到职位晋升和物质回报的增加；在成熟期，你可能会得到系统培训和稳定职位；而在衰退期，你可能会面临职业选择的困难，但同时也有机会获得晋升和锻炼。因此，无论企业处于哪个阶段，都有可能成为你职业发展道路上的一块成长基石，如表3-3所示。

表3-3 个人的职业期望与企业的生命周期的匹配

对职业的需求	企业发展阶段
高薪稳定	成熟阶段
重用年轻人	发展、成长阶段
以实力决定待遇的企业	成长阶段
为了创业方便，能充分学习	发展、成长阶段
环境安定，从事新事业开发的工作	成熟阶段
自己喜欢、待遇高	初创业阶段

在我们确定职业道路时，深思熟虑地评估所选企业所处的生命周期阶段及其可能对职业发展产生的影响至关重要。企业生命周期理论为我们提供了一个理解框架，它揭示了企业从诞生到可能衰退的整个过程中所经历的各个阶段，且每个阶段都具有各自的特征：例如，创业期可能伴随着高风险和高回报，成长期可能需要迅速扩张和提升市场份额，成熟期可能要求维持稳定性和运营优化，衰退期则可能需要寻找新的增长机会或进行转型。掌握这些阶段的特征，有助于我们更准确地评估在不同阶段工作的潜在风险与机遇，从而做出更明智的职业决策。因此，在规划职业生涯时，我们应将企业当前的生命周期阶段与个人的职业发展趋势相结合，制订出一个全面而周详的职业规划。然而，我们也应当保持警惕，不能仅以职业发展趋势作为选择职业的唯一依据，因为这可能会使我们忽视掉那些真正能激发我们热情和兴趣的工作。

三、组织劳动力结构

在进行职业规划时，我们必须深入分析企业现有的劳动力结构。企业的劳动力结构可以细致地划分为三个层次：位于顶层的是决策层、指挥层和管理层，这一层次的人员主要依靠科学原理和科技方法来指导生产活动，他们负责制定战略、规划和管理整个企业的运作；位于中层的是技术技能层，这一层次的人员扮演着桥梁的角色，他们的主要职责是将顶层的科学理论和方法与底层的经验、实践和操作进行有效融合，确保理论与实践的无缝对接；

而位于底层的则是执行层、实施层和操作层,这一层次的人员主要依赖经验与实践来完成生产任务,他们是企业日常运作的直接参与者和执行者。

在选择企业、组织或用人单位时,深入剖析其人员结构是一个重要的策略。通过这种方法,我们能够透彻了解员工的构成,涵盖他们的教育背景、性别比例、年龄分布等关键信息。这样的分析不仅有助于我们评估现有的工作环境,还能帮助我们预测未来的职业发展潜力。例如,若一个企业的员工普遍教育水平不高,那么拥有大学学历的你,可能会发现这里为你提供了更广阔的职业发展空间。相反,如果你发现企业的员工普遍教育水平较高,那么你可能需要更加努力,才能在竞争中脱颖而出,赢得自己的一席之地。以众多互联网公司为例,这些公司的员工往往年轻且充满活力,但这种相似的年龄结构在若干年后可能会导致职业发展上的竞争加剧。如果公司能够持续快速发展并不断扩张,那么职场上的竞争可能不会那么明显;然而,如果企业的发展停滞不前,那么职场上的激烈竞争就可能变得显而易见。这些因素,包括人员结构、发展速度和扩张情况等,都将对你在企业或组织中的人际关系、竞争状况及晋升机会产生深远的影响。

四、组织文化

对于即将加入某个企业或用人单位的你而言,掌握并学习该组织的文化是至关重要的。那么,究竟何为组织文化呢?几乎每一本管理学教科书都会探讨组织(或企业)文化的概念。简而言之,组织文化反映了组织的价值观,并通过组织的结构、制度、人际关系(包括员工之间、上下级之间、客户和供应商之间的互动等)、管理方式以及物质环境(办公场所、设备和布局)等外在形式展现出来(图3-4)。组织文化不仅影响着员工的行为和思维方式,还影响着企业的决策过程和战略方向。它是一种无形的力量,能够塑造组织的个性和形象,进而影响组织的竞争力和市场地位。因此,对于任何希望在职场中取得成功的人来说,深入理解并融入组织文化是不可或缺的一步。

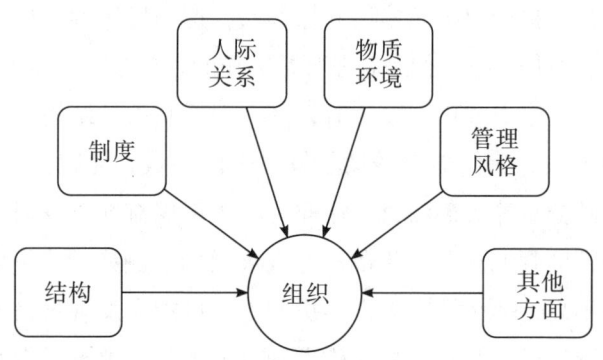

图 3-4　就业组织的文化结构

1. 结构

掌握组织的架构至关重要。通过审视工作指令的传递路径，我们可以揭示其特性：是单一部门还是多个部门共同发出的指令？指令需要经过多少层级才能到达执行者手中？在传递过程中，指令经历了哪些变化？这些变化是细微的调整还是本质上的转变？了解这些细节有助于我们更深入地理解组织内部的沟通效率和决策流程。此外，组织架构的明确性也直接影响员工的工作效率和组织的整体表现。因此，深入分析组织架构，对于提升组织运作的透明度和效率具有重要意义。

组织结构在很大程度上塑造了其决策风格和流程。具有较多层级的组织通常意味着员工在日常工作中拥有较少的决策权。在这样的环境中，员工往往需要遵循上级的指示和决策，个人的自主性和创新性可能受限。此外，层级的增加可能会导致同事之间及不同部门之间的沟通互动减少，从而引起信息传递的延迟和误解，影响团队协作的效率。

然而，这种结构同样具备其独特优势。在层级分明的组织中，对员工的技术能力和专业技能的要求往往趋向于专业化，这使得员工能够专注于特定领域的技能提升，从而在该领域内达到更高的专业水平。此外，组织内部通常会提供更为丰富的职业发展路径，员工还可以通过在特定领域内的深入发展，逐步晋升到更高的职位，实现个人职业生涯的成长和进步。

2. 制度

为了确保组织的顺畅运作和高效执行，管理层会建立一系列的规章制度，涵盖考勤、绩效评估、决策与权力分配等方面。这些制度的设立，旨在明确界定员工的行为规范，清晰传达组织对员工行为的期望，包括哪些行为是不被允许的，哪些是受到鼓励的，以及哪些是不鼓励的。通过执行这些规章制度，员工在日常工作中能够获得明确的指导和遵循，这有助于提升其工作效率，并推动组织目标的达成。

规章制度构成了组织内部行为规范的框架，是组织运作的基石。它们旨在维护组织秩序，保障组织的顺畅运作，并推动组织目标的达成。这些规章制度不仅涵盖了组织的章程、条例、规定、制度等书面文件，而且体现了组织文化的精髓和扩展，映射出组织的价值观和行为标准。例如，一个严格执行打卡考勤的企业可能更强调员工的遵从性而非自主性，这意味着该组织可能倾向于强调纪律和秩序；而一个对员工的错误持宽容态度的企业可能更容易激发员工的创造力和创新精神，这表明该组织可能更重视员工的个人成长和团队的和谐氛围；一个赋予员工更多决策权的企业可能更需要员工的灵活应变能力，这说明该组织可能更看重员工的主动性和责任感。此外，组织是否要求员工穿着统一的工作服，也能反映出组织对员工规范性的不同要求，以及组织对外部形象和内部文化的重视程度。

3. 人际关系

在组织内部，人际互动和联系是多维度的，涵盖了同事之间、上下级之间、员工与客户、员工与供应商等多种关系。正如淡水鱼与海水鱼对水质的适应性各异，每个人对工作场所的人际关系也有其独特的期望和偏好。你或许渴望能在工作环境中实现平等地交流、营造轻松和谐的氛围，期望责任共担，团队成员之间能够相互支持和理解。而另一些人可能更偏好于等级明确、竞争激烈、责任清晰的工作环境，因为这样的环境可能更能点燃他们的工作激情和提升他们的工作效率。不同的工作环境和人际互动模式，对每个人的工作态度和效率产生着不同的影响。

4. 物质环境

工作场所的地理位置、布局、设计和设备等元素，深刻地揭示了一个组织的文化底蕴。以一些企业为例，特别是那些高科技领域的公司，它们在公司内部精心规划并配备了各式各样的员工休闲设施，包括舒适的咖啡厅、设施完备的健身房，以及得体的休息区等。这些设施的存在，不仅为员工提供了一个放松身心的环境，更是企业文化和价值观的外在表现。企业通过这些设施鼓励员工留在公司，并积极营造一个促进工作与生活平衡的氛围。同时，"加班"文化也常常成为这些企业的一部分，这体现了企业对员工的工作投入和奉献精神的重视。尽管这种文化有时可能使得工作与个人生活之间的界限变得模糊，但它也可能推动团队合作和创新精神的成长。

5. 管理风格

你可能偏爱军事化的管理风格，这种风格强调服从与纪律，要求团队成员严格遵循既定规则和命令；或者你更倾向于学术化的管理风格，这种风格推崇创新与自由民主，倡导开放思维与自由交流，为员工营造一个充满活力与创造力的工作氛围；又或者你更喜欢与领导平等、坦诚交流的管理风格，这种风格强调上下级之间的沟通与理解，鼓励员工提出个人意见和建议，使团队更加和谐与高效。组织的管理风格通常与其授权方式紧密相关，不同的授权方式会孕育出不同的管理风格。例如，高度集中的授权方式可能催生军事化的管理风格，而分散的授权方式可能催生学术化的管理风格。同时，管理风格也受到领导者的个人性格与喜好的影响，不同的领导者可能会根据自己的性格与喜好选择不同的管理风格。因此，你可以通过之前对组织文化的了解来分析和推断一个组织的管理风格。通过观察组织的规则与命令、员工的交流方式、授权方式及领导者的性格与喜好等，你可以对组织的管理风格有一个全面的认识。

6. 其他方面

这包括了多种元素，如口号、标语以及隐性规则等。企业的核心价值观通常通过响亮的口号或富有感染力的标语来强调和传播，从而在员工中形成共识，并影响他们的行为和态度。此外，还存在一些未明文规定的默认规则，这些规则在日常运营中同样发挥着潜移默化的作用。例如，单位楼下的停车场是否总是为领导预留车位，这种看似微不足道的细节，实际上可以反映出该单位是否更倾向于重视权力和地位的管理文化。通过这些非正式的规则和行为，我们可以洞察到企业文化中更深层次的价值取向和管理哲学。

五、工作与地域

大学毕业后,你或许会面临一个关键的选择:是留在你曾经深造的城市,还是回到你的故乡,或者是前往那些充满机遇的一线城市或沿海经济发达地区,去开拓新的职业领域?这个问题可能会让你陷入长时间的思考和犹豫。为了协助你更明智地做出这个关键的决定,我们可以从以下六个方面进行深入的分析。

1. 人才分布状况

为了深入了解一个地区的劳动力市场和人才资源状况,我们需要关注人才的分布情况,包括人才的密集程度以及他们主要的类型。在那些人才高度集中的地区,竞争无疑会更加激烈,然而这种竞争环境同样可以成为个人快速成长和提升能力的催化剂。为了获得更为详尽和具体的人才分布信息,你可以分析当地居民的学历结构,了解不同教育水平的人才分布情况,同时也可以研究专业分布,看看哪些专业领域的人才资源更为丰富。此外,深入考察不同行业和领域中人才的分布情况,识别出哪些行业拥有丰富的人才资源、哪些领域可能相对人才稀缺,这对于个人进行职业规划以及企业制定招聘策略都具有非常重要的参考价值。通过这些分析,个人可以更好地定位自己的职业发展方向,而企业则能够更精准地吸引和选拔所需的人才。

2. 人才需求状况

深入研究和探究一个地区对各类人才的需求状况,这不仅包括对人才需求的数量、具体要求及人才的类型,还涉及对这些需求背后深层次原因的分析。以广东省为例,作为全球电子产品制造的重要基地,该地区对电子工程、通信技术、计算机科学及工业设计等领域的专业人才有着极大的需求。这种需求的规模和特点,通常可以通过分析当地的人才引进政策、企业发布的招聘公告及其他相关人力资源市场信息来获得。进一步地,我们还可以深入探讨这些人才需求背后所反映的行业发展趋势,以及这些行业对地区乃至全球经济发展的潜在贡献。通过系统地研究人才市场中的供需关系,我们可以更准确地把握哪些专业领域的人才在当前市场和未来市场中拥有较高的竞争力与价值。此外,对于人才需求的地域分布进行细致的分析,对制订合理的教育培养计划、优化人才流动策略及促进区域经济均衡发展都具有极其重要的指导意义。

3. 人才竞争状况

在当今这个快速发展的社会中，人才需求的状况可以被形象地比喻为"求"，而人才分布的状况则可以被看作"供"。这种供求关系，无疑对人才市场的竞争状况产生了直接且深远的影响。这种竞争状况可以从多个不同的方面体现出来，如获取职位的难易程度、工作发展机会的多寡、薪酬收入的高低等。例如，长期以来，我们观察到一个有趣的现象，那就是"孔雀东南飞"现象一直存在，这表明人才仍在向东南沿海经济发达地区集中，且竞争愈发激烈。然而，值得注意的是，中西部地区的发展同样需要大量的人才，并且这些地区正在通过一系列优惠政策和激励措施，努力吸引人才回流，以期缩小与发达地区的差距。

4. 待遇状况

待遇水平是大多数大学毕业生关注的焦点。在评估待遇水平时，务必综合考虑当地的消费水平与生活成本。这不仅包括基本的薪资待遇，还应该涵盖各种福利和补贴，如医疗保险、住房公积金、交通补助等。此外，职业发展机会和晋升空间也是衡量待遇状况的重要因素。一份有竞争力的待遇不仅仅体现在数字上，更应该体现在为员工提供的成长环境和生活质量上。在考虑这些因素的同时，我们还应该注意到，待遇的优劣也与个人的职业规划和生活目标息息相关。因此，对于大学毕业生来说，选择工作时不仅要关注薪资的高低，还要考虑工作是否能够带来个人技能的提升、职业路径的拓展及个人价值的实现。一个全面的待遇评估应该是一个多维度的分析过程，它需要我们从经济、职业和个人发展等多个角度来综合考量。

5. 发展机会

从一个更宏观和长远的视角来审视，大学毕业生们普遍对未来的工作抱有极大的期待和希望。为了能够更加有效地规划自己的职业生涯，你需要深入地了解和评估所在地区的工作发展机会。这不仅需要你结合国家建设战略，还需要考虑当地社会经济发展的宏观趋势，以及经济主导类型。例如，国家区域医疗中心的建设，多集中在人口大省和医疗资源相对薄弱的省份，如东北、华东、中南、西南和西北区域，已经规划建设了 16 个国家儿童区域医疗中心。根据《"健康中国 2030"规划纲要》的指导，基层医疗建设被强调为重点，东南沿海地区的民营经济非常繁荣，省会城市则拥有众多的国有企业。北京、上海、广州等地则有众多跨国公司的区域总部。截至 2024 年 2 月，全国已经依托 22 家医院设置了 12 个国家医学中心，其中 12 所医院位于北京，5 所医院位于上海。这些信息表明，不同地区会提供不同的发展机会，因此，对于大学毕业生来说，选择一个适合自己职业规划的地区，是非常重要的。在选择工作地点时，毕业生们应该考虑该地区的产业结构、就业市场、生活成本及个人职业兴趣等因素，从而做出明智的决策。同时，也要关注国家的政策导向，如"一带一路"倡议、长江经济带发展等，这些都可能为特定地区带来新的发展机遇。此外，了解不同地区的文化环境和生活品质，也是做出选择时不可忽视的重要方面。因此，大学毕业生在规划未来时，需要全面分析和权衡各种因素，以确保能够找到一个既能实现个人职业抱负，又能满足生活品质需求的理想工作地点。

6. 其他相关信息

除了上述提到的方面，你可能还会对当地的人文文化、气候条件、环境状况及社会经济发展等多方面信息感兴趣。为了做出更全面的决策，你可以针对这些方面做进一步的了解和评估。例如，了解当地的历史背景、民俗风情、语言习惯等人文文化要素，可以帮助你更好地融入当地社会，享受更加丰富多彩的生活体验。对气候条件的了解则有助于你准备适当的衣物和应对可能的天气变化，确保旅行或居住的舒适度。对环境状况的考察则关系到你的健康和生活质量，包括空气质量、水质情况、绿化程度等都是需要关注的重点。此外，对当地的社会经济发展水平的了解，可以帮助你评估就业机会、生活成本、教育资源等重要信息。总之，这些方面的综合考量将有助于你做出更加明智的选择。你还可以通过阅读相关的书籍、观看纪录片、浏览政府发布的报告或数据，甚至与当地居民交流等，来获取这些信息。通过多渠道的了解，你可以构建一个立体的当地知识框架，这不仅能够帮助你做出更明智的决策，还能让你在实际接触当地环境时更加从容不迫，享受一个更加充实和愉快的体验。

在探讨这些方面时，我们不难发现它们之间存在着错综复杂的相互作用和紧密的联系。这些因素之间可能呈现正相关的关系，即一方的增强会带动另一方的提升；也可能呈现负相关的关系，即一方的增强可能会抑制另一方的发展。这些因素相互之间既能够相互促进，共同推动整体的进步，又可能相互制约，导致某些方面的停滞，甚至退步。举例来说，如果一个地区能够吸引并聚集大量优秀的人才，那么这些人才的存在往往会极大地推动当地经济的快速发展，并且使得经济发展更加优质和高效。他们带来的创新思维和专业技能可以为当地企业注入新的活力，促进产业升级和结构优化。然而，与此同时，一个地区的经济如果能够实现快速增长，并且达到一个较高的发展水平，这同样会对外部的优秀人才产生强大的吸引力，促使他们选择来到这个地区工作和生活。经济的繁荣为人才提供了更多的就业机会和更好的生活条件，从而形成了一个良性循环。但是，我们也不能忽视这样一个事实，那就是人才的高度集中可能会带来一些潜在的问题。尽管人才的集中会为职场带来更多的机会，使得职业发展的可能性大大增加，但与此同时，它也可能导致职场竞争的白热化。在这种情况下，虽然机会增多了，但竞争也会变得更加激烈，人们需要付出更多的努力和智慧才能在这样的环境中脱颖而出。此外，资源的集中可能会导致资源分配不均，加剧社会的不平等现象，甚至引发社会矛盾和冲突。

第四节　获取职业信息资源

在这个信息爆炸的时代，我们获取职业信息的途径和方法变得极为丰富和多样化。随着互联网技术的迅猛发展，我们不仅可以利用各种在线平台、社交媒体、专业论坛，还可以通过传统的招聘网站来搜集和了解各种工作机会。鉴于我们已经对这个工作世界有了初步的认识和了解，接下来，我们将深入探讨和研究如何有效地探索这个复杂多变的工作世界，以及如何巧妙地利用现代技术手段和传统方法相结合的方式，寻找到最适合自己的职业发展路径。我们将分析如何通过网络资源进行职业规划，如何在社交媒体上建立专业形象，如何在专业论坛中获取行业内部的深度信息，以及如何在招聘网站上筛选和申请合适的工作。此外，我们还将讨论如何将线下活动和人际网络相结合来拓展职业发展的可能性，以确保在职业道路上做出明智和有根据的选择。

一、获取职业信息资源的渠道和方法

为了更深入地了解和探索职业信息，我们有许多不同的渠道和方法可供选择。为了全面地认识工作世界，我们可以参考表3-4，它详细地列出了这些渠道和方法的优势与不足，能帮助我们更好地做出职业规划和决策。通过阅读相关书籍和文章，我们可以获得大量关于不同行业的知识和信息。参加职业讲座和研讨会，可以让我们直接与行业专家和在职人员交流，从而获得第一手的经验和见解。利用网络资源，如职业规划网站和在线课程，可以让我们随时随地获取最新的职业发展趋势和技能要求。此外，实习和志愿服务经历可以为我们提供实际工作环境中的体验，帮助我们更好地理解特定职业的日常工作和挑战。最后，职业咨询和指导服务可以为我们提供专业的建议和个性化的规划，帮助我们明确职业目标和路径。

表3-4 搜寻职业信息的渠道与方法的优点和缺点

渠道、方法	举例	优点	缺点
文艺作品	小说、电影、电视等，如《杜拉拉升职记》告诉你外资企业中的行政白领是如何工作的；《可怕的温州人》则告诉你创业者的艰辛；《产科医生》《金牌律师》深入展示了产科医生、律师的工作情境等	大多数文艺作品中的角色都有自己的职业背景，在阅读、观看的过程中，会接收到相关信息	效率比较低，会带有艺术夸张、失真
综艺节目	如天津卫视的《非你莫属》、中国教育电视台的《职来职往》、广东卫视的《天生我才》等栏目	从更直观的角度了解职场发展的状况和职场人的面貌，通常会有专家点评	有时出于节目娱乐性的需要，会有夸张的成分

续表 3-4

渠道、方法	举例	优点	缺点
专业书刊	《中华人民共和国职业分类大典》	专门性的信息量大	需要自己整理、归类、分析
参加人才交流会	如每年都会在各大城市举办的"人才双选会",还有每天都会在人才市场举办的现场招聘会等	可以了解当地的人才需求状况,相关单位的招聘情况等	只能了解到表面化的信息
参观行业展览会	如每两年举办一次的北京国际汽车展览会、每年在深圳举办的中国(深圳)国际文化产业博览交易会等	了解相关行业发展、新技术应用状况以及标杆企业动向等	只能了解到行业和单位的信息,难以进一步了解更具体的信息
浏览计算机网站	如国家大学生就业服务平台(zhbit.ncss.cn)、前程无忧网(www.51job.com)、校联人才网(zp.job9151.com)、本校的就业指导服务部门网站、各用人单位的招聘网站等	效率高,信息量大	需要自己进一步识别、筛选
参加专业/行业协会/学会活动	从国家级的学术团体到学校里的学生社团——管理协会、财经学会等	了解相关专业/行业的发展现状和趋势,接触相关从业人员	对工作的其他信息了解机会可能不多
直接现场观察	如参观企业;跟随职场人士,观察其一段时间的工作	容易操作,对工作会有感性的认知	时间所限,了解不全面,效率低
情景模拟	主要的方式是角色扮演,如参加模拟面试等	体会并理解用人单位的需要	可能流于想象,脱离实际

续表 3-4

渠道、方法	举例	优点	缺点
工作实践	到现场去做这个工作是最直接的体验，除了实习，课余或假期的兼职及志愿者服务也是可以选择的实践方式	信息的获得直接而真实，感受真切	效率不高，一次只能实践一种工作，且受实践单位的因素影响较大
信息咨询	如去就业指导中心和一些专业机构	得到信息提供与专业指导	受指导者水平限制
生涯人物访谈	是通过与同一行业/职业中数位从业人员的深入交流而获取工作信息的一种方法	直接印证工作信息，了解职场的潜规则，拓展求职人脉	易受访谈对象主观评价的影响
阅读新闻报道	无论是纸质媒体，还是网络媒体，大量的新闻报道都可以提供有关工作世界的各种信息，如各种职业的工作内容、社会评价（期望）、对从业人员的采访等	可以了解到公众对特定职业的评价和期待	受报道者的主观看法影响

二、运用生涯人物访谈获取职业信息

选定某一自己期望将来从事的职业，试着按下面的七个步骤进行生涯人物访谈。

（1）明确访谈目的。确定你希望通过访谈获得哪些具体信息。同时要记住，你与对方会面不是为了闲聊，而是有明确的目标，例如，搜集行业动态、企业资讯，或是了解工作职责和职位详情。在访谈开始前，应列出一系列问题，确保这些问题紧密围绕你所关注的信息点。例如，若你对某个行业充满好奇，则可以询问其最新发展趋势、面临的重大挑战及潜在机遇等。对于感兴趣的企业，可以探讨其企业文化、成长历程及未来规划。若关注工作和职位，可以了解该职位的日常职责、职业晋升路径和团队氛围。应确保你的问题既具体又具有开放性，以便对方能够提供详尽且深入的答复。

（2）寻找访谈对象时，先明确访谈目的。可以通过教师、家人、校友等的推荐，或利用网络社区、辅导网站、专家博客等在线资源来定位潜在的访谈者。参加行业会议、研讨会或专业论坛也是结识可能的访谈对象的有效途径，在这些活动中，你可以与行业专家或经验丰富的个人进行直接交流，深入了解他们的背景和专业知识。同时，利用在线的社交媒体平台，可以拓宽与不同领域和背景专业人士的接触，通过建立联系和发送邀请信息，邀请他们参与访谈。此外，本地资源如图书馆、大学讲座和社区中心等也不容忽视，这些地方经常举办各种活动，为与各行各业人士交流提供了机会，有助于找到合适的访谈对象。

在此，我们有必要强调一点，那就是在开展访谈之前，应当深思熟虑并确定访谈的具体主题。基于这些主题，我们才能有针对性地挑选合适的访谈对象。此外，为了确保访谈的全面性和深入性，我们需要构建一个结构合理的访谈对象群体。这个群体不仅应包括那些初入职场、充满新鲜感和好奇心的新手，他们能提供关于行业或公司新鲜的第一手资料和视角；同时，还应包括那些在各自工作领域拥有丰富经验和资历的中高层人士。这些中高层人士能提供更为深入和全面的见解，他们的观点往往基于长期的观察和实践，有助于我们更深入地理解行业的发展趋势和公司的运营状况。因此，通过平衡不同层次的访谈对象，我们能够获得一个更加立体、全面的访谈结果，从而为我们的研究或决策提供更加坚实的基础。

（3）在开展访谈之前，必须确定访谈的形式，包括面对面访谈、电话访谈及书面访谈等。具体选择哪种访谈形式，需要综合考量访谈者和被采访者各自的实际情况。在实际操作中，建议首先尝试与被采访者建立联系，通过交流沟通来共同决定最适宜双方的访谈形式。

（4）在预约采访时，应先向对方介绍自己的身份和背景，随后详细阐述你是通过何种途径找到他的，以及你希望采访他的具体目的。同时，你应该明确表达出你对哪些职业领域感兴趣，并询问对方是否愿意接受你的采访，以及你预计的采访时间长度，通常建议为半小时左右。一旦对方同意进行面谈，接下来就需要与对方确认具体的日期、时间和地点，确保双方都方便。如果由于某些原因无法进行面对面的交谈，那么你可以礼貌地询问对方是否可以安排5～10分钟的时间进行电话采访，或者是否可以另约时间进行。如果电话采访也不可行,你可以进一步询问对方是否愿意接受书面采访,如通过电子邮件发送问题并接收回复的方式。如果对方在任何情况下都无法接受你的采访请求,那么你应该礼貌地询问对方是否可以推荐一位与他从事相似工作的人,以便你可以联系到其他可能的采访对象。无论结果如何,无论采访是否能够成功安排,或者对方是否能够提供帮助,最后都应该向对方表示感谢,以保持良好的沟通态度和专业礼貌。

(5)在进行生涯人物访谈时,若选择面对面交流,守时至关重要,因为这既展现了对对方时间的尊重,又避免了时间的无谓浪费。面谈开始前,应征询生涯人物的意见,根据具体情况决定是否录音或采用书面记录,甚至可以决定不记录。提问时,应保持灵活性,根据实际情况适当调整问题的顺序和数量,而不是僵化地遵循清单。同时,要尊重访谈对象的感受,特别是在涉及年龄、职务、收入、家庭等敏感话题时,应谨慎选择措辞,以避免不必要的误解或不适。此外,注意观察被访谈者的工作环境,通过亲身体验和感受,更真实地了解其工作氛围。

(6)在访谈的尾声,务必以真诚的态度向受访者表达自己衷心的感谢。这不仅彰显了你的礼貌和专业精神,而且有助于留下美好的印象。你还可以赠送个人作品、专业宣传册或精心挑选的小礼物,以示对受访者的时间和知识分享的尊重。此外,在访谈结束后24小时内,别忘了通过发送一条温馨的短信或撰写一封感谢信的方式来再次表达你的感激之情。在信件或短信中,要简明扼要地回顾并概括你在访谈中的主要收获,这不仅能够加深你对访谈内容的理解,同时也能让受访者感受到他们的贡献得到了认可和珍视。

(7)整理访谈结果。在访谈活动圆满结束后,我们应迅速对所搜集的信息进行整理、分析和归纳,以便提炼出有价值的数据和见解。这一过程不仅有助于我们更深入地理解访谈对象的观点和经验,而且对评估访谈的质量和完整性也极为关键。在整理过程中,我们还需要考虑是否有必要进行后续访谈,或是否需要调整访谈策略以探索其他相关领域的问题。为了系统地记录和整理这些信息,我们可以采用填写《生涯人物访谈问卷》的方式。这份问卷将成为我们整理访谈结果的重要工具,帮助我们按照既定的结构和格式记录访谈内容,确保信息的完整性和可追溯性。

在职业探索的旅程中,许多学生可能会遇到一个普遍的难题:那就是如何寻找那些能够提供宝贵信息和指导的职业导师。其实我们周围不乏已经毕业的学长、学姐和经验丰富的专业教师，他们无疑是潜在的访谈资源，完全可以主动去接触和利用这些资源。实际上，许多在各自领域积累了丰富经验的人士，他们都乐于分享自己的知识和经验，帮助学生深入了解各种职业的特点和需求。因此，作为学生，我们应当鼓起勇气，积极地去联系和采访这些人士。毕竟，这样的经历和学习，将会对你的未来职业规划和职业发展产生深远的影响。同时，我们也可以通过参加职业讲座、行业交流会等活动，拓宽我们的视野，结识更多行业内的专家和导师。这些活动不仅能让我们获取最新的行业信息，还能让我们有机会与行业内的专业人士进行面对面的交流，从而获得更直接、更个性化的指导和建议。此外，我们还可以利用网络资源，如在线的职业社交平台，寻找和联系潜在的职业导师。通过这些平台，我们可以更加便捷地了解导师的背景和专长，从而更有针对性地进行沟通和交流。总之，寻找职业导师的过程，实际上是一个自我探索和成长的过程。在这个过程中，我们不仅能够获得宝贵的职业信息和指导，还能够提升自己的沟通能力和社交技巧，为未来的职业生涯打下坚实的基础。

在职业探索和生涯规划的旅程中，可以采纳"滚雪球"的访谈策略来扩展你的人脉网络。这一策略的关键是借助你的老师、导师或其他信任的师长，帮助你找到与你感兴趣的职业领域相关的行业专家。一旦与这位专家建立了联系，你可以请求他推荐其他可能对你有帮助的行业专家或职业人士。如果条件允许，你可以继续这个过程，像滚雪球一样，让这个网络不断扩展。在进行这些访谈时，最理想的方式是面对面进行。因为通过电话、视频会议或在线交流工具进行的访谈，往往无法完全捕捉到对方在分享职业信息时所带有的情感色彩和非语言信息。面对面的交流能够帮助你更深入地理解对方的经验和感受，从而获得更真实、更全面的信息。此外，建议不要试图一次性完成所有的访谈，而是应将访谈分散在几次会面中进行，这样不仅可以减轻双方的时间压力，还可以让你有更多机会与生涯人物建立更紧密的联系和更深层次的了解。当然，在进行这些访谈时，要保持一种学习和交友的心态，而不仅仅将这些访谈看作获取信息的手段。通过真诚地交流和建立关系，你不仅能够获得宝贵的职业信息，还可能收获意想不到的友谊和更多的机会。

值得注意的是，实际上并不存在一个所谓的最佳时机来进行生涯人物访谈。如果有机会能够尽早地进行这样的访谈，通过与不同职业人士的交流，你可以获得更为直观的职业信息，这将有助于你对自己的职业目标有一个更加强烈和精准的判断。此外，生涯人物访谈不仅是一个结识众多职业人士的绝佳机会，还能极大地丰富你在从校园生活迈向职场这一重要过渡阶段的经验和见识。可以说，通过生涯人物访谈，大学生能够获得更为丰富的职场信息，这不仅能够增强他们的信心，还可能帮助他们获取宝贵的资源。

通过深入剖析职业领域并掌握获取职业资讯和资源的多样化途径，我们能够显著扩充和提升职业知识储备。这不仅是为了积累更多的事实和数据，更关键的是，我们要学会如何运用这些宝贵信息，以更明智的方式思考和规划自己的职业道路。在这个过程中，我们必须专注于那些对个人至关重要的职业信息，并对这些信息进行细致的研究和评估。同时，我们还应深入分析从事这些职业的现实可能性，确保我们的职业选择既符合个人兴趣，又能发挥我们的技能，并与我们的价值观相一致。换句话说，在你细致地比较不同职业之间的差异时，切记要将个人的兴趣、技能和价值观考虑在内，因为这些因素将直接决定你未来职业发展的满足感和成就。

在职业探索的旅程中，单纯掌握方法是不够的，关键在于用心去感受和实践。这就要求我们时刻保持警醒，对周遭的一切保持敏锐的感知，使自己成为职业信息的主动搜集者和关键读者。我们可以通过多种途径来搜集这些宝贵的信息，包括阅读报纸、杂志、专业期刊及协会通讯，参加研讨会，观看电视节目，以及利用网络资源等。这些媒体和平台通常会提供政府工作报告、大学的研究成果及公共调查的关键内容的浓缩和总结，并将这些复杂的信息转化为更易于我们理解的报告形式。除此之外，我们还应培养一种习惯，那就是不断地从我们身边的亲友、熟人，甚至是那些在飞机、火车或公交车上偶然坐在我们旁边的人那里获取职业信息。另外，积极参与志愿活动，可以为我们提供与不同职业领域中工作的人交流的机会，从而拓宽我们的视野。作为一名大学生，我们还应特别关注校园中就业指导部门提供的资源。这个部门每周都会收集和更新大量的职业信息，这些信息涵盖了各种职业和岗位的详细情况，能为我们提供一个全面了解职业世界的机会。需要牢记的是，在探索工作世界的过程中，永远不存在"太早"的问题，只有"太晚"的遗憾。

本章小结

本章强调了职业知识的重要性，并通过明尼苏达工作适应理论（MTWA）阐述了个人与工作环境之间的和谐关系。同时，介绍了工作世界系统的概念，包括职业分类、专业、产业与行业的关系，以及个人的职业期望与企业的生命周期的匹配。此外，还讨论了组织劳动力结构、组织文化、工作与地域选择等因素对职业发展的影响。最后，列举了获取职业信息资源的渠道和方法，并通过生涯人物访谈等策略来拓展职业发展的可能性。

生涯规划练习

1. 阅读招聘信息，并分析工作信息

请自选一种工作（例如：广州地区三甲医院的妇产科医师）登录人才招聘网站（如：丁香人才网）查看相关的招聘信息，并对该信息的招聘要求进行分析。

工作名称：_____

单位名称：_____

招聘要求（请根据各单位招聘要求中出现的频率顺序排列）如下：

(1) _____。

(2) _____。

(3) _____。

该工作的核心要求是：_____
_____。

2. 生涯人物访谈

请选取合适的访谈对象，至少采访在这个职业领域有三年工作经历的三个人，按照生涯人物访谈的七个步骤，参照以下内容进行访谈，并记录下来。

访谈记录

一、访谈目的

_____。

二、被访人基本情况

姓名：_____　　　　　性别：_____

联系方式：_____　　　　　毕业时间：_____

毕业院校：_____　　　　　所学专业：_____

现工作单位：_____　　　　　现任职务：_____

三、访谈内容

（1）您是如何获得这份工作机会的？您在这份工作中的主要职责包括哪些？

（2）对于这份工作，您最喜欢它的哪些方面？又有哪些是您不太喜欢的？这份工作对您的生活产生了哪些影响？

（3）在这份工作中，您通常每天都做些什么？

（4）这种工作需要具备哪些专业技能和其他能力？同时，对从业者有哪些具体的要求？

（5）目前，这一行业同类岗位的薪酬水平如何？

（6）您目前的职位是什么？您是如何获得这个职位的？

（7）您通过什么渠道提升自己？至今为止，您参加过哪些培训和继续教育？

（8）您对你现在所在的行业有些什么看法？

（9）在从事这份工作之前，您曾在哪些单位工作过？在那些单位中，您主要承担了哪些工作职责？

（10）我目前可以通过哪些途径来提高自己，以便日后能够顺利进入这一行业？具体需要提升哪些技能或素质？

（11）就您知道的情况而言，我所学的专业可以进入哪些领域工作？

（12）您对目前的工作是否满意？

（13）您能给我一些学习或就业方面的建议吗？

（14）您能帮我推荐采访一下其他的业内人士吗？

四、访谈总结

访谈人：_____　　　　　　　　访谈时间：_____

第四章　生涯决策

本章内容框架

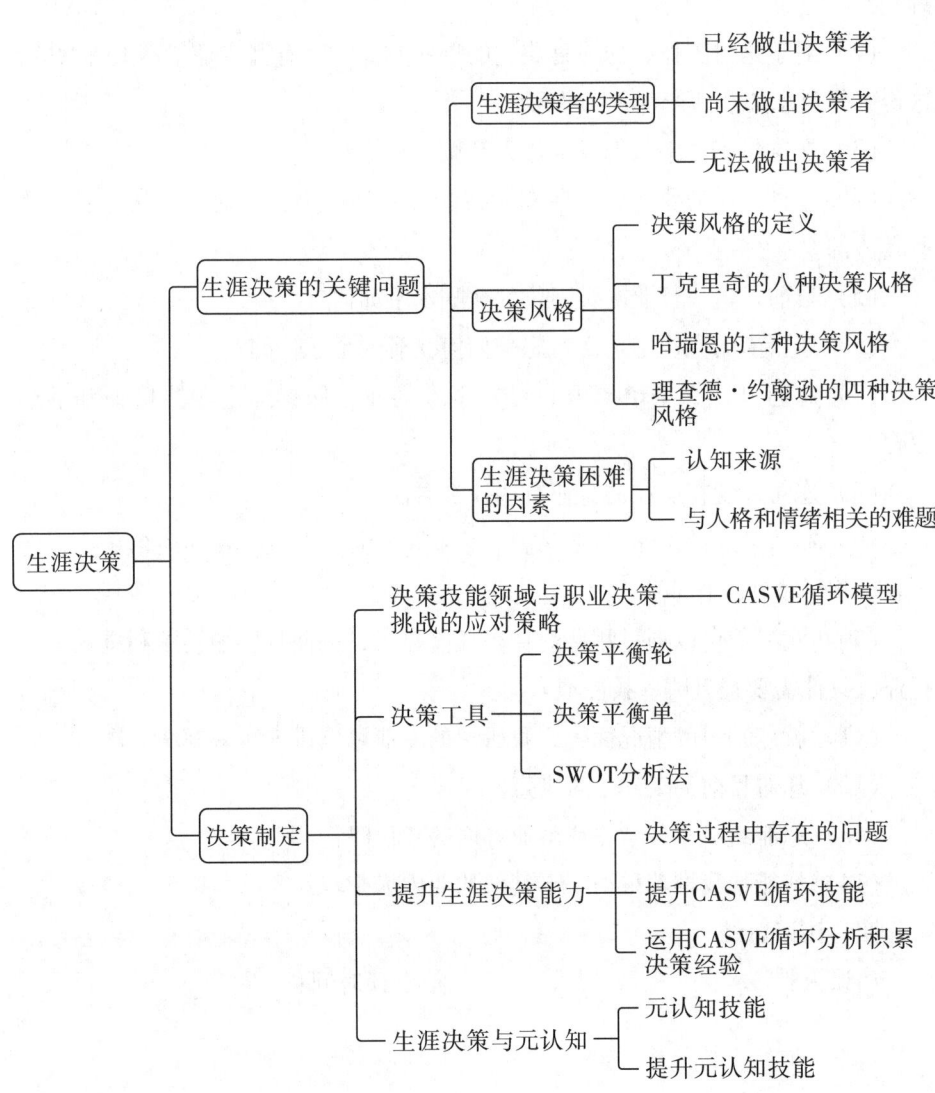

解决问题和制定决策是我们日常生活中不可或缺的环节。每一天，我们都在从众多选项中挑选出我们的所需和所爱。回想一下：或许你今天已经做出过一系列决策："我应该穿什么衣服？想吃些什么食物？何时给朋友打电话？"每一项决策都需要对个人及环境信息进行审视。例如，决定今天穿什么衣服，可能需要评估自己的感受——是感到热、愉悦还是平静？或许你还得查看天气预报，思考今天的活动安排，是否有户外远足的计划，需要与哪些人会面，等等。换言之，即便是看似简单的穿衣选择，也是基于对自己的了解及可选方案的深思熟虑。

在解决生涯问题和做出决策时，个人的价值观、兴趣、技能及在职业、教育、休闲等方面的选择同样重要。我们将自我知识与职业知识比作计算机中的数据文件，视为生涯决策的认知信息加工（CIP）理论金字塔模型的知识基础，或者说是知识领域。它们存储在我们的记忆中，构成了我们生涯规划的基石。在第二章和第三章中，我们已经分别对这两个领域进行了探讨。

在本章，我们将深入探讨认知信息加工（CIP）理论金字塔模型中的决策技能领域和执行加工领域（图4－1）。我们将聚焦于"决策过程"及"如何进行决策思考"。决策技能领域可比作计算机系统的软件程序，它从各类数据文件中提取所需信息，并以既定方式运用这些信息来解决问题。决策技能领域（CASVE循环）可进一步细分为五个阶段，这有助于我们理解系统化解决生涯问题的过程。元认知技能则指导我们如何思考生涯问题的解决和决策制定。掌握与生涯规划相关的解决问题和决策技能，以及元认知知识，能够帮助我们进一步完善个人的生涯理论，增强个人规划的能力。

本章中，我们将探讨决策技能领域———一般信息加工技能（CASVE循环）与执行加工领域——元认知的结合，目的是帮助学生建立两者之间的直观联系，并构建一个系统的思维框架。

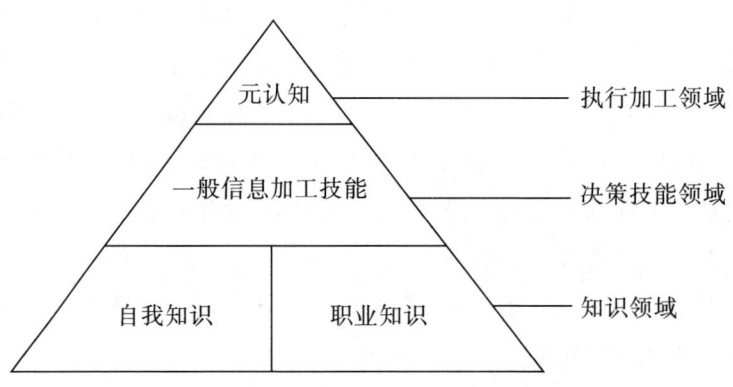

图 4-1　认知信息加工（CIP）理论金字塔模型

生涯案例

明雅自踏入大学校园的那一刻起，便开始体验到了一种前所未有的迷茫感。随着时光的流逝，她不知不觉已经来到了大三下学期，这个阶段对于她来说，无疑是一个至关重要的转折点。在这个关键的十字路口，她面临着一个重大的抉择。周围的同学们似乎都已经有了清晰的目标和明确的方向，他们或是在为考研而努力学习，或是已经开始规划自己的职业生涯，准备投身于职场的洪流之中。然而，明雅却发现自己仍然在犹豫不决，她不确定自己是应该加入考研大军，继续深造，还是应该直接步入社会，开始工作。这种选择的困难让她内心充满了焦虑和不安，她渴望找到一条适合自己的道路，但似乎总是难以做出最终的决定。

哈木即将迎来他人生中的一个重要阶段，那就是毕业。面对未来，他已经开始规划自己的道路，决定先投身于职场工作。然而，在这个关键时刻，哈木面临着一个重要的抉择：他究竟是应该追随自己内心深处对艺术的热爱，勇敢地创业并进入充满挑战和创意的艺术行业，还是应该选择一条更为稳妥的道路，即在与自己专业相关的企业中积累宝贵的企业运营管理经验，待时机成熟后再去实现自己的创业梦想。目前，哈木在一家公司实习，这份工作不仅给他带来了转正的希望，而且工作中的挑战性也恰到好处，不会让人感到压力过大。此外，这份工作的收入也相当可观，对于刚刚步入社会的大学毕业生来说，这无疑是一个非常吸引人的机会。然而，哈木的心中始终燃烧着对音乐的热爱之火。在家乡，他和朋友们组建了一支乐队，并且不时地参与了一些小型演出，享受着音乐带来的快乐和满足感。因此，在毕业之际，哈木正在认真思考，是否应该放弃眼前这个稳定的工作机会，全身心地投入到他所热爱的音乐事业中去。

王月，一位在医院管理专业取得本科学位的毕业生，最近成功地通过了某省医院劳务派遣岗位的面试环节。根据所提供的信息，她有望获得年薪在6万～7万人民币的薪酬待遇，并且需要与医院签订为期两年的工作合同。与此同时，王月还收到了其他几个面试邀请，这些邀请来自不同的机构和部门，包括医学协会的文书职位、街道医院的医政科职位及医学院的教学管理科职位等。王月不仅具备扎实的专业知识，还拥有清晰的职业规划，她希望在不久的将来能够通过自己的努力考取正式编制，成为一名正式的医院管理人员。目前，她正面临着一个重要的抉择：是接受省医院病案室的工作机会，还是继续寻求其他岗位的可能性。这个选择让她感到十分犹豫，因为她需要权衡各种因素。

上述三位大学生所面临的问题均与生涯规划相关。每当面临阶段转换之际，学校的生涯咨询室里寻求决策援助的毕业生或即将毕业的学生的数量就会显著增加。我们都有过做决策的经历，深知这并非易事，也不乏因此而感到迷茫和不知所措的时候。有些人缺乏自主决策的信心，他们担心自己会犯错、会后悔，因此在面对选择时犹豫不决；还有些人则采取拖延策略。然而，他们没有意识到，当他们这样做时，实际上已经做出了一个决定：那就是选择不做决定。

我们注意到，尽管一些学生对自己的状况有着清晰的认识，并对各种选择了然于胸，最终他们却做出了不尽人意的决定。这些学生常常试图"纠正错误"。另外，有些学生投入了大量时间进行各种测验，以了解自己的兴趣、价值观和技能，他们在网上信息和相关书籍上也投入了大量时间，但仍旧难以做出决策。他们似乎无法有效地处理和整合这些信息，以便做出选择。在这些情况下，尽管学生们为了更好地了解自我和职业知识付出了大量努力，但似乎都未能达到预期效果。因此，学习和掌握制定决策的知识和技能，并据此做出有利于自身长远发展的生涯决策，是生涯规划中的关键技能。

个人决策的品质是衡量我们生活成效的关键指标之一。在本章中，我们将着重探讨"如何进行决策"，帮助大家理解职业选择或生涯决策本质上是一个解决问题的过程。我们关注的是过程本身，而非最终结果。无论决策的成果如何，通过这一过程所获得的技能和经验，都能被应用于其他关键的决策场合。

第一节 生涯决策的关键问题

一、生涯决策者的类型

在讨论生涯决策时，我们常常难以清晰界定哪些人已经做出了选择，哪些人还在犹豫，以及哪些人实际上无法做出选择。即便我们每个人都有自己的生涯目标和规划，我们仍可能在某个不确定的时刻，在面对环境的某些方面时感到犹豫不决。美国心理学家里尔登、伦兹、桑普森等在合著《生涯发展和服务：一种认知的方法》（Career Development and Services: A Cognitive Approach）中回顾了决策领域的理论和研究文献，提出了三种生涯决策者状态，即三种情况。这三种状态的决策者分别是已经做出决策的人、尚未做出决策的人、无法做出决策的人。

（1）已经做出决策的个体，即所谓的"决策者"。通常能够独立地将自我认知与各种职业信息相结合，制定出既满足个人愿望又对社会有益的生涯规划。他们需要确认自己的决策或执行决策。特别值得注意的是，这类人之所以被认为是"决策者"，是因为他们已经独立地评估了与个体自身及各种选择相关的事实和资料。换言之，我们是根据某人内在的决策过程，而非他人的外部判断，来认定其为"决策者"。需要注意的是，也存在一些"假的"决策者，他们做出选择只是为了缓解即时的压力。例如，一个学生在毕业出路问卷调查上填写了升学，他可能只是为了避免被他人（如大学辅导员）视为尚未做出决策的人而受到关注，实际上他并不确定自己毕业后是否真的要继续升学。

（2）尚未做出职业选择承诺的个体，通常被称为"未决策者"。这一群体内部存在多种情况：部分未决策者可能正在权衡各种选项，尽管他们尚未明确表达出自己的首选项，但基于充分的理由，他们对此并不感到焦虑；部分未决策者则渴望职业上的确定性，他们对于缺乏明确的首选项感到一定程度的不适，这种不适感可能驱使他们寻求职业咨询机构的协助，或努力获取更多关于职业或教育选择的信息；还有一部分未决策者由于自身能力出众，兴趣和技能广泛，反而在选择具体职业时面临困难。

（3）难以做出决策的个体，即"决策犹豫者"。这指的是那些频繁面临生涯决策困难的人群，他们在日常生活中常常承受较大的压力。这类个体通常在生活的各个领域制订计划时都感到困难重重，并且在决策过程中往往过分关注外部事件或他人意见。在特定情境下，由于内心的焦虑，决策犹豫者可能难以对各种选项进行深入探究，他们可能会选择延迟决策或无限期地推迟决策过程，或倾向于将决策的责任转嫁给他人，或过分夸大不同选择的利弊。

对于特定个体，辨别其属于何种类型的决策者可能颇具挑战性，但此类分类有助于我们从总体上理解其可能所需的生涯辅导类型。那些在生涯决策过程中难以做出决策的个体，可能需要提供有针对性的帮助。

二、决策风格

决策风格（decision style）是指人们在长期决策过程中逐渐形成的一种稳定且一贯的倾向性选择方式。这种风格体现了个体在面对各种决策情境时所采取的特定方法和步骤，它在很大程度上塑造了个体的决策行为。具有不同决策风格的个体，在面对决策情境时所采取的方法和步骤各不相同，这些差异性在决策过程中尤为显著，进而导致了不同的决策成效。决策风格对决策结果的影响深远，被认为是决定决策效果和效率的关键因素之一，它在个体的决策过程中扮演着至关重要的角色。

（一）决策风格的类型

丁克里奇（Dinklage），作为早期深入探讨决策风格的学者之一，通过详尽地分析大量访谈资料，基于个体在决策过程中表现出的行为特征，创新性地将决策者划分为八种不同的决策风格。这些风格涵盖了计划型、苦恼型、延迟型、瘫痪型、冲动型、直觉型、宿命型以及顺从型等。每种风格都揭示了决策者在面对选择时的心理和行为倾向差异。为了更直观地阐释这些分类，丁克里奇在其研究中引入了表4-1的内容，该表详细地描述了每种决策风格的特点和行为模式，帮助读者更轻松地理解和辨识不同的决策风格。

表4-1 丁克里奇的八种职业决策类型

决定类型	说明	行为特征	优点
冲动型	决策过程显得被动，决策者倾向于选择第一个遇到的方案，并迅速做出反应	先行其事，再思其果	无须耗费时间搜集资料
宿命型	决策者明白做出选择的必要性，却不愿亲自承担决策的责任，而是将选择权交给命运或他人，因此认为任何选择都无异	船到桥头自然直。天塌下来，自有高个子顶着。毕竟，时运与命运总是相伴	避免承担责任，减少冲突
顺从型	渴望自主决策，却往往难以坚守己见，容易屈从于权威者的指示和决策。在追随他人的过程中，顺从型的人虽然能够获得安全感，但却可能忽视了自身的"独特性"，这可能导致随波逐流，并承担不适合自己的风险	如果你表示同意，那么我也表示同意	保持表面和谐
拖延型	了解问题所在，却往往延迟决策，或者直至最后一刻才做出选择。问题并不会因拖延而自行解决，有时反而会变得更加严重。如果你目前不确定如何解决眼前的问题，拖延至最后一刻也不太可能找到答案	何必急于一时？我们明天再讨论吧	延长决策时间
直觉型	依据直觉而非深思熟虑来做出决策。专注于内心所渴望的，而不受外界因素的干扰	嗯，感觉还不错，就按这个决定吧	更为简便快捷

续表 4-1

决定类型	说明	行为特征	优点
瘫痪型	害怕承担决定的后果，不愿承担责任，选择通过麻痹自己来逃避决策	我明白应该如何行动，但我发现自己难以做到	可以暂时搁置决策
苦恼型	面对众多选择项目，难以做出抉择，常常陷入挣扎，无法做出决定，这可能是因为受到了某些情绪和非理性因素的影响。应当更加关注这些因素	我不能轻易做出决定，万一选择失误，后果将不堪设想。我仍然犹豫不决	搜集详尽且完整的资料
计划型	在做决定时，我们会倾听内心的声音，并考虑外部环境的要求，以做出恰当且明智的选择	一切决定由我掌控，我是命运的主宰，是自己的主人	积极主动，直面问题并寻求解决方案

1979 年，哈瑞恩（Harren）在继承了丁克里奇的研究成果的基础上，进一步深化了对决策风格的理解，并提出了三种主要的决策风格分类：理智型、直觉型和依赖型。哈瑞恩的理论贡献，使得决策风格的研究更加细致和系统化。这三种风格的分类方法，因其简洁性和实用性，目前已被广泛采用，并在实际决策过程中得到了广泛应用。这三种决策风格的具体定义、特点，以及它们在不同情境下的应用，可参阅表 4-2，该表详细地列出了每种决策风格的特征和适用情况。

表 4-2 哈瑞恩的三种决策风格

决策类型	说明
理性型	系统地搜集详尽的生涯相关信息，并逻辑性地审视每个可能选项的优缺点，以便做出最令人满意的决策
直觉型	更注重个人在特定情境下的情绪体验，决策往往依赖直觉，表现出一定的冲动性，很少能够系统地搜集相关信息
依赖型	倾向于等待他人搜集信息并做出决策，表现出较为被动和顺从的态度，迫切地需要获得他人的认可，对自己的决策能力和结果缺乏信心

理查德·约翰逊（Richard Johnson），一位在决策理论领域做出显著贡献的学者，于1978年提出了一项创新的理论框架。该框架依据两个核心维度对不同的决策风格进行划分。这两个维度分别是信息的搜集方式，通常被称为"数据收集"，以及信息的处理方式，即"数据分析"。约翰逊借助这两个维度，精确地划分出四种不同的决策风格，且每一种风格均体现了决策者在信息处理和搜集方面的独特偏好与方法。该理论不仅为理解个体的决策行为提供了新的视角，而且对优化组织决策过程具有重要的指导价值。具体而言，这四种决策风格的详细分类如图4-2所示。

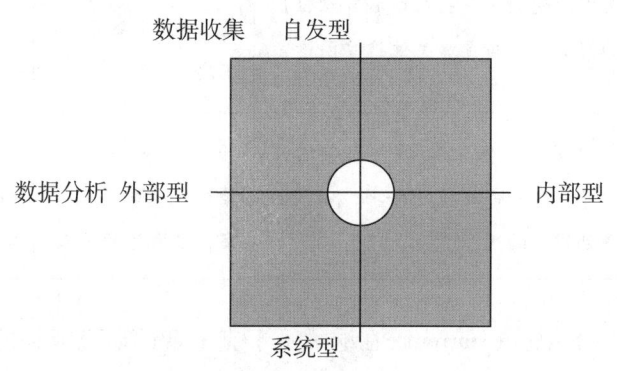

图4-2　决策风格

在数据收集这一特定领域内，人们的行为和倾向性可以被细致地划分成两个主要的类别：自发型和系统型。自发型（spontaneous）风格的个体，他们对待周围的人和发生的事件往往采取一种整体性的反应方式。这种反应方式表现为他们对人和事要么表现出明显的喜欢，要么就是不喜欢，通常不会过分纠结于琐碎的细节。自发型风格的人还具有一种显著的特征，那就是他们对所参与的活动或事务拥有非常强烈的个人投入感和热情。他们不满足于旁观，通常积极地投身其中，表现出极高的参与度。此外，这种风格的人往往拥有多个相互关联且具有弹性的目标，他们能够根据情况的变化，灵活地从一个目标迅速转换到另一个目标。这种能力使得他们在面对复杂多变的环境时能够保持高度的适应性和灵活性。

相对而言，系统型风格的个体展现出极强的条理性和逻辑性，他们具备宽广的视野，考虑周到，且在决策过程中愿意承担个人责任。学界普遍认为，系统型风格是解决生涯决策和生涯问题的最优方法。这类决策风格的个体倾向于将问题拆解为多个部分进行分析。例如,在评价一门课程时,他们可能会分别关注教师的教学方式、学习任务的难易程度、同学间的互动、教室环境及测验的安排等方面。在进行决策时,他们倾向于专注特定的细节。与自发型风格不同,他们在对特定事务或个人做出心理承诺时显得更为审慎。同时,他们处理目标的方式极具系统性,往往在一段时间内只专注于一个目标。他们偏好设定长期目标,并通过有序的工作逐步实现这些目标。

从数据分析的角度来看,人们可以被细致地分为外部型和内部型两种不同的类型。通常情况下,外部型的个体更倾向于通过"大声思考"的方式来进行信息的交流和分享。这种交流方式涉及一种非常开放和直接的沟通形式,其中个体在进行决策时,他们的思考过程往往伴随着深入的讨论和对话。值得注意的是,这种讨论并不一定需要其他人的参与,有时候它可能仅仅是与自己的内心对话,换句话说,也就是我们常说的"自言自语"。实际上,无论是面对需要权衡利弊的选择,还是在处理其他任何需要决策的情境中,外部型的个体都会倾向于采取这种"大声思考"的方式,以此来帮助自己更好地组织思维和理清思路。

倾向于内部型风格的个体,在涉足任何特定议题的讨论之前,往往偏好进行独立且深入的思考与分析。在权衡各种选项与可能性时,他们通常表现出沉默寡言的倾向,不会轻易透露个人见解。尽管在某些情境下,他们可能展现出与外倾型风格个体相仿的良好沟通技巧和健谈特质,但他们对讨论话题的选择极为审慎。只有那些经过内心深思熟虑、反复斟酌的问题,才会被他们拿出来与他人分享和探讨。此类风格的个体更倾向于在表达意见之前,确保自己的想法已经成熟并做好充分的准备。

在现实生活中,我们发现大多数人并不会完全符合某一种特定的风格类型的所有特征,而是根据不同的环境和情境,展现出某种风格的某些方面。例如,一个人可能在工作场合表现出较强的系统型决策风格,而在私人生活中则可能更倾向于外部型的决策方式。有研究指出,那些能够灵活运用系统型和外部型决策风格的大学生,在他们的生涯发展方面往往具有明显的优势。他们不仅在面对生涯规划和职业选择时表现出更大的信心,而且在解决生涯问题方面也显得更为得心应手①。然而，从一般意义上讲，一个理想的、高效的决策风格应当是均衡的，既不过分倾向于系统型，也不过分倾向于外部型，而是应该位于图4-2的中心部分。在图4-2中，这种均衡的决策风格被形象地描绘为一个圆，它代表了决策风格的平衡点。如果我们的决策风格位于图中的极端位置，那就意味着我们在决策过程中可能过于固执己见，缺乏必要的灵活性和综合性，这可能会导致我们在面对复杂多变的问题时，难以做出最合适的决策。

（二）决策风格评估

1. 思考三次重大决定

请回顾迄今为止你人生中的三次重大决策，并按照以下提纲进行描述。

当时的目标或情境：_____。

你面临的所有选项：_____。

你的决策过程：_____。

你最终做出的选择：_____。

对结果的评估：_____。

你如何描述自己在上述三件事情中的决策风格？它们之间有共同点吗？

_____。

2. 决策风格类型测试

表4-3描述了一般人在日常事务和生涯决策时的态度、习惯和行为方式，请根据你的实际情况，检验你的决策风格。

表4-3 决策风格类型测试量表

情景陈述	符合	不符合	类型
1. 我常常仓促做草率的判断	☐	☐	★
2. 我做事情时不喜欢自己出主意	☐	☐	●

---

① 参见［美］罗伯特·C. 里尔登、珍妮特·G. 伦兹、小詹姆斯·P. 桑普森等《职业生涯发展与规划》，侯志瑾、伍新春等译，高等教育出版社2005年版，第66页。

续表 4-3

情景陈述	符合/不符合		类型
3. 碰到难做的事情，我就把它放到一边	□	□	▲
4. 我会多方搜集决定所必需的一些个人及环境材料	□	□	■
5. 我常凭一时冲动行事	□	□	★
6. 做事时我喜欢有人在身边，以随时商量	□	□	●
7. 遇到需要做决定时，我就会紧张不安	□	□	▲
8. 我会将搜集到的材料加以比较分析，列出选择的方案	□	□	■
9. 我经常改变我所做出的决定	□	□	★
10. 当发现别人的看法与我的不同时，我就不知道怎么办	□	□	●
11. 我做事总是东想西想，下不了决心	□	□	▲
12. 我会权衡各项可选择方案的利弊得失，判断出此时此地最好的选择	□	□	■
13. 做决定之前，我从未做任何准备，也未分析可能的结果	□	□	★
14. 我很容易受别人意见的影响	□	□	●
15. 我觉得做决定是一件痛苦的事情	□	□	▲
16. 我会参考其他人的意见，再斟酌自己的情况来做出最适合自己的决定	□	□	■
17. 我常常不经过慎重思考就做决定	□	□	★
18. 在父母、师长或亲友催促做决定之前，我并不打算做任何决定	□	□	●
19. 为了避免做决定的痛苦，我现在并不想做决定	□	□	▲
20. 经过深思熟虑之后，我会明确决定一项最佳的方案	□	□	■
21. 我喜欢凭直觉做事	□	□	★
22. 我常让父母、师长或亲友为我做决定	□	□	●
23. 我处理事情经常犹豫不决	□	□	▲
24. 当已经决定了所选择的方案，我会展开必要的准备行动，并全力以赴做好它	□	□	■

记分方式：将同一类型的得分（符合的 1 分）记入测试结果表 4-4，哪

种类型得分最高，可能你就属于哪种决策类型。

表4-4　决策风格类型测试结果

题号	1, 5, 9, 13, 17, 21	2, 6, 10, 14, 18, 22	3, 7, 11, 15, 19, 23	4, 8, 12, 16, 20, 24
得分				
决策类型	冲动直觉型	依赖型	逃避忧郁型	理性型

你的决策风格是_____。

三、生涯决策困难的因素

（一）生涯决策困难的认知来源

基于决策和信息加工理论，以色列和美国的学者加蒂、克劳兹和奥西普（Gati, Krausz, Osipow, 1996）[1]构建了"理想职业决策者"模型，并结合丰富的咨询实践经验编制了职业决策困难问卷（career decision-making difficulties questionnaire, CDDQ）。该问卷旨在识别于不同决策阶段，哪些认知要素会导致生涯决策困难，这些困难共分为三大类10小类（图4-3）。

在职业决策的早期阶段，我们遇到了第一大类困难，即"缺乏准备"（lack of readiness），它涵盖了三个子类别：①缺乏职业决策动机（lack of motivation），意味着目前缺乏开始职业选择的足够意愿；②犹豫不决（general indecisiveness），即在面对任何决策情境和任务时，普遍表现出难以决断；③在职业决策方面存在不合理的信念（irrational beliefs），即对决策持有非理性期望或不合理的想法。

第二大类和第三大类困难主要出现在职业决策的过程中。第二大类困难被命名为"缺乏信息"（lack of information），它包括四个子类别：①缺乏关于职业决策过程的知识，例如，如何做出良好的决策，在职业决策过程中有哪些关键环节；②缺乏关于自我的知识，如不了解自己的能力和职业偏好；③缺乏各种职业信息，例如，存在哪些职业机会，每个职业机会的特点是什

---

[1] I Gati, M Krausz, S. H. Osipow, "A Taxonomy of Dificulties in Career Decision Making," *Journal of Counseling Psychology*, 1996 (43), pp. 510–526.

么；④缺乏获取信息的途径，例如，有哪些渠道可以获得充足的信息，有哪些资源可以利用。

第三大类困难被称为"不一致的信息"（inconsistent information），这是由于获得的信息缺乏一致性而导致的信息使用困难，主要包括三个子类别：①不可靠的信息（unreliable information），是指在获得的有关自我特质或职业特征的信息中，存在相互矛盾之处；②内部冲突（internal conflicts），是指在选择中看重的要素无法彼此兼容，个人在如何妥协和平衡方面遇到困难；③外部冲突（external conflicts），特别指个人的选择偏好与重要他人的选择偏好不一致，或者重要他人之间的意见不一致。

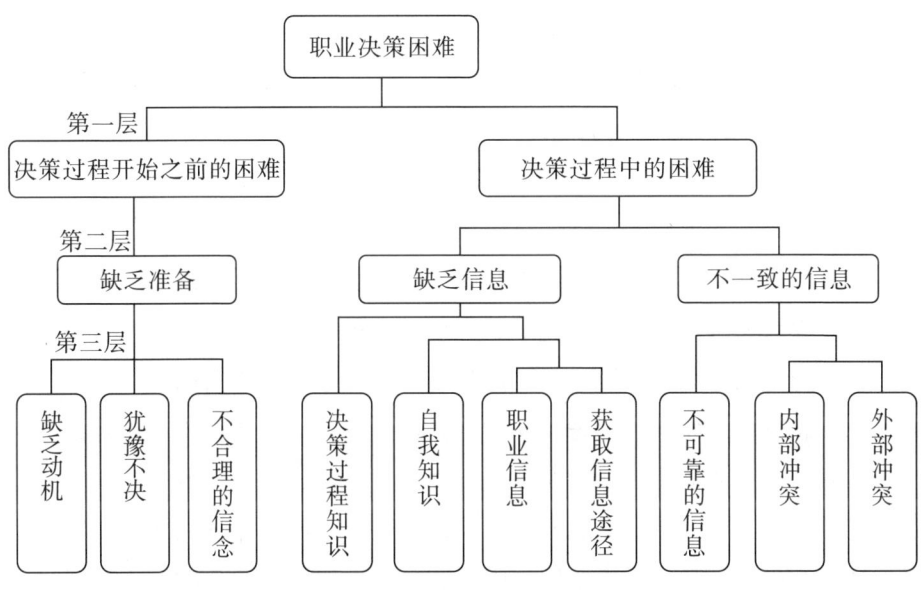

图4-3　基于认知要素的职业决策困难分类

（二）与人格和情绪相关的生涯决策难题

职业决策困难（career indecision），由认知因素引起，主要涉及信息的搜集与应用，通常具有发展性和过程性特征，与特定情境紧密相关。相比之下，优柔寡断者（indecisive individuals）可能面临的是慢性职业决策难题（career indecisiveness），他们在生涯决策过程中或面对其他决策任务和情境时，常常表现出焦虑、犹豫不决、反复无常和拖延逃避的行为。赛克、加蒂和凯利

(Saka, Gati & Kelly, 2008)① 提出, 慢性职业决策难题很可能是由情绪或人格因素引起的, 并据此划分了三大类共 11 小类的人格与情绪因素 (图 4-4), 开发了基于情绪与人格因素的职业决策困难分类量表 (emotional and personality career difficulties scale, EPCD)。

第一大类困难被称为"悲观主义" (pessimistic views), 涉及对自我和世界的不合理信念, 以及负面的认知偏见, 可以细分为三个子类别: ①对于决策过程的悲观看法, 主要表现为对职业决策自我效能感的缺乏, 即对自己能否有效完成职业决策的全程任务缺乏信心; ②对于工作世界的悲观看法, 是指对各种职业持有普遍的负面态度 (例如, 认为大多数职业都枯燥无味, 真正有趣的工作极为稀少); ③对于自身控制的悲观看法, 认为职业决策及其结果主要受外部因素 (如运气、机会、命运等) 的影响, 而个人的内在因素 (如技能、努力等) 并不起决定性作用。

第二大类困难被定义为"焦虑状态" (anxiety), 它源于对决策过程和潜在结果的担忧, 导致状态焦虑, 可以细分为四个子类别: ①对决策过程的焦虑, 即在决策开始之前就感到焦虑, 或者由于追求决策过程的完美主义而产生焦虑, 导致无法启动决策; ②对选择确定性的焦虑, 例如, 因未来充满了不确定性而感到担忧, 因处于未决定状态而感到焦虑, 以及因无法忍受模棱两可的信息或结果而产生焦虑; ③对选择本身的焦虑, 包括追求选择的完美主义 (例如, 必须找到一个"完美的"职业), 害怕失去其他潜在的合适机会, 害怕选择了一个错误的职业, 以及害怕选择后特别是选错后需要承担责任; ④对结果的焦虑, 是指个体心中已有选择, 但因害怕失败或无法通过所选职业实现个人期望而无法实施这些选择。那些未能处于"良好的决策状态"、在生涯决策中感到困难的人, 通常也缺乏"生活管理技能", 这使得他们缺乏做出有效决策的基础。

第三大类困难被命名为"自我概念及认同" (self-concept and identity), 特指某些方面的发展性人格问题, 可以细分为四个子类别: ①自尊 (self-esteem), 既包括普遍意义上的低水平自我价值感, 也包括与职业自我概念相关

---

① N. Saka, I. Gati, K. R. Kelly, "Emotional and Personality-Related Aspects of Career Decision-Making Difficulties", *Journal of Career Assessment*, 2008, 16 (4), pp. 403-424.

的较低水平自我评价;②一般性特质焦虑(general anxiety),在各种情境中持续体验到紧张和压力;③未结晶化认同(uncrystallized identity),指在形成稳定的个人自我认同方面的困难,如无法将信念、价值、兴趣偏好和生活目标等进行整合统一;④冲突性依恋与分离(conflictual attachment and separation),指在生涯决策中,考虑到决策与重要他人之间的联系时产生的困难。这种困难的产生有两大主要来源:一是无论对个人的一般性决定和兴趣偏好,还是特定的职业决策过程与结果,重要他人(特别是直系亲属)都表现出过度批评、不满意和不支持。例如,如果一个人无法区分"你(如某个重要他人)认为我应该选择什么专业"和"我认为我应该选择什么专业",并且"我"不能在这两个方面完全独立,那么,"我"就面临问题。家庭成员之间无法就义务、经济、责任、内疚感、价值观等达成共识,往往会使个体决策出现问题。二是过度需要得到他人对所做决定的肯定,以牺牲个人的偏好与目标为代价取悦重要他人,导致愧疚与焦虑感,以及与重要他人公开的或隐蔽的冲突,等等。对于大学生而言,问题大多可能来自家长。研究家庭系统和生涯决策的学者已经观察到,那些与家庭的其他成员高度融合或密切相连的人,在决策中往往难以保持自己在情绪和心理上的独立。

有效的生涯决策者应当逐渐培养出一套策略,以应对上述职业决策困难,从而实现有效的生涯决策。

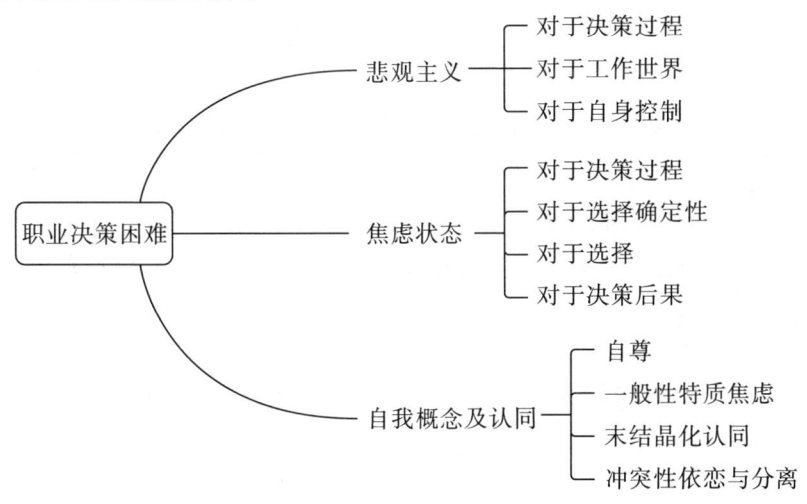

图4-4 基于情绪与人格要素的职业决策困难分类

第二节 决策制定

在本书的第一章至第四章中,我们反复探讨了"问题解决"与"决策制定"这两个概念。它们之间有何相似之处,又有哪些区别呢?若要精通高效的生涯决策,理解它们之间的差异是至关重要的。认知心理学家将"问题"定义为当前状态与期望状态之间的差异。这种差异激发了我们进行生涯问题解决和决策制定的内在动力。问题解决(problem solving)涉及对信息的思考或处理,这会触发一系列行动,以消除这种"差异"。这一思考过程包括:①识别差异;②分析原因;③提出多种消除差异的方法;④选择一种方法来解决问题。因此,问题的解决过程包括从多个合理选项中做出选择。与问题解决不同,认知心理学家从更宽广的视角审视决策制定(decision making)。它不仅包括问题解决的四个步骤,还增加了第五个步骤——制订计划或策略,以实施选择方案,采取冒险的态度,做出心理上的承诺以确保计划的执行。可以说,决策的制定过程是在问题解决的基础上加入了情感和行为的元素。决策制定涉及对一个选择的执行。例如:在选择研究生院校时,问题解决过程帮助你确定一个行动方案(选择你已被录取的学校),并缩小现实与理想状态之间的差距(向询问你将去哪所学校的人提供答案)。当你采取冒险的态度(你可能会落榜,朋友们可能会嘲笑你),集中精力并利用资源来实施你的首选方案时(研究拟报考院校过去五年的录取数据和可选专业,并制订学习计划),决策制定便在这一过程中发挥作用。由此可见,问题解决和决策制定都是生涯规划的重要组成部分,了解它们的区别有助于你更专注、更高效。需要强调的是,决策制定是一种普遍的生活技能,在生活和生涯发展与规划中扮演着关键角色。

一、决策技能领域与职业决策挑战的应对策略

在认知信息加工(CIP)理论金字塔模型的第二层级——决策技能领域,它与决策紧密相连,专注于决策过程,有助于我们理解生涯问题解决的系统性过程。CASVE 循环能够为整个生涯问题的解决及决策制定过程提供指导。

在图 4-5 中，CASVE 循环包含五个阶段：沟通、分析、综合、评估和执行。

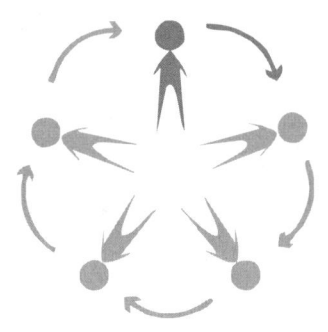

沟通communication
找出理想与现实的差距
明确自己的职业选择是什么

执行execution
确认最佳的决策实施方案后开始决定执行这一决策
将思想转换为行动

分析analysis
将问题的各成分联系在一起
了解造成第一阶段发现的差距的原因

评估valuing
从多种选择中评估出最佳的决策实施方案
对选项进行具体评价、排序，选择一个职业、工作或大学专业

综合synthesis
形成可能的选项
扩大并缩小选择清单，消除差距且满足原因

图 4-5　信息加工技能的 CASVE 循环

1. 沟通

在当前阶段，我们获取了关于理想与现实之间存在差异的信息，从而意识到"问题"的存在，并进一步产生了"我需要做出选择"的需求。例如，选择大学或研究生的专业志愿，在多个工作机会中挑选一个。这些信息可能通过内部或外部的沟通渠道传达给我们。内部沟通既涉及个人的情绪体验，如迷茫、焦虑、紧张和厌烦等；也包括身体信号，如食欲不振、头痛或昏昏欲睡等。外部沟通则包括截止时间的提醒，如毕业临近；周围人的提醒或催促，如父母师友询问你的毕业去向和工作计划；社会比较，如某位大三学生在班级的简历制作比赛中看到同学的简历，意识到自己与同学的差距、自身准备与职位要求的差距；社会压力，如大众传媒对当前大学生就业压力的报道等。对大多数大学生而言，可能先接收到外部信号，进而激发心理或身体的不适感。

如何"意识到我必须做出选择"呢？可以从两个方面进行自我澄清。首先是时间问题。这个问题已经困扰你多久了？最晚何时能做出选择？如果现状的困扰不够持久和强烈，你就不会真正产生改变的迫切需求；如果没有必须做出决定的时限，你可能会无限期地拖延，陷入反复的纠结之中。许多低年级学生因不清楚未来的发展方向而感到困惑，但由于其距离毕业尚有时日，职业探索就变成了一件重要但不紧急的事，导致其缺乏必要的行动。有的大学生在求职过程中迟迟不敢做决定，担心一旦与某家单位签了约，就会错过后面更好的工作机会；同时，又害怕空等一场，丢掉了到手的机会，从而陷入左右为难的焦虑之中。不给自己设定做出决定的时间限制，只能称之为被动等待，而非主动决策。

其次是决策权的问题。在面临"选择的时刻"，我们需要明确个人自主权的界限何在，我们所面对的是一个决策难题抑或是适应挑战。例如，新生在入学后不久便察觉，所选专业与报考初衷有偏差，与个人兴趣更是相去甚远，那么接下来是选择转换专业，还是在本专业领域继续深造后另谋发展？此时首先要明确的是，个人条件是否满足学校转换专业的标准，以及重要他人是否支持这一决定，即转换专业是否切实可行。如果个人条件符合学校规定，但父母强烈反对且自己暂时无法提出有力的反驳，那么问题就变成了一个适应性问题，不再是关于决策的问题。

在当前阶段，我们已从认知与情感层面与问题进行了深入的"接触"。当我们充分认识到这些沟通的存在时，表明问题或差距已经显现，并且变得不容忽视。唯有如此，我们方能着手深入剖析问题的根源，探究其成因。

2. 分析

在这个阶段，成熟的问题解决者会投入时间进行深思熟虑、观察和研究，深入"了解自我及我的选择"，从而更深刻地认识到现实与理想之间的鸿沟，以及自己有效应对的能力。明智的决策者会避免冲动行为来缓解沟通阶段所感受到的压力或痛苦，因为他们深知，冲动和盲目只会导致效率低下，甚至可能使问题加剧。分析阶段可以进一步细分为五个具体方面。

首先，深化对自我认知的理解至关重要，尤其是在兴趣、价值观和技能等方面。同时，广泛搜集关于职业、学习领域、休闲领域、工作组织和行业的类型、地理位置等多方面的信息也必不可少。例如，思考以下问题："我需要了解自己或外部环境（如学习、职业或休闲）的哪些方面？""我应该通过哪些有效途径增进对自我和环境的认识？""我的重要他人如何看待我的选择，我又如何看待他们的看法？""目前，我对自己和外部环境的了解程度如何？""我还能做些什么，以进一步增进对自我和环境的了解？"

其次，在学习过程中，应将自我认知与职业的相关知识相结合，借鉴学者们的研究成果和深思熟虑者的结论，搭建起这两个知识领域之间的桥梁；探索可选择的范围与方向，为决策目标的形成奠定基础。霍兰德的六边形模型就是一个很好的例子。例如，如果个人倾向于现实型特质，我们就能识别出某些特定职业选择，与之更为契合。在霍兰德提出的其他五种类型中，也存在类似的相关性知识。

再次，重视个人的终极目标，深入思考"无论做出何种选择，最终追求的是什么"，这是制定选项和确认选项的基础。此时，个人的价值观将发挥至关重要的作用，因为价值观是衡量"好"选项的标准和原则。你可以从具体的选项中抽身，站在更长远的时间点上审视今日的选择，从而超越选项看到内心的真实需求。

复次，回顾过去，审视我们是如何做出重大决策的。总结个人的决策风格和策略，梳理出成功决策的经验，并判断这些经验是否适用于当前的决策环境。在介绍决策风格时，我们已经提供了一个总结个人决策经验的练习，可以应用于 CASVE 循环的分析阶段。

最后，构建一个涵盖生涯问题及其成因的心理模型，以洞察个人思维对选择的影响。通过深入研究与分析，我们能够创建一个详尽的心理模型，该模型将包含生涯问题的各个层面及其根本原因。此模型将有助于我们更深入地理解个人的思维模式如何在潜移默化中塑造并影响我们的决策过程。它将揭示我们的信念、价值观、情绪及过往经历等，在我们面临职业选择、职业发展和职业转变时所发挥的作用。凭借这种理解，我们能够更加明智地评估自己的职业道路，并做出更贴合个人长期目标和幸福的选择。

前述五个维度几乎涵盖了对认知信息加工（CIP）理论金字塔模型各个层级的深入研究，并且考量了各层级之间的相互作用，同时亦包含了对过往经历的回顾与对未来的展望。因此，分析阶段实为一个学习、反思与成长的过程，它加深了对自我及职业选择的复杂性理解。

3. 综合

在综合阶段，我们面临的核心问题是："面对问题，我有哪些可行的解决策略？"在这个阶段，我们将整合分析阶段所收集的信息，通过"扩展和筛选解决方案清单"，制订出旨在消除问题或差距的行动计划。本阶段需要进行两个步骤的思考：首先，尽可能多地发掘消除差距的多种可能性；其次，将这些可能性缩小至可行的范围。我们可以将这两个步骤概括为"综合细化"和"综合具体化"。

在综合细化的过程中，我们不仅要考虑个人的兴趣和价值观，还要结合自身的技能和能力，列出所有可能的职业或专业选择。这个过程要求我们尽可能地扩展思维，探索每一个潜在的解决方案，无论它们看起来多么遥远或不切实际。通过这种方式，我们可以确保不遗漏任何可能的解决策略，从而为下一步的筛选打下坚实的基础。

综合具体化阶段则是在综合细化的基础上，对众多可能性进行筛选和精简。在这个过程中，我们需要运用批判性思维来排除那些不太可能或不合适的选项，最终将选择范围缩小至最有可能的 3～5 个选项。这个数量范围被认为是人们在记忆和处理信息时最有效的容量，既不会因为选项过多而造成认知负担，也不会因为选项太少而限制了选择的多样性。

综上所述，无论是拓展问题解决的可能性还是精简选择清单，都是基于分析阶段对理想与现实之间的差距的成因分析，以及对消除这些差距的策略。通过综合细化和综合具体化两个步骤，可以确保我们制订出既全面又实用的行动计划，有效地指导我们面对问题时的决策过程。

4. 评估

在职业规划的进程中，评估阶段具有至关重要的地位。该阶段的主要任务是将综合阶段产生的多种解决方案依据优先级进行排列，这不仅标志着个人处于选择职业、工作或大学专业的关键时刻，而且是深入反思个人价值观和目标的时刻。在评估阶段的初步步骤中，决策者不仅需要从个人角度出发，同时也要兼顾对周围人及社会的价值和益处，评估每一种选择可能对个人、他人及整个社区或社会产生的影响。我们每个人都将面临这样的决策：①"对我个人而言，什么是最佳选择？"②"对于我生活中的重要他人而言，什么是最佳选择？"③"总体而言，对于我所处的社区或社会而言，什么是最佳选择？"评估阶段的第二步是对综合阶段产生的各种选择进行排序。最能缩小沟通阶段所确定的现实与理想之间的差距的选择应被置于首位——可能是某个特定职业或研究生专业；次优选择则排在第二位，依此类推。在评估阶段的最后，决策者应确定一个最佳选择，并在情感上承诺去执行这一选择。

生涯问题至此得到解决，意味着个人成功地参与并完成了问题解决过程。然而，你也需要确保，如果首选方案因某些原因未能成功，评估阶段中排在后面的那些选择也能作为合适的备选方案。这样，即使在面对不可预见的挑战和变化时，个人也能保持灵活性和适应性，确保自己的生涯规划能够顺利进行。

5. 执行

执行阶段是将计划付诸行动的关键时刻，它标志着从思考到行动的转变。在这个阶段，我们致力于"实施我的选择"，将评估阶段确定的首选方案转化为现实，以缩小现实与理想之间的鸿沟。执行阶段的核心在于考虑评估阶段的成果，将首选方案作为目标进行重构，建立手段与目标之间的联系，并专注于具体的积极地实现目标的过程。为了达成目标，需要确定一系列逻辑清晰的步骤。制订行动计划可以遵循以下五个步骤。

首先，我们必须将首选方案细化为一系列可操作的小步骤，这些步骤可能涵盖增进知识、提升技能、转变观念、管理情绪、争取资源，甚至是提交简历、申请实习等具体行动；其次，我们要明确行动的起点，即开始实施计划的具体位置；再次，我们需要评估实现总体目标所需的时间，并为每个小步骤设定具体的完成时间，同时也要预留出应对可能出现的意外事件的缓冲时间；复次，为了确保每一步骤都能得到执行，我们需要采取一些措施，例如，实施适度的奖励与惩罚机制，以激励自己保持动力；最后，如果在计划的执行过程中遇到阻碍，我们应该知道如何及时调整策略，以应对新的情况和挑战。

在开始制订新的行动计划之前，仔细审视个人过去执行计划的历史记录显得至关重要。这一过程有助于我们深入理解哪些策略是有效的，哪些可能需要进一步改进，以确保新计划的可控性和可行性。在计划执行过程中，我们可能会发现，由于外部环境的变化或内部条件的调整，既定方案需要做出一些必要的调整和改变。尽管这些改变有时是积极的，但它们不可避免地需要额外的时间和资源。如果初始计划设定过于严格，没有预留足够的缓冲空间，那么当人们面对新行动带来的挑战和压力时，可能会感到难以承受，从而产生退缩的想法，最终导致计划的失败和放弃。因此，在制订行动计划时，我们必须结合个人过去执行计划的经验教训，进行周密规划，既要设定清晰的目标,也要预留适当的灵活性,以确保计划的顺利进行,并能够适应可能出现的各种情况。

6. 沟通再循环

CASVE 循环是一种自我驱动的循环过程,它由一系列步骤构成,旨在帮助个体通过反思和行动来缩小现实与理想状态之间的差距。在执行阶段之后,个体重新回到沟通阶段,以确认所选择并执行的方案是否能够有效地缩小现实与理想状态之间的差距。若 CASVE 循环的问题解决过程是成功的,那么原先在沟通阶段感受到的消极情绪就会转变为积极情绪。这是一个"意识到我已经做出了合适的选择"的阶段。在问题解决和决策过程中,人们往往能够迅速完成 CASVE 循环的五个阶段,或者在某个特定阶段稍作停留,进行更深入的思考和分析。在 CASVE 循环中,任何阶段遇到的难题都可能导致人们返回前一个阶段去修正问题,或者重新评估自己的选择。CASVE 模型为系统性思考提供了一个有用的工具,它不仅有助于提升个人效率,还能够促进个人成长和自我提升。

二、决策工具

1. 决策平衡轮

在职业规划的旅程中,我们常常面临诸多选择,需要做出明智的决策。例如,是继续深造还是步入职场?若选择就业,是成为公务员、加入私营企业,还是投身教育行业?在 A 公司、B 公司、C 公司中,如何抉择?如果选择继续深造,那么在众多学校和专业之间,又该如何做出选择?面对这些选择,一个有效的辅助工具是"决策平衡轮"。它利用图形化手段,帮助我们更直观、全面地分析和理解各种选择,从而做出明智的决策。通过这个工具,我们可以将每个选项的利弊进行可视化对比,能清晰地看到每个选择背后可能带来的正面和负面影响。这不仅有助于我们更好地理解自己的价值观和优先级,还能让我们在面对复杂的职业决策时,更加从容不迫,做出符合个人职业发展和生活目标的决策。决策平衡轮的绘制步骤如下。

首先,在一张 A4 白纸上绘制一个尽可能大的圆,并将圆分成八个相等的部分。列出在这种情境下你认为最重要的八个价值标准(可以参考自我探索中发现的价值观,或者根据当前情况重新设定),并将它们依次写在圆的外围。在另一张白纸上重复同样的步骤。根据选项的数量,绘制相应数量的圆,并将相同的价值标准等分并记录下来。具体步骤可参考图4-6。

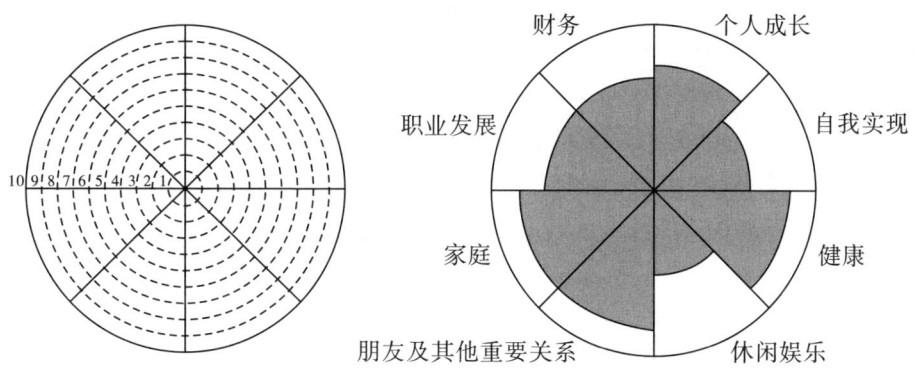

图4-6 决策平衡轮

其次,对选择一进行评分:假设圆心代表1分,而圆周代表10分,那么选择一在这些方面的得分分别是多少。请在8个扇形区域中用一条弧线标出得分,并将得分部分用笔涂黑。

再次,对其他选择也进行类似的评分,并在图表上进行标记。

最后,将所有完成的图表并排摆放,进行比较,观察每个选择在不同方面的得分和布局。这将帮助你感受对每种选择的整体印象以及内心的偏好。

决策平衡轮这一概念蕴含了以下三个核心意义。

(1)达成目标选项需要多方面的支持,正如轮子的转动依赖于辐条的支撑。

(2)平衡轮宛如一台照相机,能够精准捕捉到关于目标选项当前各方面的实际情况。

(3)平衡轮帮助决策者清晰地认识到这些目标选项在各方面所处的状态。正如轮子的转动需要辐条长度和强度的均衡一样,实现目标同样需要各方面的均衡发展。

在应用决策平衡轮时,罗列出各项考虑因素并对各个选项进行评分的过程本身就有助于你理清思路。

2. 决策平衡单

决策平衡单如表 4-5 所示。

表 4-5　决策平衡单

考虑因素	选择项目	重要性加权	选项一		选项二		选项三	
			＋有利	－不利	＋有利	－不利	＋有利	－不利
个人物质方面的得失	收入 工作难易程度 升迁的机会 工作环境的安全 休闲的时间 生活变化 对健康的影响 …… ……							
他人物质方面的得失	家庭经济 家庭地位 与家人相处的时间 …… ……							
个人精神方面的得失	生活方式的改变 成就感 自我实现的程度 兴趣的满足 挑战性 社会声望的提高 …… ……							
他人精神方面的得失	父母 师长 配偶 …… ……							
合计（加权合计）								
总计								

在决策过程中，当我们对众多选项进行评估和排序时，可能会意识到这些决策所涉及的各个因素的重要性不尽相同，因此，需要通过权重来体现。然而，在职业选择过程中，有些人过分专注于有限的几个行动方案，反复且缺乏系统地权衡利弊和限制，这种方法并不利于形成有效的职业决策。"平衡单"（balance sheet）的设计（Janis & Mann，1977）是用来协助当事人做好重大的决定[①]，是一种有助于理性思维的有效工具。决策平衡单既具有描述性意义，也具有规范性意义。从规范性角度来看，决策平衡单提供了一套有效的职业决策框架，能帮助个人系统化地完成职业决策过程。从描述性角度来看，面对生涯选择时，大多数人需要在明确问题之后，通过"脑力激荡"的方式，找出所有可能的行动方案，并对这些方案的优劣进行评估，以选择一个可行的方案并付诸行动。

以下步骤详细阐述了如何在实际中应用决策平衡单。

第一步，在决策平衡单的顶部水平排列出你所面临的各种生涯选择。

第二步，在平衡单的左侧垂直列出你认为重要的价值观和考虑因素，包括"个人物质方面的得失""他人物质方面的得失""个人精神方面的得失""他人精神方面的得失"四个维度。

第三步，为这些价值观和因素赋予 1～5 的权重等级。权重越高，表明价值观或因素的重要性越大。其中，5 代表"非常重要"，3 代表"一般"，1 代表"最不重要"。确保准确理解自己的需求和价值观是为这些因素分配权重的关键。

第四步，根据每个生涯选择满足你价值观和考虑因素的程度进行评分。评分范围从"－5"到"＋5"，其中"＋5"意味着"价值观和考虑因素在该生涯选择中得到了完全满足"，"0"表示"不确定"，而"－5"则表示"价值观和考虑因素完全没有得到满足"。

第五步，将每个生涯选择的得分与对应的价值观和考虑因素的权重相乘，计算出加权分数，并将其记录在相应的空格中。

第六步，将每个选择下的所有加权分数相加，得出总分。然后，比较并排序所有生涯选择的总分。

[①] 参见金树人《生涯咨询与辅导》，高等教育出版社 2007 年版，第 189 页。

决策平衡单是一种极具价值的工具，它通过将关键决策的考量方向聚焦于个人与他人、物质与非物质这两个维度，助力于明确个人在决策时的利弊权衡。这种方法通过细致分析每个行动方案的优劣因素，并计算出每个方案的综合得分，为行动方案的选择提供了一个参考框架。通过这种方式，决策者可以更清晰地看到每个选择背后的正反两面，从而做出更加明智和有根据的决策。决策平衡单的使用，使得决策过程更加透明和系统化，有助于减少决策时的主观偏见和情绪影响，提高决策的质量和效率。

在应用决策平衡单的过程中，其核心价值并不仅仅局限于得出最终的方案排序结果。实际上，填写过程本身同样具有极其重要的意义。通过详细罗列各项考量因素、为不同的价值观分配相应的权重，以及为各个选项进行细致的打分，个人实际上是在进行一种思维的澄清。这个精细的思考和反复的推敲过程，可能比单纯得到一个统计结果要重要得多。它能够更深入地帮助个人理解自己的需求和期望，从而做出更加符合自身情况的决策。通过这种方式，个人可以更全面地认识自己的偏好和目标，进而做出更加明智和精准的选择。

3. SWOT 分析法

在人生中诸多的决策时刻，有七个关键方面值得我们深思熟虑，我们应该仔细权衡每一个选择的长远影响。一是大学和专业的选择，是奠定未来职业道路的基石，它将影响你的知识结构和技能培养。二是首个工作单位的选择至关重要，它将塑造初步你的职业格局，为你的职业生涯打下基础。三是人生伴侣的选择，这是决定个人幸福和家庭生活的重要决策，这个选择将影响你的一生，与你的生活紧密相连。四是职业路径的选择，无论是走管理线还是专业线，都将决定你未来的发展方向和职业成就。五是工作和生活环境的选择重要，它将决定你的机遇和氛围，影响你的工作满意度和个人成长。六是创业或加入梦想中的公司，这个选择将决定你的职业激情和实现个人价值的舞台。七是职业发展的关键决策，正确的选择能够让你海阔天空，而错误的选择则可能使你举步维艰，陷入困境。每一个决策都承载着未来的无限可能，因此在做出选择时，我们必须深思熟虑，审慎评估。

为了在这些决策过程中提升效率和成效，SWOT 分析方法提供了一种极为实用的策略。它能帮助我们清晰地识别并理解在激烈竞争环境中的个人优势与劣势，同时也能帮助我们洞察外部环境中存在的机会和潜在威胁。

SWOT 分析法，也被称作"态势分析法"，是一种广泛应用于战略规划和决策过程中的工具。它涉及与研究对象密切相关的各种主要内部因素——包括 strength（优势）、weakness（劣势）以及外部因素——opportunity（机会）和 threat（威胁），通过详尽的调查列举出来，并以矩阵形式排列。优势和劣势是对个人内部因素的评估，而机会和威胁则是对外部环境因素的评估。通过系统分析的思想，综合个人的优势和劣势，认清职业环境和前景，将各种因素相互匹配并进行深入分析，从而得出一系列结论，进而做出最佳决策。表4-6是一个简单的职业目标决策的SWOT分析模型，它可以帮助个人识别自身在职业发展道路上可能遇到的关键因素。

表 4-6 SWOT 分析模型

内部个人因素	优势（strength），指那些可以掌控且加以利用的内在积极因素： 最杰出的品质。 能力的展现。 所学习过的知识。 所取得的成就，以及最成功的方面。 …………	劣势（weakness），指那些可以控制并努力改善的内在消极因素： 性格中存在哪些弱点？ 在经验和经历上，还存在哪些不足？ 最失败的经历？ …………
外在环境因素	发展机会（opportunity），指虽无法控制，但可加以利用的外部积极因素： 社会环境对个人发展目标的支持。 地理位置优越带来的专业发展机遇。 就业机会的增长。 …………	威胁（threat），是指那些你无法控制但可以设法减轻的外部负面因素： 来自名校的竞争对手。 同专业的其他大学生带来的竞争压力。 …………

在开展 SWOT 分析之前，确立一个明确且具体的目标显得尤为重要。这是因为人们在表现自己的时候，往往展示的是他们的"特质"，而这些特质并不总是直接等同于绝对意义上的优点或缺点。举例来说，一个人如果表现出细致入微的态度，这通常会被看作一个优点，然而，如果这种细致的态度过度发展，它就可能演变成一种对目标的过度执着，甚至可能成为阻碍。因此，

进行 SWOT 分析时，必须针对特定的情境和目标，以确保分析的准确性和实用性。目前，首要的任务是为自己设定一个清晰的职业目标，这样在进行 SWOT 分析时，才能更有效地识别和评估与该目标相关的个人优势、劣势、机会和威胁。

在执行 SWOT 分析的过程中，目前最广泛使用的方法是关键提问法。这种方法通过持续的自我提问，深入挖掘个人的自我认知。例如，个人可以通过提出一系列问题来逐步识别自己所处的外部环境中的机会。

（1）我最有可能实现的前景是什么？

（2）我所在专业领域中，目前最前沿的知识和技术有哪些？

（3）我是否已经尽了最大努力去接近它们？

（4）哪些培训和继续教育能为我开拓更多机会？

（5）MBA 或其他学历能否增强我的竞争优势？在当前的工作中，我多久能获得晋升？

（6）技术和市场的演变、政府政策的调整，以及社会结构、人口动态、人们生活方式的变化等，是否为我带来了新的机遇？

…… ……

通过与他人比较，个体能够审视自己所处的职业环境，识别个人的优势与劣势，以及职业环境中的机遇与挑战。这样，个体便能构建出自己的 SWOT 分析矩阵。通过这个矩阵图，我们可以清晰地看到自己的竞争力和潜在的发展机遇，进而制定出合适的职业目标。同时，它还能帮助我们明确自身的不足和外部威胁，为个人提升提供坚实的现实基础。SWOT 分析的具体步骤如下。

（1）确立个人当前的目标。进行 SWOT 分析前，必须设定一个明确的目标。在实际操作中，很多人倾向于直接评估优劣势，却忽略了目标的明确性。

（2）探索目标的发展前景、现状（即通过了解现实中的职业世界，获得实际的认知）、对个人的要求、进入门槛、发展路径等。

（3）识别可能参与目标竞争的对手，以及他们可能具备的优势。

（4）分析在追求目标的过程中，个人所拥有的优势（有助于目标实现，且为竞争者所不具备的要素）和劣势（竞争者拥有而个人所缺乏的优势）。

（5）明确 S（优势）、W（劣势）、O（机会）、T（威胁）四个维度的具体内容。

（6）制作 SWOT 分析表（表 4-7），并据此完成 SWOT 战略规划。这是 SWOT 分析过程中至关重要的一步。

表 4-7　SWOT 分析表

期望的目标： 目标的信息（感性化的信息：HPF）：		
客观环境	Strength 1. 2. ……　……	Weakness 1. 2. ……　……
Opportunity 1. 2. ……　……	SO 战略	WO 战略
Threat 1. 2. ……　……	ST 战略	SO 战略

三、提升生涯决策能力

CASVE 模型由五个阶段构成，每个阶段都从独特的视角出发，旨在提升我们解决问题和决策制定的能力。该模型的核心理念在于增进理解，即每个阶段所提供的建议和指导都旨在强化我们的自我认知技能和职业知识技能，帮助我们更深入地认识自我及我们的职业。在认知信息加工（CIP）理论的金字塔模型中，每一层都是在前一层的基础上构建的，形成了一个递进且相互支撑的结构。

1. 决策过程中存在的问题

我们必须清晰地认识到，生涯问题的解决和决策的制定是一个持续的过程，而非单一事件。我们的关注点应放在过程上，而非事件本身。实际上，我们将其视为一个五阶段的 CASVE 过程。只有顺利通过这五个阶段，才能成功地完成整个过程。职业指导的研究者已经指出，任何一个阶段的失误都可能导致整个问题解决过程的失败或误导。最终结果的质量，往往取决于表现最弱的那个阶段。通常，有三个关键环节容易出现问题。

在生涯规划和决策的过程中，首先遇到的是沟通阶段。在这个阶段，人们可能会被问题的复杂性和难度压倒。他们意识到的问题让他们感到不适，产生焦虑、威胁感，甚至抑郁，最严重的是感到迷茫，不知从何开始，如何着手去处理那个看似无法克服的挑战，从而导致他们始终无法摆脱这些负面情绪，无法顺利进入分析或综合阶段。

与沟通阶段的问题密切相关，人们可能会在评估阶段陷入困境。在缩小选择范围后，他们发现自己难以对任何选择做出承诺。他们追求一个符合所有条件的"完美"选择，从而感到痛苦。这时，他们可能会再次回到沟通阶段，再次感到挫败、焦虑、抑郁，形成一个恶性循环。

第三个特别棘手的环节是执行阶段。人们发现很难实施他们的首选方案，原因包括四个方面：①他们无法将执行阶段细分为具体的行动步骤；②他们不确定应该首先完成哪些任务；③他们被任务的模糊性和不确定性所困扰；④他们将外部的消极因素看得过重，认为任何尝试都是徒劳的，从而无法迈出第一步。

因此，要想成功地解决生涯问题和做出生涯决策，就必须全神贯注地完成 CASVE 循环模型的每一个阶段。生涯问题的持续性意味着它们总是环环相扣，一个问题的解决往往依赖于前一个问题的处理。对 CASVE 循环的成功运用，将使我们在面对下一个问题时，再次自然而然地运用 CASVE 循环，形成一个有效的解决问题的循环模式。

2. 提升 CASVE 循环技能

CASVE 循环是众多生涯问题解决或决策模型中的一个。在起步阶段，可能会体验到一定程度的不适，但通过不断地练习、反复应用、深入反思及积累成功经验，CASVE 循环的运用将逐渐变得自动化。在学习 CASVE 循环的初期，关键在于细致地审视决策过程中的问题，识别出导致过程中断的具体环节。在某些情况下，个体可能会在某个特定阶段停滞不前，此时他们需要借助其他方法来确保能够突破停滞状态。我们的目标是在解决重大生涯问题时，能够通过熟练掌握并运用 CASVE 循环，实现高效的问题解决。为此，我们可以有意识地进行 CASVE 循环的练习。

我们可以向一位值得信赖的朋友或职业咨询顾问寻求帮助，他们将询问你在沟通与评估阶段的感受，你在分析与综合阶段所运用的资源，以及你在执行阶段所制订的具体行动计划。与经历相似的人分享对 CASVE 循环各阶段的看法或体验，有助于在决策过程中更深入地认识自身的优点与不足。通过与他人探讨对 CASVE 循环各个阶段的看法，你将对自身的决策过程获得深刻的洞察。

阅读那些你感兴趣的行业领域中的重要人物的传记，并运用 CASVE 循环分析他们是如何应对生活和职业挑战的。你同样可以与在你感兴趣的领域中工作的人进行信息面谈，并尝试运用 CASVE 循环来理解他们是如何处理与工作相关的问题的。这些活动不仅能让你获得你所感兴趣的职业领域的信息，还能帮助你练习运用 CASVE 循环。

提升沟通阶段的技能，例如，识别现实与理想状态之间的差异，或更深入地了解自己的决策风格，你可以回顾过去做出的重大决策，找出其中的共同主题，回想当时的情感，以及这些情感是如何影响你的决策的；提升渐进放松和想象的技能，以便更清晰地描绘出差异；与最近正在经历重大生涯转变的人交谈，特别关注他们此时的感受；在决策的沟通阶段，确定生活中重要他人的角色和影响。

提高分析阶段的能力的关键在于识别问题的所有潜在原因，涵盖内部和外部因素。为此，你应当审视自己的价值观、兴趣和技能，确保对自己有深入的了解；保持对各种选择信息的客观性，避免受到外界不适当的影响；撰写自传，记录那些塑造了你生命历程的关键因素；辨识正式信息与非正式信息之间的差异；寻找能够帮助你将个性与潜在选择进行匹配的主题和分类，如霍兰德编码。关注信息的可靠性，将有助于提升分析阶段的能力。

提升综合阶段的技能，例如，制定可行的方案或剔除不可行的方案，你应该积极寻找资源，识别出所有可能的选择以满足你的最低标准；增强将具有相似特征的选项进行归类的分类能力；明确每个选项中哪些因素造成了显著差异；通过头脑风暴练习，识别限制特定选项应用的因素，例如成本或距离，并据此排除这些选项。需要注意的是，综合阶段既涉及扩展选择范围，也涉及缩小选择范围，其目的是筛选出 3～5 个最佳选项。

为了提升评估阶段的技能，例如，确定优先级，排列 3～5 个选项，你应当明确家庭及最亲密的人的重要价值观；检查你的核心价值观与其他价值观的契合或冲突；同样也可以撰写自传，回顾你以往做出的重大决策并思考价值观是如何影响你的重大决策的，也可以运用之前提到的决策风格练习；审视先前生活决策中最重要的考量因素；观察你的各种生活角色（如学生、子女、工作者、公民等）是如何受到你确定的每个选项的影响的；识别与每个偏好选项相关的重要价值观。在公共场合清晰地表达并始终遵循你的价值观，这是评估阶段解决问题的关键技能。

为了增强执行阶段的能力，例如，制订一个计划以达成解决问题的首选目标，首先，你可以学习制订计划的相关概念，如里程碑、时间线、流程图、预算等；其次，运用这些概念来构建你的首选计划：将计划书写下来，用叙述性语言清晰地阐述，用图表和曲线来展示；最后，和生活中的重要他人一起反思你所制订的计划。成功地完成这些步骤将有助于提升你在执行阶段的能力。

3. 运用 CASVE 循环分析积累决策经验

请运用 CASVE 循环来分析你在第一个练习中所列出的三个重要决策，以及你目前所面临的职业决策挑战。你可以参照以下七个问题进行思考。

（1）你是如何识别出自己的需求的？

（2）你是如何分析这个问题、搜集相关信息（包括关于你自己的信息和关于问题解决的信息）的？

（3）你是如何构想解决方案的？以你现在的视角，你是否能发现当时未考虑到的其他可能性？

（4）你是如何在不同的解决方案之间做出抉择的？你的选择标准是什么？

（5）你是如何执行行动的？实际过程是否与你的预期一致？

（6）你如何评价自己当时的决策过程？你对结果感到满意吗？如果不满意，是哪个步骤出现了问题？

（7）在分析了三个重要决策的过程之后，你对自己的决策模式有了哪些新的认识？这些认识对你处理当前面临的职业决策问题有何启示？

四、生涯决策与元认知

职业生涯规划与决策制定是我们在生活中所面临的复杂挑战之一。掌握丰富的自我认知和职业知识,并且了解如何在决策过程中应用这些信息,对于有效应对这些挑战至关重要。然而,仅仅达到这个层面并不足以有效地解决所有的职业生涯规划问题。金字塔模型中的元认知技能——执行加工领域,重点关注我们如何思考职业生涯问题的解决和决策制定,帮助我们判断何时启动 CASVE 循环,何时需要获取更多关于自我知识的信息,以及我们何时准备执行一个选择。盖瑞·彼得森(Gary Peterson)、詹姆斯·桑普森(James Sampson)和罗伯特·里尔登(Robert Reardon)合著了《生涯发展和服务:一种认知的方法》(Career Development and Services: A Cognitive Approach)一书,他们提出,认知(cognition)涉及一个人为了完成任务或达成目标而进行的记忆和思考过程,它是一个思维过程。"meta"这个前缀意味着"超越"或"更高的",如"更高层次的思维技能"。[①] 认知信息加工(CIP)理论金字塔模型展示了这种更高层次思维技能的位置(图 4-7)。

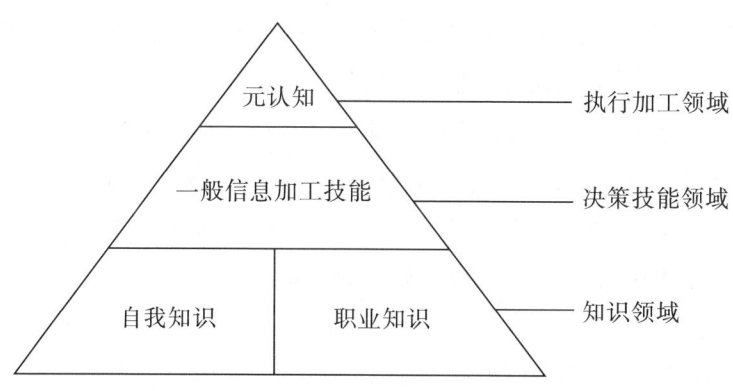

图 4-7　信息加工(CIP)理论金字塔模型

在元认知领域,存在三种至关重要的技能:自我对话(self-talk)、自我觉察(self-awareness)以及控制与监督(control and monitoring)。

为了有效地解决生涯问题和制定决策,我们必须能够熟练运用四个关键

[①] 参见[美]罗伯特·C. 里尔登、珍妮特·G. 伦兹、小詹姆斯·P. 桑普森等《职业生涯发展与规划》,侯志瑾、伍新春等译,高等教育出版社 2005 年版,第 76 页。

领域的信息：自我认知、职业知识、决策过程（包括 CASVE 循环）及执行加工过程。在这些领域的任何一处出现消极的元认知都可能中断问题解决的进程。掌握 CASVE 循环中八个领域的积极与消极元认知，并学习如何在生涯决策制定中培养积极且有益的元认知，将有助于提高我们个人生涯理论中元认知信息的品质，进而更高效地解决生涯问题和做出生涯决策。

1. 元认知技能

（1）自我对话。自我对话，即内在的自言自语，是内心思维的外在体现。思维过程遵循特定原则，这些原则即信念（belief）。若要成为一位高效的生涯问题解决者，必须坚信自己在该领域具备胜任力和能力。例如，能够给予自己正面的评价，如"我是一个出色的决策者"或"我能够独立做出明智的选择"。这种积极的自我对话对决策过程具有双重益处：它既能激发积极的期望，又能加强积极的行为，例如，在完成一个决策后对自己说"做得好"。

相对地，消极的自我对话可能会导致生涯决策的问题，因为它干扰了信息处理的效率和效果。例如，"我永远无法做出优秀的生涯选择"，或"我不知道什么对我来说是最好的，我更倾向于相信他人的判断而非自己的"。这类消极的自我评价会扰乱问题的有效解决流程。有时，我们会对自己提出过多的"应该"要求，如"我应该是一个出色的决策者"，"对我来说这本应是轻而易举的"。这种消极的自我评价往往阻碍决策过程的顺利进行，或者在系统中引入"干扰"或"杂音"，使得合理利用信息变得异常困难。

那些在生涯问题上面临较多挑战的人，在解决问题时可能会削弱自身的元认知技能，即便他们已经掌握了充分的信息。他们可能会发现自己无法独立解决问题。

（2）自我觉察。自我觉察是一个深入探索个人内心世界的复杂过程，它涵盖了对个人情绪的感知及对行为表现的反思。具体而言，如"我感受到了什么？"这个问题会引导我们去关注和理解自己的情绪状态，而"我正在做什么？"则促使我们审视自己的行为模式。无论是情绪的波动还是行为的选择，都存在积极与消极的差异，这些差异对我们的生涯决策产生直接影响。

在情绪方面，影响生涯决策的负面情绪主要是焦虑。这种焦虑可能表现为在生涯选择过程中的短暂性焦虑，它可能源自对未知的恐惧或对失败的担忧。同时，还有一种根植于人格中的长期性焦虑，它可能与个人的不安全感或对未来的悲观预期有关。这些焦虑情绪若不加以适当的管理和调节,可能会严重干扰我们的决策过程,导致我们做出不利于自身长期发展的选择。

在行为审视方面,自我觉察使我们能够更加清晰地看到自己在执行任务时的状态。例如,我们是全神贯注地投入到任务中,还是心不在焉、三心二意?我们是注重细节,追求完美,还是倾向于快速完成,一气呵成?我们是积极应对挑战,还是拖延逃避,将决策任务委托给他人?这些问题都指向我们对待任务的态度和行为习惯。

成为一个高效的生涯问题解决者,意味着个人能意识到自己就是任务的执行者。在处理信息加工任务时,他们能意识到自己的感受,理解情绪如何影响自己的思考和决策;他们能清楚他人的需求,做出既有利于自己也符合社会大局的选择;他们能够平衡个人利益与他人利益,并找到一个和谐的点,使得个人发展与社会责任并行不悖。

(3)控制与监督。自我觉察涉及在决策过程中对个人情绪和行为的"意识""感知"或"认识"。这种自我意识使决策者在面对各种选择和挑战时,能够清晰地理解自己的内在状态和反应。而控制与监督则是在自我觉察的基础上,进一步指导决策者明确"接下来应采取的行动,以及何时开始和结束"。它要求决策者不仅要了解自己的情绪和行为,还要能够有效地管理和引导这些情绪和行为,以确保决策过程的顺利进行。例如,控制与监督要求决策者决定何时收集或停止收集信息,这涉及对信息需求的判断和对时间管理的把握;决定何时启动、完成或放弃一个选择,这需要决策者对可能的后果进行评估,并在必要时做出果断的决策;在决策过程中哪个环节表现不佳,何时需要回溯到前一个环节等,这要求决策者能够识别问题所在,并及时调整策略。控制与监督是确保决策质量的关键环节,它要求决策者在自我觉察的基础上,通过有效的管理和控制,使决策过程更加有序和高效。

2. 提升元认知技能

我们诸多的元认知技能在童年时期形成,主要是在 4~8 岁这个阶段。作为成年人,若我们缺少积极且高品质的元认知技能,学习新的元认知技能将变得异常艰难。你可以向专业人士,如咨询师或教师,寻求协助以增强你的元认知技能。一旦个人掌握了如何识别自身元认知技能的缺陷或问题,他们有时也能通过自我引导的学习活动来提升自己的元认知技能。以下五种策略可以帮助你提升你的元认知技能，同时，这些技能也可能阻碍你在职业生涯中解决问题和制定决策。

（1）我们需要识别并转变那些消极且不合理的生涯信念，将其转化为积极且合理的信念。

认知心理学家阿尔伯特·艾利斯（Albert Ellis）强调，信念在塑造我们的思想、情感和行为中扮演着至关重要的角色。正是我们的信念或观点激发了相应的情感和行为。不合理的信念常常导致消极情绪的产生，并阻碍我们采取积极措施来解决生活中的问题。因此，只有将这些不合理的信念转变为合理的信念，才能激发我们适当的行为，进而推动生活决策的进程。里尔登等在《生涯发展和服务：一种认知的方法》一书中提出了一种四步法，帮助我们改变消极的观念。这四个步骤包括：①识别消极的想法和陈述；②质疑这些想法或陈述的合理性、有用性或真实性；③将消极思考转变为积极的想法或陈述；④采取与新的、已改变的想法或陈述相一致的新行动方式。[①]

来自东西方的学者基于不同的理论基础，并结合各自的文化背景与实践经验，构建了多种生涯信念量表。生涯信念量表有助于深入理解并评估个人的生涯信念，从而识别那些可能妨碍生涯决策的不合理信念。在认知信息加工理论的指导下，里尔登等依据认知信息加工（CIP）理论金字塔模型所涵盖的领域，开发了包含48个条目或陈述的生涯观念量表（career thoughts inventory，CTI），旨在帮助人们洞察自己在考虑教育和生涯选择时，哪些典型的想法可能影响决策的有效性。

了解不合理信念的多样性表现形式，有助于我们超越生涯信念量表题目的局限，更全面地理解个人的不合理信念。不合理信念的共性主要体现在以下三个方面。

首先，过度概括，以偏概全，将单一的经验泛化到全部的人或事。例如，"我爸爸当了一辈子公务员，他每天的工作很清闲，别人也很尊重他。因此，公务员是最稳定和最体面的工作"，或者，"我的数学不好，所以我无法在金融界工作"。

---

① 参见［美］罗伯特·C. 里尔登、珍妮特·G. 伦兹、小詹姆斯·P. 桑普森等《职业生涯发展与规划》，侯志瑾、伍新春等译，高等教育出版社2005年版，第80页。

其次，绝对化要求，二元思维，非此即彼。例如，"我是名校热门专业的毕业生，理应得到一份高薪工作"，"必须收集到所有的信息，才能做出决定"，"如果找不到我喜欢的工作，宁愿不工作"，"一定要避免失败的风险，确保万无一失"，"我父母很优秀，我也必须很优秀"。

最后，夸大主观感受。例如，"如果第一份工作选错了，我这辈子就完了"，"如果找不到与专业对口的工作，这么多年学习的东西就全部浪费了"，"如果选择这个工作，我的同学和老师会笑话我，那么我将一辈子抬不起头来"。

（2）积极自我对话的练习。在识别了不合理信念的普遍性和表现之后，个体可以开始关注自身的不合理信念，并在它们浮现时及时进行干预，将其转变为积极的自我对话。积极和正面的自我陈述能够开启新的视角和行动方案，进而提高决策的品质。对于那些长期陷入不合理思维模式的人来说，采纳积极的自我对话可能起初会感到挑战。例如，"我并非擅长解决问题"的话语就是消极自我对话的范例。一个支持性的朋友或咨询师能够质疑并协助个人摒弃这种消极的自我对话。你可以邀请朋友帮助你识别并改变这些消极的陈述，不久之后你将能够开始自我监控这些表达。你也可以训练自己发展更积极的自我对话：首先，努力消除消极的陈述，随后开始学习运用更积极的自我对话。一些人已经发现，阅读那些提升自尊和增强自信的自助书籍，有助于他们培养更积极的自我对话。此外，专业咨询师的指导、积极的情绪体验，以及与积极人士的交流，都能为个体学习更积极的自我对话创造机会。

我们还可以通过改写句子练习，将这些不合理的信念替换为更积极的信念。表4-8提供了一些阻碍生涯决策的不合理信念的转换练习示例。我们可以利用这些例子审视个人的信念，并在咨询师或重要他人的帮助下，进行改写句子练习，尝试用新的视角去看待生涯问题与决策制定。

表4-8　生涯决策过程中的典型信念与想法

生涯决策领域	不合理陈述	句子改写
自我知识	没有任何学习或工作领域能激起我的兴趣	我或许尚未完全明确自己的喜好与不喜。可能我需要更丰富的经历来深入理解自己的兴趣所在。通过参与各种全职或兼职工作、志愿服务或业余爱好，我可以积累更多的生活经验

续表 4-8

生涯决策领域	不合理陈述	句子改写
职业知识	几乎所有职业信息都倾向于将工作描绘得"光鲜亮丽"	虽然某些职业信息可能会人为地让这一职业显得更有吸引力,但声称大多数信息都存在这种情况未免过于夸大。职业信息可能在正面和负面两个方向上都有所偏差。例如,助人的专业人员,如咨询师,能够帮助我辨别各种信息来源的可靠性。关键在于,评估每条信息的来源和目的,以确定它是否对我做出职业决策有实际帮助
沟通	我对选择学习领域和职业方向感到如此迷茫,以至于无法启动这一过程	我必须承认,面对决策时的挫败感让我感到沮丧,这一点对我而言至关重要。然而,从长远来看,对此置之不理并非明智之举。我或许需要寻求帮助来应对这种沮丧情绪,或者采取一些切实可行的小措施,以获取必要的信息,从而启动决策的进程
分析	我永远无法完全了解自己,以便做出明智的生涯决策	在进行职业规划时,深刻理解自己的价值观、兴趣和技能对我来说至关重要。在做出明智的职业选择之前,我必须全面认识自己,这种认识有时可能会让我感到沮丧,甚至阻碍我认真考虑各种可能性。然而,经历职业选择的过程实际上将极大地帮助我更深入地了解自己。拥有许多资源可以帮助我获取关于自身的充足信息,从而至少明确在职业决策过程中接下来的步骤
综合	我难以想象有哪些学习领域或职业领域适合我	此刻,我感到非常沮丧,这可能导致我放弃探索和发现所有可能的合适选择。相反,如果我相信能够找到适合的选择,那么我或许会更加积极地去探索和发现合适的学习或职业领域

续表 4-8

生涯决策领域	不合理陈述	句子改写
评估	生活中重要人物的观点会影响我对学习领域或职业生涯的选择	生活中重要人物的观点往往能轻易影响我对学习领域和职业选择的决定。从他们那里获得的信息，有些可能有益，但有些却使我更加困惑和不确定。无论我从别人那里得到什么建议，最终我才是那个要对自己的生涯选择负责并有能力做出选择的人
执行	我清楚自己的目标，却难以拟定实现它们的计划	在明确了自己的职业目标之后，我已经在实现生涯规划的道路上迈出了坚实的步伐
执行加工	面临决策时，我常常感到焦虑，以至于难以清晰地思考问题	取得了显著的进步。对于接下来的步骤，我尚不明确，这意味着我需要搜集更多关于生涯规划的资料，或者寻找一位能够胜任的专家来协助我制订一个切实可行的计划，以便顺利达成目标

（3）培养相对思维模式（relative thinking），以避免陷入二元思维（dualistic thinking）的陷阱。二元思维，又称为"全或无"式思维（all-or-nothing thinking），这种思维模式往往会限制我们的思路，导致我们停滞不前。例如，断言"所有的好工作都要求数学学得好"，这种说法会限制我们自己，尤其是当我们对数学不感兴趣或缺乏该领域的技能时。实际上，这种说法可以换一种方式表达，例如，"在某些企业中，一些高薪职位的人除了掌握其他领域的技能，还应具备数学技能和兴趣"。通过这种方式重新审视工作与数学之间的关系，我们能够看到事物的多面性，而不是局限于绝对的"全或无"式思考。在现实生活解决生涯问题和制定决策的过程中，几乎不存在能够主宰这一过程的绝对真理。事情几乎总是随着程度、情境、人物、时间、环境等因素的变化而变化，而当我们的思维能够反映这些现实时，我们就能更好地发挥。

（4）培养自我控制能力，以管理和抑制负面情绪及行为。自我控制是一种后天习得的思维过程，其结果是增强个体对影响行为的各种因素的控制力

(Thoresen & Ewart,1976)①。例如，当有人不断质疑你的职业选择并激起你的愤怒时，你可以先进行几次深呼吸，以避免愤怒的话语脱口而出；或者在参加职位面试前，可以通过练习深呼吸来放松自己；又或者当你对职业生涯的不确定性感到担忧时，可以在脑海中想象一些有助于保持平静的场景（如想象自己躺在沙滩上）。这些自我控制技巧能够帮助我们提升元认知技能，并最终增强我们制定生涯决策的能力。

（5）运用 CASVE 循环，提升解决一般问题的能力。CASVE 循环提供了一种适用于多种生活情境的问题解决通用方法。通过这个循环，我们可以系统地分析问题，生成解决方案，评估这些方案，执行选择，并验证结果。当我们能够成功、快速、有效地使用像 CASVE 循环这样的策略来处理生涯问题和其他生活问题时，我们的元认知技能将得到显著提升。使用 CASVE 循环而无须刻意地思考，就像熟练掌握了骑自行车或驾驶汽车的技术后——它几乎成了一种自动化过程。这种自动化过程使得我们在面对决策时，能够更加轻松和自信地完成决策过程，从而提高我们解决问题的效率和质量。

总的来说，提升元认知技能的核心在于将注意力聚焦于生涯决策的过程，而不仅仅是关注做出选择的那一刻。以比赛为例，我们的注意力不应仅仅放在赢得比赛（即结果）上，而应更多地放在增强自身实力、注重营养与健康、避免不必要的风险、不错过任何训练机会（即过程）等上。在比赛中，我们应展现出更高的控制力。一旦我们掌握了出色的生涯问题解决和决策制定技能，我们不仅能积极参与比赛，更能在比赛中取得胜利。

本章小结

本章深入探讨了个人在生涯规划中所面临的决策问题，以及如何通过系统化的方法进行有效决策。首先，介绍了生涯决策的重要性。其次，通过案例分析了不同个体在生涯决策中可能遇到的困难，并提出了决策技能领域和执行加工领域的概念。再次，详细阐述了决策过程中的关键问题，包括决策者的类型、决策风格、生涯决策困难的因素等。最后，提供了提升生涯决策

---

① C. E. Thoresen, C. K. Ewart, "Behavioral Self-Control and Career Development", *Counseling Psychologist*, 1976, 6 (3), pp. 29–43.

能力的策略，包括运用 CASVE 循环模型、增强元认知能力等方法。

生涯规划练习

请进行关于自我对话——优化个人的职业观念的练习。在表 1 的左侧，记录下你自己或你的同学可能持有的职业信念，这些信念往往带有消极和不切实际的色彩。尝试进行自我对话练习，随后在表 1 的右侧，阐述新的、合理且积极的职业信念。

表 1 新旧职业信念

旧的生涯观念	新的生涯观念

第五章　学业规划与生涯目标

本章内容框架

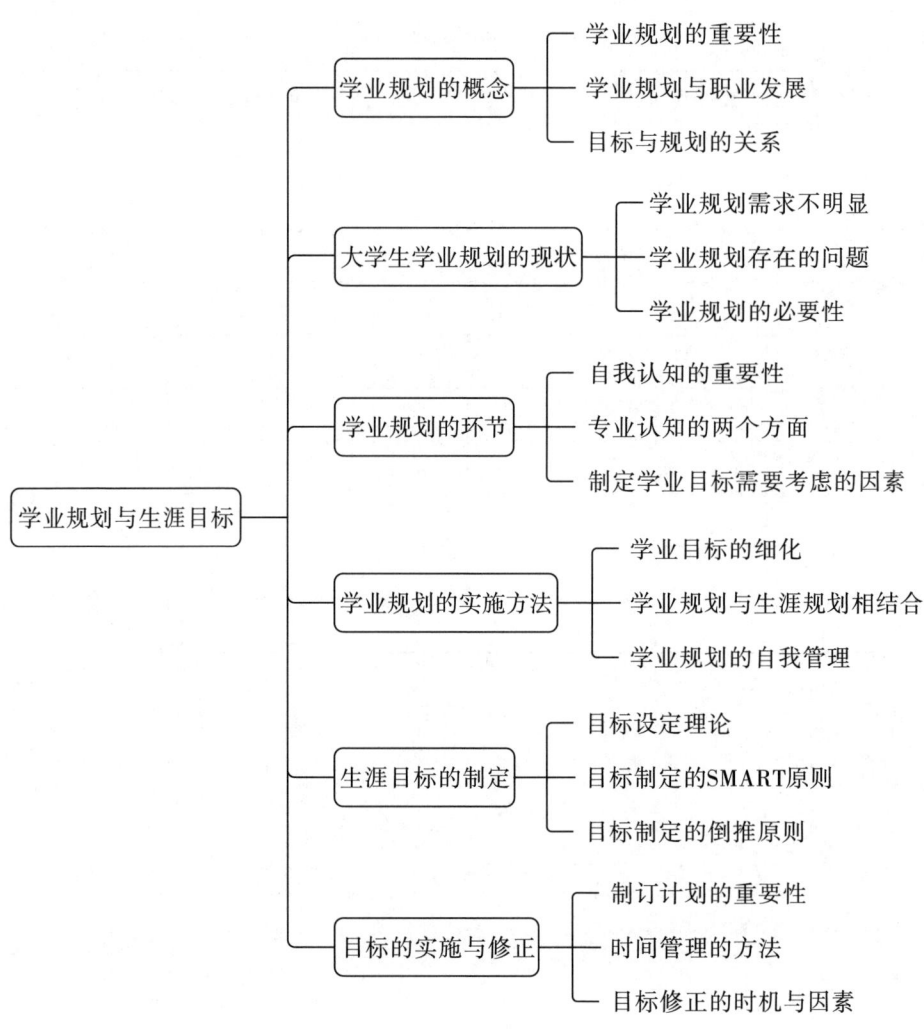

第五章　学业规划与生涯目标

在深入学习了前四章的内容之后，让我们回顾一下第一章中提到的李茹和董杰的故事。他们的经历揭示了众多大学生在校园生活中普遍遭遇的困境。虽然他们总是忙于选修各类课程、参与各种活动及准备各种考试，但是，他们却感觉自己如同在人群中盲目游走，缺乏明确的方向。他们困惑于如何停下脚步，去认真思考并明确自己的前进方向。"为何要读大学，又该如何度过大学时光"，这些问题成为学生们必须深思的课题，而学业规划则成为大学生必须认真对待的重要议题。

学业规划的概念，最早由我国学业规划与升学决策研究领域的权威学者张恒亮先生提出。学业规划作为职业发展的基础，不仅涵盖对未来职业目标的明确、学习目标的设定，还包括自我管理技能的培养。其核心目标在于提升职业竞争力和实现个人价值。具体而言，学业规划要求学习者基于对自身特点和未来目标的深入理解，设定人生各个阶段的事业目标，进而确定相应的学业路径，并结合个人实际情况制订学业发展计划，确保以最小的求学成本获得实现阶段性职业目标所需素质和能力的过程。因此，目标与规划是紧密相连的。

只有当我们心中对未来的道路有了明确的规划，个人的生活才能因此明确方向和充满意义。正是这个清晰的方向，使我们能够在有限的时间内，更加专注地将精力和时间投入到特定的事情或任务上。这个方向，实际上就是我们的目标。当大学生开始思考目标问题时，规划和行动也会变得水到渠成。目标是规划的基础，规划是行动的前导。行动宛如试金石，检验着目标和规划的可行性；而目标和规划，则如同灯塔，指引着行动的方向，引领我们不断前进。因此，大学生应该有针对性地培养目标意识，并在此基础上制定出切实可行的学业规划。

第一节　大学生学业规划

一、大学生学业规划的现状

在高中阶段，我们对学业规划的需求似乎并不显著，因为同学们的目标相对统一——那就是进入自己能力所及的顶尖大学。老师、家长或权威的亲戚们已经为我们指明了前进的道路。因此在上大学之前，参加高考是顺理成章的步骤，毕竟周围的同龄人都在走这条路。但是，当我们跨入大学的门槛，才意识到现实远比想象中复杂。没有了既定的路线，同学们的目标和期望变得多样化，我们该如何适应这种变化呢？

我们曾对 2061 名大一新生进行了就业力前置调查，调查显示，大学生在学业规划方面面临的主要问题为：①学业自我认知模糊、定位不准确。自我评估是学业规划的起点，全面和客观的自我评估是科学规划学业的基础。自我评估对环境分析、目标设定、生涯策略、学业评估等后续环节及其连续过程至关重要。许多学生由于缺乏明确的方向，未能设定清晰的目标和价值观，导致对未来的发展路径感到迷茫。即便有学生试图探索自我，但他们在当前的投入程度及对未来投入的期望都相对较低。②对专业的认识虽然存在，但缺乏系统性，超过半数的学生认为自己本科所学的专业与个人兴趣并不匹配。③缺乏规范的学业规划，奋斗目标不明确。尽管大多数同学认同学业规划的重要性，但实际上有计划地进行学业规划或已经完成学业规划的只是少数。大学生很少采取行动来实现目标规划，对职业决策过程及其结果往往持有非理性的看法。部分学生对生活缺乏长远规划，进入大学后更多地以"享受生活"为主，因此，学业规划往往得不到足够的重视。

二、学业规划的环节

学业规划是一项复杂的工程，它贯穿大学教育的各个阶段，并在个人生涯规划中占据着至关重要的位置。接下来，我们将结合第二章、第三章的内容，从自我认知、专业认知、学业目标的制定三个维度，深入剖析大学学业规划的全过程。

1. 自我认知

本书第二章详细阐述了兴趣、价值观和技能等自我知识的核心要素。除了这些，大学生在进行自我认知时，还应将性别、年龄、身体状况等因素纳入考量。生理上的差异，如男性和女性之间的差异，可能会对专业选择和职业适应性产生影响。某些职业对视力和身高有特定要求，因此需要结合个人的身体状况进行综合评估。在考虑年龄因素时，可以参考生涯发展阶段理论的相关内容。

2. 专业认知

大学生的专业认知包含两个层面：一是专业学习认知，涉及对所学专业的培养目标、知识体系、课程设置、学习方法的理解；二是专业发展认知，涉及对所学专业的职业发展方向和职业素质能力的全面了解。这两方面的内容可以参考职业知识单元进行详细梳理。

依据《2024年大学生就业力调研报告》，我们观察到新生入学三个月后对所学专业的喜好主要停留在情感层面，这可能源于他们对专业的认知尚浅，进而导致专业认同感普遍偏低。这种情况可能会导致学生在学习过程中产生厌学或畏难情绪。那么，如何增进对专业的学习认知呢？一方面，可以通过开设专业导论课程；另一方面，可以通过举办与专业相关的校园文化活动来达成。专业导论课程作为一门系统性介绍所学专业的基础课程，有助于加深学生对本专业的认同感和自豪感。而与专业相关的校园文化活动形式多样，如课外科技竞赛、专业学习沙龙、经验交流会及专业论坛等，旨在激发学生的参与热情，提升其学习积极性。

专业发展认知的提升，不仅可以通过职业规划与就业指导课程，还应结合专业实习实践。这些课程和实践活动有助于学生深入理解本专业的职业发展方向，明确职业素质能力要求，并通过系统的职业技能和通用技能培养，增强其就业竞争力。低年级学生的专业实习实践可以利用大学的寒暑假进行，通过参观相关单位、调查研究等社会实践方式，深入了解现实工作世界；而高年级学生则可以通过参加学校按照专业培养计划安排的实习，或直接在意向的单位、企业实习，来增强对专业领域的认识。

必须明确指出，在大学期间，我们不仅需要精通专业课程，还应重视通识课程的学习。通识教育课程与专业课程相辅相成，其目的在于拓宽我们的视野，帮助我们洞察世界动态，因为这些动态深刻地影响着我们的工作和生活。这些知识直接影响我们学习、思考和规划生涯的方式。例如，人文社科类课程让我们领略文化、语言及价值观的交融，洞悉种族群体、社区、机构及人类行为；自然科学课程则引领我们探索科学技术，培养问题解决能力。专家们也特别强调通识知识在个人职业素养和就业能力中的重要性，认为学习通识知识对就业成功有着显著的影响。例如，加德纳（Gardner）引用了布里奇斯（Brigdes）(1994)和其他研究者的研究结果，指出有75%的工作岗位需要一般性的技术和知识（如良好的文科教育），而25%的工作岗位则需要特殊的专业技能和知识（如技术性能力、程序设计能力）。① 尽管技术性能力可能有助于获得职位，但一般知识技能可能对保持长期雇佣关系更有帮助（Gardner 1998）②。此外，通识教育调查问卷数据表明，大多数学生认为通识教育对提高人文素养、跨学科研究能力和创新能力等方面具有重要价值，这进一步证实了通识教育在提升大学生就业竞争力中的作用。事实上，通识教育的益处不仅限于职业发展，它还能够促进个人全面发展，培养批判性思维和道德判断力，这些能力在当今复杂多变的社会环境中显得尤为重要。通识教育的终极目标是培育出能够适应未来挑战、具有全球视野和人文关怀的复合型人才。

3. 学业目标的制定

在对自我和专业有了清晰认识之后，大学生在规划未来时，还应考虑家庭环境、教育背景、社会环境等外部因素。基于这些认识，接下来的任务是围绕长远目标，精心规划当前的行动路径。在此之前，我们首先需要进行宏观的自我定位，明确未来的人生方向，例如，你可能会选择从政、从事学术研究、从商，或投身社会服务等领域。人生的方向越明确，学业目标的设定便越有依据；此外，还需要细化微观自我定位，无论是继续深造、海外求学、职场拼搏、自主创业、投身军旅，还是参与专项计划、投身志愿服务等，都请清晰勾勒出大学毕业后的发展蓝图。

无论你的人生目标定位在哪个领域，当你思考毕业后的发展道路时，都将面临以下几种选择。

（1）直接就业。

（2）就业后创业。

---

① 参见［美］罗伯特·C. 里尔登、珍妮特·G. 伦兹、小詹姆斯·P. 桑普森等《职业生涯发展与规划》，侯志瑾、伍新春等译，高等教育出版社2005年版，第91页。

② P. D. Gardner, "Are college seniors prepared to work?", In J. N. Gardner, G. Van der Veer (Eds.), *The Senior Year Experience: Facilitating Integration, Reflection, Closure, and Transition*. San Francisco: Veer, Jossey-Bass, 1998, pp. 60–78.

(3) 先深造再就业。

(4) 深造后创业。

(5) 选择出国深造后创业。

(6) 出国深造后回国就业。

(7) 就业后再深造，然后重新就业。

究竟哪条道路最适合自己，这需要依据个人的实际情况和个性特征来确定。

在设定学业目标时，必须平衡学业规划与生涯规划的关系。高校的思政教育和生涯教育工作者，可以通过构建本土化的生涯教育－就业指导教育体系，将学业规划作为核心任务，帮助大学生明确学业目标，树立自主学习的理念，改进学习方法以提升学习效率；同时，通过生涯规划协助大学生进行全方位的生涯发展策划与设计，确保学业规划与生涯规划的相互支持与融合，实现从学业生涯到社会生涯的平滑过渡，从而促进大学生的全面发展和成才。

三、学业规划的实施方法

学业规划是一个全面的概念，落实到具体操作上，就需要将学业目标细化到每个学习阶段。通过生涯发展理论学者舒伯的生活/生涯彩虹图，我们可以看到，在人生的各个阶段，我们扮演着不同的角色。能否扮演好这些角色，与我们对职业角色的定位和自我认知紧密相关。大学阶段是生涯发展的探索期，大学生通常年龄在 18～22 岁之间，他们刚刚经历了基础教育的成长期，正处于生涯探索期和生涯建立期的"成人早期的转换期"。在从青少年过渡到成年人的过程中，大学生们有许多发展任务需要完成。其中，最主要的任务是在生涯探索的过程中，提升生涯意识（career awareness），并逐步明确生涯发展方向，以制定出切实可行的生涯计划和准备。我国台湾地区的生涯学者林清文将大学生生涯发展的目标归纳为以下 10 个方面。[①]

(1) 自主生涯规划与责任意识。

(2) 系统性的自我探索。

(3) 制定初步的生涯目标。

(4) 围绕初步生涯目标进行深入探索。

---

① 林清文：《生涯发展与规划手册》，广东世界图书出版公司 2003 年版，第 17 页。

(5) 主动搜集生涯相关信息。

(6) 将个人特质与教育职业路径相结合。

(7) 分析环境资源以评估初步生涯目标的可行性。

(8) 掌握生涯决策的知识与技能。

(9) 设定学习期间的短期（阶段性）目标。

(10) 提升生涯规划与问题解决的能力。

在大学阶段，"设定学习期间的短期（阶段）目标"并制定学业规划，是大学生生涯发展的重要课题之一。大学生需要依据自己的长远规划，制定一份覆盖整个大学生涯的行动计划，同时参考各年级的具体阶段任务来设定个人的阶段性目标。

大一新生应专注适应大学生活，深入了解所学专业及其就业前景。任务涵盖：熟悉专业学习内容、要求及就业趋势；转变学习角色，掌握高效方法，全心投入专业学习；参与校园活动，丰富课余时光；精进计算机、英语等通用技能。完成任务的途径有：与院系老师、学长深入交流；选修职业发展相关通识课程，规划校园生活；精选社团活动参与；充分利用学院资源，深入了解专业。

大二和大三学生应致力于掌握专业知识和操作技能，同时提高综合素质。主要任务包括：深入学习专业知识，并具备一定的应用能力；在实践中锻炼个人的组织、协调、沟通和应变等能力，提升责任感、耐心和对挫折的承受力；提高英语口语和计算机应用能力。根据潘静洲教授[①]的研究，有效的实习可以帮助学生了解职场、积累工作经验、习得工作技能，且实习质量而非数量对就业起着决定性的作用。学有余力的学生，还可考虑学习与所学专业、个人兴趣或职业规划相关的知识。完成任务的途径包括：参加学生会、社团或兼职、社会实践等活动；利用学校就业中心的职业规划咨询服务，了解自己的兴趣和能力；选修生涯规划、创业指导等课程以拓展知识面；通过学校提供的实习信息、组织的实习招聘会，了解实习相关事项，并利用假期进行实习。

---

① J. Pan, Y. Guan, J. Wu, et al., "The Interplay of Proactive Personality and Internship Quality in Chinese University Graduates' Job Search Success: The Role of Career Adaptability", *Journal of Vocational Behavior*, 2018, 109 (6), pp. 14–26.

大三和大四学生应开始规划毕业后的去向。主要任务包括：取得一定的学习成果；考虑毕业后的选择，如就业、考研、创业或出国，并根据所选方向制订计划，着手准备。完成任务的途径包括：选修就业指导等课程，学习选择去向的方法和技巧；参与未来求职领域相关的实践锻炼，完成目标更为明确的工作实习；学习简历制作、求职信写作、求职礼仪、形象设计等求职技巧；了解并积极尝试搜集工作信息的渠道。

大四和大五学生应落实毕业去向，确保学业圆满完成。主要任务包括：回顾并总结大学校园生活；根据所选择的毕业去向落实具体行动，并取得满意结果。完成任务的主要途径有：筛选招聘及考研院校信息，锁定合适目标；熟知当年就业、升学政策；加强求职技巧训练，如模拟面试等；踊跃参与宣讲会、招聘会，积极投递简历，以积累择业就业经验，提升就业竞争力。

学业规划的实施需要自我管理，即对目标时间内应完成的任务进行自我检查，以确保学习任务按计划完成。

第二节　生涯目标

一、生涯目标的分类

将学业规划与生涯规划相结合，并在生涯规划中确立初步的职业生涯目标至关重要。职业目标可以根据不同的分类标准进行划分。

（1）从目标实现的时间跨度来看，生涯目标可以分为人生目标、长期目标、中期目标和短期目标。人生目标贯穿了整个人生历程，可能绵延数十年；长期目标常被设定为 5～10 年的范畴；中期目标则聚焦在 3～5 年的时段；而短期目标则着重于未来 1～2 年的具体规划。

（2）从目标的性质来区分，职业目标又可分为外职业目标和内职业目标。外职业目标着重于职业过程中的外在表现，如工作内容、工作环境、经济收入和职务晋升路径等。内职业目标则侧重于职业生涯中个人的内心体验和收获，包括工作能力、心理素质、价值观念和工作成果等。

表 5-1 展示了某大学生根据目标性质的不同，将自身的职业方向细化为

具体的外职业生涯目标和内职业生涯目标。通过这种分解，职业方向变得更加明确，抽象的概念得以转化为可执行的日常行动。这正是生涯目标的价值和意义所在。

表5-1 内、外职业生涯目标举例

	细分内容	具体形式	大学期间的体现方式
职业生涯目标	外职业生涯目标		
	职务目标	经理人、企业技术研发、销售总监、公务员、学者、教授	学生组织骨干、科研团队骨干
	工作内容目标	领导企业运营，开发技术，满足客户需求，服务国家人民，提高国家科研水平	完成学业，获得语言、计算机等技能证书，入党，读研，出国深造
	工作环境目标	室内、现场、实验室	
	经济目标	薪酬、福利	获得奖学金等奖励
	工作地点目标	上海、北京、西部	
	内职业生涯目标		
	观念目标	国际视野、政治理念、价值观念	对政策、社会现实的理解、看法、反思、价值观、世界观
	工作能力目标	表达、组织、动手实践、团队、领导、沟通	能够独自完成演讲，会使用各种软件完成实验，承担社团活动
	工作成果目标	团结团队，参与某项谈判，完成某些活动和课题	获得同学、老师、实习单位的肯定，学习科研、社团活动有进步
	心理素质目标	承受力、对他人的理解与容忍、自我调适	充分自我认识，能够应对困难，能接纳、理解自己，和谐的人际关系
	掌握新知识目标	专业、人际、文化	扩大知识面，对知识的理解加深

二、生涯目标的制定

在我们每个人的生命旅程中，追求梦想无疑是一段充满挑战和希望的旅程。许多人怀揣着梦想，心中充满了对未来的美好憧憬，然而，在这条道路上，他们往往会在中途遇到各种困难和挑战，最终不得不放弃，未能实现既定的目标。这种情况的发生，并不总是因为个人能力的不足，而更可能是由于缺乏构建一个合理且可行的目标体系的智慧和策略。

在管理学和心理学领域，美国马里兰大学教授埃德温·洛克（Edwin A. Locke）提出了一个著名的理论，即"目标设定理论"（goal-setting theory）。这一理论深入探讨了影响目标达成的三个关键因素，它们分别是目标承诺、反馈信息、任务的复杂程度。

（1）目标承诺，是指个人对于实现目标的期望程度和决心。当目标十分重要时，个人更倾向于全身心地投入到目标的实现过程中，这种强烈的责任感会显著提高目标达成的概率。此外，个人对自己能否成功实现目标的信心，也就是我们所说的自我效能感（self-efficacy），同样对目标承诺的强度产生重要的影响。

（2）反馈信息，是指在行动过程中，个人能够获得的关于自己表现的好坏、距离目标的远近以及所需努力的方向等信息。及时且准确地反馈信息有助于人们了解自己的行动进展，并根据这些信息及时调整自己的策略和方法，以确保目标的顺利实现。

（3）任务的复杂程度，是指实现目标所需要完成的每个任务的难度。适度难度的任务最能激发人的动力和潜能，而个人完成任务时所采用的策略的多样性和灵活性则往往决定了任务完成的效率。那些能够灵活运用多种策略、方法多样的人，更有可能成功地达到目标。

这三个关键因素共同作用，共同影响目标实现的可能性。因此，在设定目标时，我们必须深思熟虑，仔细考虑每一个因素。具体来说，目标设定应遵循分解原则、SMART原则和倒推原则。

在确立职业目标时，分解原则要求我们同时考虑长期、中期和短期目标，确保它们之间相互协调一致，从而保证目标的可实现性和易于执行。通过将长期目标分解为中期目标，再将中期目标细化为短期目标，我们可以更清晰地规划出实现最终目标的路径。

对于大学生来说，迫切需要规划的是他们在大学期间的学习和生活目标。除了设定整个大学期间的总体目标，还应该将这些总体目标细化，分解到每个学年、每个学期，甚至每个月、每周，形成一系列具体的目标。这样，他们就可以在大学期间有条不紊地朝着自己的梦想前进，逐步实现每一个小目标，最终达成他们的长远梦想。

能否最终成功实现目标，在很大程度上取决于其是否遵循了 SMART 原则。SMART 原则（表 5-2）由洛克教授提出，旨在确保目标既明确又具有挑战性，便于实现和评估。SMART 原则的详细内容如下。

（1）S（specific）——具体性，目标应用明确的语言来表述，清晰界定所需达成的行为标准。

（2）M（measurable）——可度量性，目标应具体且明确，不应含糊其词，必须有具体的数据作为衡量目标是否达成的基准。

（3）A（acceptable/achievable but challenging）——可接受性，目标应被实施者所接受，并且是可实现的，同时具有一定的挑战性。

（4）R（realistic/rewarding）——现实性，目标在实际操作中应是切实可行的、可操作的，具有实际意义和价值，并且包含激励和惩罚机制。

（5）T（time bounded）——时限性，目标应在规定的时间内完成，以达到预期的效果。

表 5-2　目标 SMART 化案例

原有目标	转化目标	符合 SMART 原则
读完一本600 页的书	通过一个月	T
	花三天时间快速浏览全书	S/R
	保证每天一个小时阅读时间	T/M
	最终读完全书，并制作思维导图	A/M
完成并提交物理实验报告	今晚 18：00—22：00	T
	到图书馆自习教室	S
	完成物理实验数据整理	S/A/M
	21：30 前完成实验报告撰写	A/M
	22：00 前提交物理实验报告到指定邮箱	A/M

通过观察表5-2，我们可以发现，符合SMART原则的目标设定表述更为明确，具备可测量、可监控和可操作的特性。这种目标设定方法能更有效地激发制定者的行动力，确保目标的顺利实现。同时，它还便于在一段时间后回顾和总结所取得的进展与不足，清晰地了解自己的行动成果。

目标制定的倒推原则（图5-1）是指从最终目标开始逆向规划，以确定近期目标，进而指导当前的行动。应用这一原则，有助于人们理解长远目标与近期目标之间的联系，为近期行动提供有力的指导。

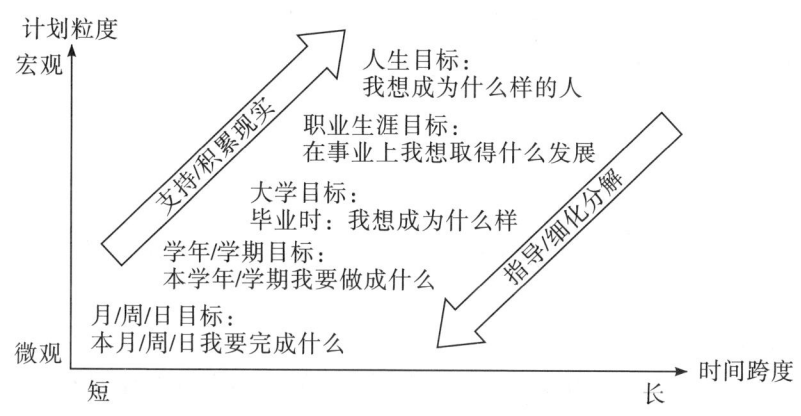

图5-1 目标制定的倒推原则

以一名应用心理学专业的大三学生为例，他怀揣着一个宏伟的梦想，即期望在五年后能够成为一家大型企业的资深人力资源专家。为了实现这一目标，他采取了逆向规划的方法：在四年后应与一家大型企业签订劳动合同，在两年后大学毕业时应获得人力资源部门的初级职位，在一年后应争取在人力资源部门实习。因此，在半年后应开始投递简历，寻找实习机会。这意味着，在当前学期他需要准备好自己的简历，列出可能提供信息的人际资源，并阅读一些人力资源相关的书籍。

假设你的目标是在本学期结束前，完善自己的职业生涯规划，那么你可以设定以下具体目标。

（1）报名参加为期四周的学校职业生涯规划工作坊，并确保按时参加所有活动。这将为你提供一个与行业专家互动的机会，同时帮助你绘制一幅清晰的职业发展蓝图。

（2）完成就业指导中心提供的职业兴趣和性格测评，并与生涯咨询老师进行一次深入的面谈,以便更深入地了解自己。这不仅能够帮助你认识到自己的优势和潜在的不足,还能为你提供量身定制的职业发展建议。

(3)每周定期参加生涯工作坊的学习,进一步明确自己的职业目标。通过这些互动式的学习,你将能够更好地理解不同行业和职位的要求,从而为自己的未来职业道路做出明智的选择。

(4)参加学校和学院组织的就业指导讲座,掌握一些基础的职业信息。这些讲座通常由经验丰富的行业人士主讲,他们分享的宝贵行业洞察和求职技巧,能为你的职业发展提供实际帮助。

(5)在学期结束前,联系并确定寒假实习的单位。通过实习,你能将理论知识应用于实践,积累宝贵的工作经验,并可能建立起对未来职业发展有益的人脉网络。

三、目标的实施与修正

(一)制订计划

确立目标后,制订相应的工作计划至关重要。因为缺乏计划的目标犹如空中楼阁,难以实现;方向不明的计划则会让行动举棋不定,难以持续;而无计划的行动更会陷入混乱,无法取得预期效果。最终,缺乏周密计划的成果也将变得难以控制。因此,在追求目标的道路上,拟订一个切实可行的计划是首要且关键的步骤。计划的制订可以根据时间跨度的不同分为日计划、周计划、月计划及年度计划。一个出色的计划应具备以下特质:①统一性,每项具体任务的计划需与整体计划紧密相连,构成不可分割的整体;②连续性,短期计划与长期计划应相互协调,前后衔接顺畅,确保计划的持续引领作用;③灵活性,所制订的计划能根据外部环境变化适时调整;④精确性,在制订计划时,应充分考虑影响个人生涯发展的不确定因素,力求计划的精准无误。

制订日计划,可以通过以下步骤进行。

首先,记录任务。将一天中需要完成的所有事项详细列出。如此做法益处颇丰:一则,大脑所思易于遗忘,而笔录则能固化记忆,使之长久留存;二则,在书写之际,重要事项得以凸显,便于我们在脑海中勾勒出清晰的整体框架;三则,对于多数人而言,书面计划更具有约束力,相较于脑海中模糊的概念，白纸黑字更能激发我们将意念付诸实践。建议利用前一晚临睡前的时间来完成这项工作。心理学理论指出，人们通常会在入睡前在大脑中"预演"次日的活动，确保自己为新的一天做好准备，这不仅能创造出心理上的安全感，还能提升睡眠质量。

其次，评估所需时间。要制订一份理想的日计划，仅列出活动内容是不够的。接下来，需根据个人情况估算每项任务所需的具体时间。由于初次估算，人们常高估自身效率，致使计划满载而难以施行。因此，适度放宽时限，实为明智之举。然而，帕金森定律揭示，任务的截止时间会促使人们调整工作节奏。若无此限制，诸多事务恐将永无完成之日。因此，在此步骤中，务必确保时间限制的合理性，根据自身实际能力设定合适的时间限制。

再次，预留弹性空间。根据以往经验，突发事件的发生概率很高。因此，在制订计划时，务必为自己预留足够的弹性空间，以应对意外情况。我们或许都能轻松规划已知事项，然而，真正的高手却擅长将未知因素纳入考量，确保日程的稳健推进。弹性空间的预留可以遵循"50/50原则"：将已知活动和安排限制在50%的时间内；剩余的50%的时间用于应对可能发生的突发事件，如突如其来的任务、问题解决或应对"时间盗贼"等。

复次，果断取舍。要想制订出有意义的日计划，还需进一步学习如何选择和取舍。因为只有真正重要的事项才值得投入宝贵的时间和精力。在这一过程中，请注意以下三点内容。

（1）根据任务的轻重缓急，排列任务顺序。
（2）用特殊符号标记那些始终重要的事项。
（3）划掉那些不必亲自处理的事项。

要找出每天最重要的一件或两件事情，无论工作多繁忙，生活多混乱，只要确保每天能完成这些计划内的事项，心情就会保持愉悦。因为这意味着你已攻克了最棘手的难关。

最后，检验实施效果。再好的计划也只有在实施后才能体现其价值。每天工作结束后，简单回顾当天的日计划，检查其完成情况，并将未完成的任务顺延至次日。如此，你将日益明了拖延之弊，进而自然而然地摒弃拖延陋习。我们不仅应着眼于未竟之任务，还需对整个计划的制订与实施过程展开深刻剖析，探寻未能如期达成计划目标的缘由，可以通过询问自己以下四个问题来探寻。

（1）是否因为你安排了过多的任务？

（2）是否因为某项任务所需时间超出预期？

（3）是否因为你把时间浪费在不重要的事情上？

（4）是否因为外界干扰，导致计划无法顺利执行？

在此过程中，我们还可以将CASVE循环——"沟通—分析—综合—评估—执行"这一认知加工金字塔模型中的执行领域技能，应用于计划的制订和实施。通过这一循环，我们可以更有效地沟通和分析目标，综合各种信息，评估计划的可行性，并执行相应的行动计划，从而提高目标实现的可能性。

（二）时间管理

时间是事物变化的进程，若无变化，则时间概念不复存在。时间作为一种独特的资源，其特殊性体现在其有限性和不可再生性上，无法被创造、更新或储存。此外，时间的无限性与人类生命的有限性形成鲜明对比。人类对时间的感知是连续且无尽的，但对于有限的生命本身，时间的流逝是不可逆的。时间的有限性与无限性的辩证关系要求我们应以严肃认真的态度对待时间，确保有限的生命得以充实且富有意义。

关于时间管理（time management）这一概念，存在两种不同的理解。一种是将其视为一种管理技能，旨在提高时间的使用效率和有效性，通过合理规划和控制时间，对其进行有效安排和运用，以高效率完成既定目标和避免时间浪费的自我管理活动。另一种是将其视为一种能力，称为时间管理倾向（time management disposition），涉及个体在利用时间过程中所展现的心理倾向和行为模式，该模式包含多维度、多层次的心理结构，具体由时间价值感、时间监控观念以及时间效能感三个核心要素构成。

1. "80/20" 法则

"80/20" 法则由意大利经济学家维尔弗雷多·帕雷托（Vilfredo Pareto）提出，因此也称为帕雷托法则（Pareto principle）。该法则指出，少数的原因、投入和付出将产生大量的结果、产出和回报。最初，这一法则仅用于解释经济领域中的现象，但后续研究发现，"80/20" 法则在社会生活的各个领域均有所体现。在时间管理领域，该法则表现为最重要的事情通常在20%的时间内完成，而剩余的 80% 的时间则用于处理其余 20% 的任务。通常，20% 的工作时间会带来所有效益的 80%。

2. 韵律原则

根据日本专业统计数据，人们在工作中平均每 8 分钟会受到一次打扰，每天大约 50～60 次，每次打扰平均持续 5 分钟，导致每天因打扰而产生的时间损失约为 5.5 小时，为一天 8 小时工作时间的 68.7%。为了应对这些干扰，华为公司提出了韵律原则，强调保持个人工作节奏的同时，与他人工作节奏相协调，以减少无意义的打扰。此外，应学会与他人的步伐和谐一致，以确保自己的工作节奏与大多数人保持一致，而非背道而驰。

3. 崔西定律

崔西定律认为，工作的困难度由工作步骤的多少决定，通常工作的困难度与其执行步骤数目的平方成正比。例如，完成一项工作需要三个步骤，那么该项工作的困难度就是 9。因此，通过精简工作步骤，可以有效降低工作难度，进而提升工作效率。崔西定律强调，在规划和执行任务时，应当尽可能地简化流程，消除不必要的步骤，以达到事半功倍的效果。

对于那些目标明确、计划周详的个体来说，时间管理的最大障碍莫过于拖延（procrastination）。拖延已成为许多大学生无法完成学业任务、实现既定目标的主要障碍。一项针对瑞典大学生的研究揭示了拖延行为与未来 9 个月内出现的不良健康结果之间的关联，这些健康问题包括抑郁、焦虑和致残性疼痛等。此外，大学生中拖延行为的普遍存在及其对学业成绩和人际关系产生的负面影响，也凸显了克服拖延的紧迫性。皮尔斯·斯蒂尔（Piers Steel）对拖延的概念和本质进行了深入的分析，他将拖延定义为："主动推迟开始或完成一个已经计划好的行动，尽管预见到这种推迟会导致情况恶化"。这表明，拖延是一个复杂的心理行为问题，它不仅包括拖延的客观行为，还涉及明知拖延会带来负面后果却难以坚持初衷的非理性认知，以及通常伴随着的焦虑、抑郁等消极情绪体验。

拖延行为可以分为特质拖延（trait procrastination）和情境拖延（situational procrastination）两类。特质拖延视拖延为一种稳定的人格特质，它在不同时间和情境中表现出一致性。而情境拖延则指出人们仅在特定环境下才会出现拖延行为,这强调了环境对个体行为的影响。在大学生群体中,学业拖延作为一种典型的情境拖延现象尤为显著,尤其是在撰写论文、备考及完成日常阅读任务时。

特质拖延者可以进一步细分为三类:唤醒型(arousal types),他们倾向于在最后时刻才开始行动;回避者(avoiders),他们因恐惧失败或成功而选择拖延,宁愿被看作不努力而非无能;决策型拖延者(decisional procrastinators),他们难以做出决策。

有效的时间管理技巧可以帮助大学生克服拖延,具体而言,对时间管理方法的研究经历了四个不同的阶段。

(1)最初是通过使用便条和备忘录,在繁忙中合理分配时间和精力。

(2)随后,人们开始重视行事日历和日程表,这反映出时间管理已开始注重对未来的规划。

(3)当前流行的是强调优先顺序的观念。即根据任务的轻重缓急设定短期、中期和长期目标,然后逐日制订实现这些目标的计划,合理分配有限的时间和精力,以期达到最高的效率。

(4)现今,还有一种方法与以往的方法有显著不同,它从根本上质疑"时间管理"这一概念,主张关键在于个人管理。与过分关注时间与事务的具体安排相比,更应重视保持产出与产能之间的平衡。

每个时代的理念与方法都具有其独特的实用性。在处理日常琐事时,便条和备忘录能够起到有效的提醒作用;对于短期工作安排,日程表能够提供清晰的一览表;第三代时间管理方法在管理长期目标和协调长短期目标的关系方面,扮演着不可或缺的角色;而第四代理论则更注重从生活协调的角度出发,考虑时间管理,它为人们提供了一个更为宏观的视角来审视人生和时间。

第四代时间管理理论主张将生活中的事务依据其紧急性与重要性进行分类,从而将它们归入四个不同的象限中(表5-3)。

表 5-3 时间管理四象限法

	紧急	不紧急
重要	Ⅰ：A *危机 *急迫的问题 *有期限压力的计划	Ⅱ：C *防患未然 *改进产能 *建立人际关系 *发掘新机会 *规划休闲
不重要	Ⅲ：B *不速之客、某些电话 *某些会议、报告 *必要而不重要的问题 *受欢迎的活动	Ⅳ：D *烦琐的工作 *某些电话、信件 *浪费时间的事 *有趣的活动

你可以将一日计划中列出的任务依据四象限法则进行分类，并分别填入表 5-3 的四个部分，以此来监控当天任务的完成情况。

4. 普瑞玛法则——20 个节省时间的策略

普瑞玛法则是一种时间管理技巧，它帮助人们通过优先处理最重要的任务来更高效地使用时间。这个法则基于一个简单的原则：不是所有任务都同等重要。通过识别并专注于那些对你的目标和成果影响最大的任务，可以显著提高你的工作效率和生活质量。以下是 20 个节省时间的策略，它们可以帮助你更好地应用普瑞玛法则。

（1）根据优先级对目标、任务、会议等事件进行排序。

（2）优先处理优先级最高的事项。

（3）与拖延行为作斗争，对于重要的任务，立即采取行动。

（4）将大型复杂任务拆分成小块，以便更好地管理。

（5）为自己创造一段安静的时间，即使这需要极大的意志力，或者有时效果不明显。

（6）寻找一个安静的场所，如图书馆或空闲的办公室，以高效地完成那些重要的任务。

（7）当有重要事务需要处理时，学会向他人说"不"。

（8）学会将任务委托给他人。

（9）将同类任务进行整合并集中处理。

（10）减少日常事务的投入，缩短低价值活动的时间，摒弃无用文书，将低优先级任务委派、减少或延后。

（11）避免追求完美主义，记住"80/20"法则。

（12）避免过度承诺，对能力范围内的工作保持现实态度。

（13）不要将日程排得太满，为自己预留一些灵活时间以应对突发事件。

（14）设定时间限制。例如，在做某些决定时，不应超过3分钟。

（15）全神贯注地处理手头的工作。

（16）在处理重要事务时，使用大块的时间。

（17）迅速处理棘手的问题，等待和拖延有时只会使问题变得更加复杂。

（18）尽量一次性处理完文书工作。

（19）在行动前，全面思考工作流程。

（20）一次性做好工作。

（三）目标修正

鉴于现实社会中不确定性的存在，在职业生涯规划以及学业规划实施过程中，可能会与原先设定的目标出现偏差。这就要求学生不断地进行自我反思，并对规划的目标及行动方案进行必要的修正或调整，以确保最终能够实现人生理想。从这个角度来看，目标的修正与调整是反馈过程的核心目的，是一个重新认识和发现自我的过程。这个过程要求我们密切关注内外环境的变化，持续审视并适时调整自我，以确保目标的修正与调整能够顺利进行，从而保证个人职业生涯规划的有效性。因此，这里所指的目标修正与调整，并非随意改变目标，而是围绕人生理想，对阶段性目标进行微调，以及对实现目标的途径、方式或策略、时间进行调整。此时，我们可以借助CASVE循环这一工具来更有效地修正目标。那么，何时是目标修正的有利时机呢？须考虑以下四点。

（1）定期检查既定目标的完成情况。

（2）在每个阶段性目标实现后，依据实际成果，调整后续阶段目标的策略。

（3）当外部环境的变化对计划执行产生影响时。

（4）有效的职业规划必须不断进行反思和调整，以确保策略方案能够灵活应对环境变化，为职业规划的修正提供坚实可靠的参考依据。

必须认识到，职业生涯规划并非一成不变的，它需要根据个人成长、行业趋势、市场需求等因素的变化而进行相应的调整。目标修正的有利时机通常出现在个人经历重大生活事件后，如教育程度的提升、家庭状况的改变、健康状况的波动等；或外部环境发生显著变化时，如经济衰退、行业变革、技术进步等。在这些关键时刻，个人需要重新评估自己的职业规划，以确保其目标和行动计划仍然符合当前的实际情况和未来的发展趋势。通过这样的过程，个人可以更灵活地适应变化，把握机遇，最终实现自己的职业抱负。

在新生入学后，我们可着手指导他们构建学业规划档案。依据每位学生的具体情况，在生涯辅导及就业指导教师的专业指导下，逐年对学业规划进行动态调整与完善。这些规划涵盖六个核心要素：个人基本信息、生涯目标、实施路径、支撑性材料、反馈评估及专家建议。此过程需要一直持续至学生毕业，以确保其生涯目标得以顺利实现。此外，还应鼓励学生积极参与各类实践活动，通过实践来检验和丰富他们的学业规划，为未来的职业生涯奠定坚实的基础。

本章小结

本章主要探讨了大学生进行学业规划与生涯目标设定的重要性、现状、实施方法及目标修正；介绍了如何进行自我认知、专业认知和学业目标设定；详细地阐述了学业规划的实施方法，包括时间管理和目标修正。

生涯规划练习

1. 我希望在大学期间实现什么目标

通过大学期间的学习，你希望自己能实现什么目标，请在表1中把相应的数字圈出来。

表1 希望在大学期间实现的目标

结果	不重要	很重要
个人成长	1 2 3 4 5	6 7 8 9
证明自己	1 2 3 4 5	6 7 8 9
更加自信	1 2 3 4 5	6 7 8 9
开阔视野	1 2 3 4 5	6 7 8 9
换一种生活	1 2 3 4 5	6 7 8 9
体验大学生活	1 2 3 4 5	6 7 8 9
课程相关	1 2 3 4 5	6 7 8 9
取得高等教育证书	1 2 3 4 5	6 7 8 9
对感兴趣的话题了解更多	1 2 3 4 5	6 7 8 9
获得学习的机会	1 2 3 4 5	6 7 8 9
取得好成绩	1 2 3 4 5	6 7 8 9
只求毕业	1 2 3 4 5	6 7 8 9
工作相关	1 2 3 4 5	6 7 8 9
有更好的工作机会	1 2 3 4 5	6 7 8 9
把现在的工作做得更好	1 2 3 4 5	6 7 8 9
有更多升职机会	1 2 3 4 5	6 7 8 9
其他结果	1 2 3 4 5	6 7 8 9
向家人或朋友证明我能做到	1 2 3 4 5	6 7 8 9
弥补小时候没有受过很多教育的遗憾	1 2 3 4 5	6 7 8 9
交一些志同道合的新朋友	1 2 3 4 5	6 7 8 9

（1）请挑选出两项你认为至关重要的目标，并详细地阐述它们，例如，你打算如何在大学期间实现这些目标。

（2）思考一下，你目前的大学规划对实现这些目标的贡献程度如何。如果贡献显著，那么祝贺你，你正沿着实现目标的道路前进；如果贡献有限，那么你可能需要考虑调整你的大学规划。

(3) 请定期审视这个表格，检查自己的目标是否有所变化。当你感到迷茫时，不妨带着这份表格，与老师进行深入探讨，寻求指导。

2. 自我对话——目标分析

在你设定学业目标时，可以依据未来不同出路的规划，参照以下问题，与自己进行深入的对话与思考。

第一类：考研。

(1) 你打算申请哪所学校和什么专业？

(2) 选择的原因是什么？

(3) 你所申请的学校有哪些独特之处？

(4) 你如何规划复习计划并获取相关复习资料？

(5) 复试时，应当关注哪些关键要点？

第二类：出国。

(1) 你打算申请哪所学校和什么专业？

(2) 你认为哪些学生适合出国深造？

(3) 你所学的专业适合前往哪些国家或地区留学？你为何选择你所申请的学校？

(4) 你是如何准备申请材料的？

(5) 雅思、托福等考试应如何准备复习？

第三类：就业。

(1) 你为何选择就业而非继续升学？

(2) 你的工作职位是否与你的专业相关？

(3) 你认为自己的哪些特质会吸引公司录用你？或者这个岗位需要具备哪些能力？

(4) 这个岗位的主要职责是什么？未来的职业发展路径如何？

(5) 你目前的薪资水平是多少？

(6) 你所在的公司今年是否招聘实习生或应届毕业生？

第四类：创业。

(1) 是什么驱使你选择创业？

(2) 在创业过程中有哪些收获？

(3) 在创业过程中遇到了哪些挑战？

3. 生涯幻游——设定个人职业目标及行动计划

伴随着轻柔的背景音乐，请大家采取舒适的坐姿，深呼吸，彻底放松身心。接下来，由老师或同伴以平和而温柔的语调，缓缓朗读以下指导语。

想象现在是五年后的某一天，一个普通的工作日。清晨，你从一夜的安眠中醒来，想到即将开始的一天，心中充满了兴奋和期待。你醒来，轻手轻脚地从衣橱中选出今日上班的服装。此刻，你站在镜子前，审视着自己，那身精心挑选的衣物，是怎样的风采？（停顿）现在你开始享用早餐。有人与你共进早餐吗？还是你独自一人？（停顿）接下来，你准备前往工作地点。根据最新的数据，远程工作在全球范围内越来越普遍，其中在家办公的比例达到了12.7%。你是否也是在家办公的一员？如果不是，你的工作地点在哪里？它离家有多远？你选择何种交通工具前往？（停顿）

现在你正前往工作地点。它位于何处？外观如何？（停顿）你从事的是什么工作？主要是操作器械、工具，还是与人交流？你的办公环境是室内还是室外？（停顿）你是否与他人共同工作？你与他们会有什么样的互动？

午餐时刻降临，你将前往何方享用美食？是与谁共享这悠闲时光？又会谈及哪些趣闻轶事？（停顿）重归工作岗位，继续攻克今日的任务。下午的忙碌，与上午相比，又有何异同？（停顿）你何时结束工作？离开前完成的最后一项任务是什么？（停顿）一天的工作结束了，你会如何度过夜晚的时光？（停顿）夜晚，当你躺在床上回想这一天，有哪些事情让你感到愉快和满足？为什么？（停顿）当你准备就绪时，请睁开眼睛，静静地坐一会儿。

请将你在"生涯幻游"中体验到的细节记录在纸上：＿＿＿＿＿＿。

通过上述"生涯幻游"的练习，你是否"看到"了自己理想的生活方式。无论是对我们的着装、交通工具，还是工作内容和环境的想象，这些信息是否帮助你更清晰地认识了自己的理想和目标？现在，请根据"生涯幻游"练习中你所想象的情景，制定你的职业生涯发展五年目标。在构思你的目标时，请运用目标设定的指导原则。

你的五年目标：＿＿＿＿＿＿＿＿＿＿＿＿＿＿＿＿＿＿＿＿＿＿＿。

为了实现这一目标，你需要经历哪些步骤？哪些是在大学期间需要完成的？

在确定职业目标之后，分析和评估目标的可行性和目标实现的可能性就变得至关重要。分析和评估目标通常需要从个人自身出发，进行一系列的考察和研究。我们可以通过提问的方式来对目标进行评估分析，提出一系列与目标达成相关的问题。

（1）这个目标是否与我的价值观和信念相符？这个目标是否与我在个人生活中所追求的信念相一致？

（2）这个目标能在多大程度上满足我的兴趣爱好？在实现这个目标的过程中我能感到身心愉悦吗？

（3）这个目标是源自我的内心？还是他人或社会强加给我的？

（4）我有足够的动力去实现这个目标吗？我能保持足够的热情坚持下去吗？

（5）这个目标具有可行性吗？通过学习和努力，我能达到目标的要求吗？

（6）我具备实现这个目标的潜在能力吗？我能掌握目标达成所需的技能吗？

（7）外部社会与环境在多大程度上支持我的目标达成？我能克服环境中的阻碍吗？

（8）这个目标是否具有明确性？是否足够具体，以便我可以立即着手行动？

结合"生涯幻游"后设定的初步目标，回答以上问题。若多数问题的答案为肯定，则该目标即具备了一定的可行性。据此设立你在一个月内的短期目标和行动计划。

你在一个月内的短期目标：_____。

你在两周内的短期目标：_____。

当达到你设定的短期目标的期限时，回答以下问题。

你是否实现了自己的目标？

_____。

为什么？请运用目标设定的指导原则进行解释。

_____。

你是否需要对自己的目标进行调整？
_____。

4. 时间管理

（1）确定你的时间优先级。请依据任务的重要性和紧急性进行分类，并填入表2中。

表2 事务分类表

	紧急	不紧急
1. 重要	（1） （2） （3） （4） （5） （6）	（1） （2） （3） （4） （5） （6）
2. 不重要	（1） （2） （3） （4） （5） （6）	（1） （2） （3） （4） （5） （6）

①自昨天早晨起，你便开始感到牙痛，考虑前往医院就诊。

②明天是好友的生日，而你尚未选购礼物和生日贺卡。

③你已数月未曾回家，也未向家人发送短信或拨打电话。

④有一份夜间兼职工作颇吸引人，但你必须在周二或周三晚上去参加面试。

⑤明晚8点，一个与你的兴趣密切相关的电视节目将播出。

⑥明晚还有一场演唱会。

⑦你在图书馆借阅的书籍明天到期。

⑧一位外地朋友邀请你周末前往他那游玩，你需要准备行李。

⑨你需要在周五交作业之前复印一份材料。

⑩明天下午2点至4点将举行班会。

⑪你欠某位同学200元钱,而那位同学明天也会参加班会。

⑫你明天上午将参加一场讲座,时间从9点至11点。

⑬你的老师留下便条,希望你能尽快与他见面。

⑭你没有干净的内衣,一堆脏衣服待洗。

⑮你希望能好好洗个澡放松一下。

⑯你参与的课程项目小组将在明天下午6点开会,预计耗时1小时。

⑰急需用现金,你身上仅剩5元钱,需要去取款。

⑱舍友计划明晚聚餐。

⑲你错过了课程项目小组上周一的例会,需在下周一之前复印一份会议记录。

⑳这周内有些材料尚未整理完毕,需在下周一之前整理完成。

㉑你收到朋友的邮件已有一个月,既未回信也未给朋友打电话。

㉒周日早上需进行一次简报,预计准备时间为15小时,且只能利用业余时间。

㉓你邀请恋人后天晚上来家中享受烛光晚餐,但目前家中没有任何食物。

㉔三周后,你将参加一个证书考试。

(2) 撕纸条游戏。

道具准备:假设你的个人生命跨度介于0～100岁之间,请准备一条长纸条,并用笔将其划分为10个等份(每份代表生命中的10年,分别标注10、20等数字,最左侧空白处写上"出生",最右侧空白处写上"死亡")。

接下来,我将提出几个问题,请大家按照我的要求进行。

第一个问题:你现在多大年纪?(请从纸条前端撕掉相应的部分)逝去的生命无法复返,请彻底撕除!

第二个问题:你预计自己能活到多少岁(如果预期寿命不满100岁,请从纸条后端撕掉相应的部分)?

第三个问题:你希望在多少岁退休?(请将退休后的部分从纸条后端撕下,无须撕碎,放置于桌面)剩余的长度代表你可用于工作的时间。

第四个问题:你如何分配一天中的24小时?通常情况下,人们会花费8

小时睡眠（有些人甚至更多，占去 1/3 的时间），而用餐、休息、社交、娱乐、购物、游玩等活动占据另外 1/3 的时间，实际上可用于工作和生产的时间大约为 8 小时，即剩余的 1/3。因此，请将剩余部分等分为三份，撕去其中的两份，并放置于桌面。

　　第五个问题：比较一下。请用左手拿起剩余的 1/3 部分，用右手将退休部分和刚才撕下的 2/3 部分合并，思考一下你将如何用左手的 1/3 部分工作赚钱，以支撑右手 2/3 部分的吃喝玩乐及退休后的生活。

　　第六个问题：思考一下。你需要赚取和储蓄多少钱才能维持自己的生活？这里还没有包括对父母、子女、配偶的经济支持哦！

　　第七个问题：你现在有何感受？

　　第八个问题：你将如何看待你的未来？

　　思考与总结：这个游戏你完成了吗？有何感想？你是否珍惜生命？你是否渴望在有限的生命里有所成就？你将如何以更宽广的视角看待人生和时间？

第六章　职业素养与求职技能

本章内容框架

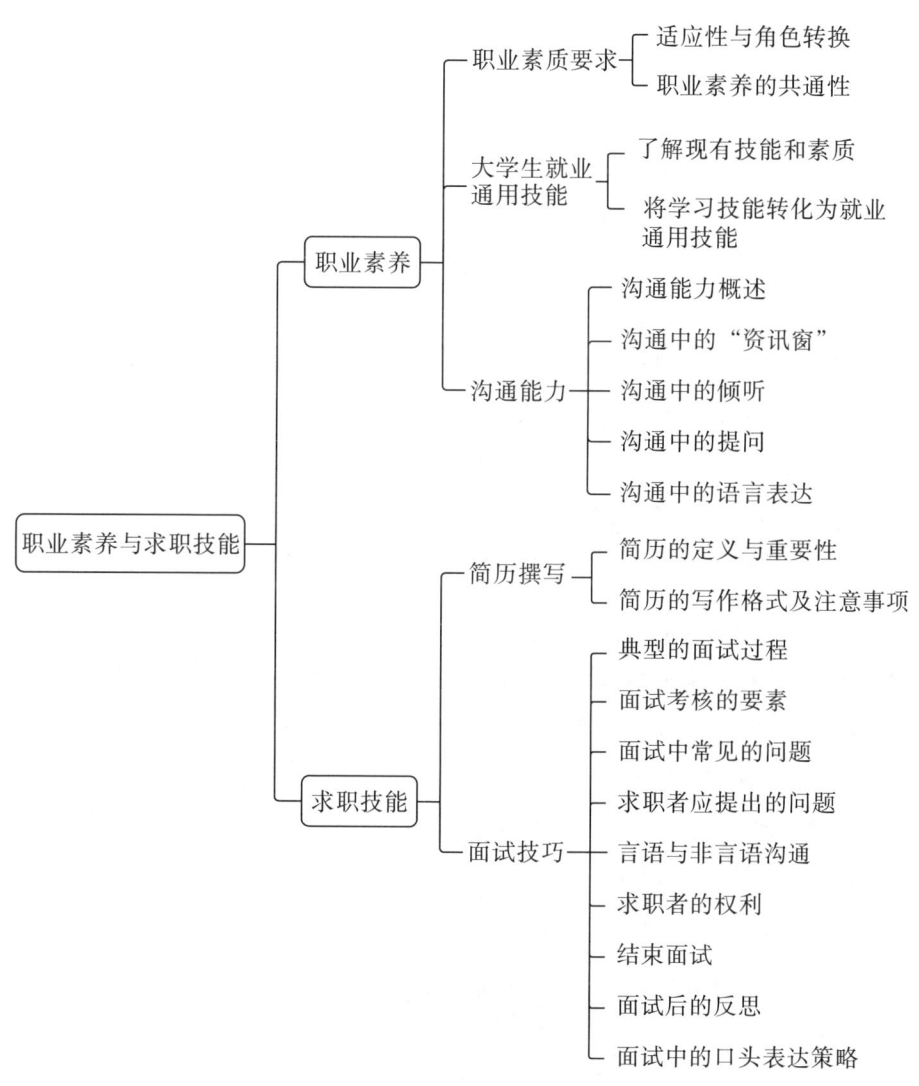

第一节　大学生职业素养

一、职业素质要求

对于众多用人单位而言,大学生的职业适应性和角色转换的速率与能力显得至关重要。他们是否能够快速融入职场环境,高效地完成从学生到职场人的角色转变,对于企业来说,是一个重要的考量因素。多项研究揭示,大学生通常需要大约三年的时间来逐渐适应职业角色并完成转换。这一过程不仅考验了他们是否能够高效合作、沟通,还考验了他们应对危机事件的能力——这些与知识技能同等重要的能力,都需要通过持续学习来提升。依据霍兰德的职业兴趣理论,职业可以被划分为六大类型:现实型、研究型、艺术型、社会型、企业型和常规型(表6-1)。每种职业类型对职业素养都有特定的要求,例如,研究型职业可能更看重分析和解决问题的能力,而艺术型职业则可能更注重创造力和表达能力。

表6-1　不同职业的职业素质要求

类型	职业素质要求
现实型职业	1. 展现不辞辛劳、坚韧不拔的创业精神 2. 秉持严肃认真、细致入微的求实工作态度 3. 保持谦虚谨慎,深入工作前线,与同事紧密协作 4. 具备优秀的外语水平、熟练的计算机应用能力、流畅的语言表达技巧及将理论应用于实践的能力等
研究型职业	1. 在知识结构方面,专业性与广博性相结合 2. 创造力、熟练掌握基本技能与理论理解三者相辅相成 3. 独立思考、勤奋实践、勇于面对挫折
艺术型职业	1. 敏锐的观察力、丰富的想象力、坚定的毅力 2. 与生俱来的艺术天赋 3. 持续不断的创新精神

续表 6-1

类型	职业素质要求
社会型职业	1. 必须具备一定的实际理解能力 2. 包括社会活动能力、组织协调能力、个人形象塑造能力及文字表达能力等 3. 掌握中外语言的表达技巧和计算机操作使用技能
企业型职业	1. 公众意识 2. 领导力、组织协调能力及社会交往才能 3. 中英文语言文字表达能力
常规型职业	1. 掌握统计学原理和档案管理知识,精通相关法规条例 2. 了解各岗位的特定要求,包括专业礼仪和安全规范 3. 具备出色的社交技巧、清晰的语言表达能力及高效的工作执行力

当我们仔细审视不同职业领域对素质的要求时,可以清晰地发现,尽管这些职业领域千差万别,它们在职业素质方面却拥有一些共同的特征。这些特征主要体现在职业化理念、工作技能及创造性思维三个核心维度上。在众多的调查研究和分析报告中,雇主普遍表达了对大学毕业生职业素养的高度重视。在招聘应届毕业生的过程中,雇主实际上更加关注的不仅仅是简历上的成绩和表面的实习经历,还包括毕业生在职业态度、职业意识、职业道德、职业行为及职业技能等方面的综合能力。他们希望看到的是,应聘者不仅具备扎实的专业知识,还能够展现出良好的团队合作精神、解决问题的能力及适应快速变化工作环境的灵活性。

二、大学生就业通用技能

在迈入大学校园之前,每个人的经历中已蕴含着若干通用技能,如观察力、创造力、沟通能力以及团队合作精神等,这些技能可以被运用到学习过程中,帮助我们更好地理解知识,更有效地与他人交流。相应地,在大学学习过程中培养的技能和思维方式,如批判性思维、解决问题的能力及时间管理等,也将对求职和就业产生积极影响,帮助我们在职场上更好地适应环境,更高效地完成任务。关键在于,要清晰认知自己所具备的技能,并知晓:若要在职场上脱颖而出,并非必须拥有比他人更多的技能,而是要善于发现和利用自己的优势,以及不断学习和提升自己。

1. 认识并了解自己现有的技能和素质

参照表6-2所示的信息,审视并评估自己当前所具备的技能和素质。

表6-2 现有的技能和素质①

技能	
和不同背景的人交流	倾听并理解他人的观点
与团队成员和谐相处	团队合作
管理他人	教导或培训他人
谈判	协助他人做出决策
理解他人的感受	关爱他人
解读他人的肢体语言	语言交流
与难以相处的人交往	言简意赅
能够遵从他人的指导	勇于对抗不公正的行为
创新、设计与布局	把握大局
分类、组织信息(如归档)	善于说理和辩论
决策	管理变动和变革
安排事件的优先级	制定日程表
准时完成工作	冷静应对危机
会议组织	阅读文档
文字处理	基本电脑操作
数字运算	销售
解决问题	实际操作设备
理解事物的工作机制	撰写报告或公务信函

---

① 参见钟思嘉、金树人主编《大学生职业生涯规划:自主与自助手册》,高等教育出版社2017年版,第108-109页。

续表 6-2

个人素质	
意识到自身的需求，并主动寻求帮助	吸取教训
压力管理	愿意承担风险，勇于尝试
自信	决心和毅力
为自己设定目标	保持进步的动力
对自己的行为负责	相信自己的能力

2. 将学习技能转化为职场通用技能

你已经掌握了进入大学前所需具备的技能，并了解了如何将它们转化为学习技能。现在，让我们深入探讨如何进一步将这些学习技能转化为求职过程中所需的通用技能。这些技能在职场中是不可或缺的，尤其是团队领导力和其他管理技能。掌握这些技能，将使你在未来的职业道路上更加游刃有余，能够更好地与同事沟通协作；在面对各种工作挑战时，能够展现出你的适应能力和解决问题的能力。

表 6-3 详细地列举了在大学期间可以培养和提升的部分通用技能。你可以利用旁边的自我评估表来补充你个人认为重要的其他技能，并且在其中记录下你在大学期间实际培养和掌握的技能。这项练习对于即将毕业的学生来说具有特别的意义和价值，因为它可以帮助你更好地了解自己在大学期间的成长和进步。然而，如果你能够提前进行这项练习，如在大一或者大二的时候就开始，那么你将能够更加充分地利用大学提供的各种资源和机会，从而在个人发展和职业规划方面取得更大的进步。

表 6-3　大学期间可以培养的部分通用技能[1]

学术活动领域	潜在的可以培养的通用技能
个人发展规划	自我管理、远期计划、承担自我提升的责任、提高做事效率、反思能力、技能培养

---

[1] 参见钟思嘉、金树人主编《大学生职业生涯规划：自主与自助手册》，高等教育出版社 2017 年版，第 131 页。

续表 6-3

学术活动领域	潜在的可以培养的通用技能
参加讲座、研讨会、辅导等	时间管理、工作灵活变通
上课	倾听能力、辨识和筛选相关的核心观点、书信交流、信息管理
研讨会、团队工作、团队项目	团队合作、谈判、口头交流、听从他人的指引并给他人下达指示、承担责任、解决问题、倾听、与不同背景的人合作、处理意见分歧、关系维护和发展、知识共享
口头陈述或演讲	在公共场合发言、劝说或影响他人、论证、时间管理、演讲能力、使用视听技术辅助发言、规划、知识共享、根据情况调整沟通方式
写论文或其他形式的写作	书面沟通技巧、提出论点或充分的证据、符合字数要求、暗示完成任务、分析、知识共享、把任务分解成多个部分、注重细节
数学和统计	解决问题、介绍信息、解读数据、知识共享
观察	倾听技巧、与不同背景的人合作、信息管理、注重细节
调研	时间管理、处理大量信息、按时完成任务、决策、项目管理
考试和复习	按时完成任务、压力管理和危机管理、规划

在一所知名高校发布的关于毕业生就业质量的详细报告中，我们发现，即将步入职场的学子在求职准备阶段，特别强调了四项关键的准备工作，它们分别是：提升语言表达能力、全面了解和掌握各类招聘信息、精心准备和磨炼面试技巧，以及提前设定和规划自己的就业目标。在选择就业机会时，学生最关心的问题包括薪资水平是否能够满足他们的个人期望、工作地点是否符合他们的个人偏好、工作是否能够体现他们的个人价值，以及是否与他们的个人兴趣相契合等。值得注意的是，几乎有一半的学生特别重视语言表达能力的提升。这表明在求职的道路上，像语言表达能力这样的非传统课堂教授的技能，正逐渐成为大学生关注的焦点，并且普遍来说，这些技能是他们所缺乏的。这些技能也正是大学生职业素养中亟须加强和提升的关键部分。

根据最近的一项调查研究，目前我国大学生在职业素养方面存在一些明显的不足之处，例如，职业观念不够坚定、职业心理素质偏低、职业能力不足、知识结构相对单一、缺乏足够的社会实践活动及缺乏创造性思维等。调查结果显示，尽管大部分学生已经具备了一定的专业学习能力和实践能力，但仍有超过半数的学生没有养成随时随地获取新知识的习惯，对教育缺乏信心。此外，职业院校学生的管理能力、创新能力、团队合作能力及规则意识等方面也显示出不容乐观的状况。因此，大学生需要从确立职业理想、增强知识技能、培养敬业精神等方面着手，积极提升自己的职业素养。实践是提高职业素养的重要途径，通过实际操作和参与，学生可以更好地理解理论知识，并将其应用到实际工作中，从而提升自己的职业素养。

三、沟通能力

麦可思研究发布的《中国－世界高等教育趋势报告（2025年）》指出，2024年最受雇主欢迎的10项技能包括：沟通能力、客户服务（能力）、领导力、项目管理能力、管理能力、分析能力、团队合作能力、销售能力、问题解决的能力和研究能力。在这些技能中，沟通能力被置于首位，显示出其在职场中的重要性。

沟通能力（communication）是招聘简章中频繁提及的职业素养要求，无论是技术岗位还是管理岗位，应聘者都需具备这一素质。在某些情况下，这一通用技能的重要性甚至超过了专业知识和技能。

随着经济的持续发展，社会分工日益精细化。工作人员通常专注于项目的特定部分，这反映了现代社会工作的本质特征：鲜有任务能够仅依靠个人独立完成，团队协作和共同奋斗才是实现目标的核心要素。在此过程中，除了明确的个人职责，有效的沟通交流是确保任务顺利实现的关键。

在高等教育机构中，学子们普遍重视专业技能的习得、学业成绩的提升及资格证书的取得，却往往忽略了诸如沟通能力等通用技能的培养。他们倾向于认为，只要具备扎实的专业技能，那些看似"无形"的通用技能自然会退居次要位置。一方面，这些技能无须通过证书来证明；另一方面，他们常常自信地表示自己已经具备了沟通能力。然而，这种看似"理所当然"的技能在实际中却存在极大的偏差。无论是研究生导师还是企业的人力资源部门，在招生、招聘过程中都极为重视这些通用技能，并通过面试等环节来评估应聘者是否具备这些能力。此外,大学生完全可以通过参与社团活动、投身社会实践及实习兼职等多种方式,在校园生活中不断磨炼并提升自己的这些技能。若要提高沟通能力,首要任务便是深入学习与沟通密切相关的知识与技能。

(一) 沟通

沟通是人们分享信息、思想和情感的过程,它涉及人与人之间、人与群体之间的思想与感情传递和反馈,旨在实现思想的一致性和感情的畅通无阻。"沟通"一词最早见于儒家经典《左传》,在《左传·哀公九年》中记载有"秋,吴城邗,沟通江淮"的史实。《韦氏词典》将沟通定义为"通过文字、语句或信息的交流,实现思想和意见的交换",而《大英百科全书》则将沟通描述为"在人与人之间交换信息的过程"。美国学者桑德拉·黑贝尔斯(Saundra Hybels)和理查德·威沃尔二世(Richard L. Weaver Ⅱ)在他们的著作《有效沟通》中进一步阐述:"沟通是人们通过各种方式分享信息、思想和情感的过程。这一过程不仅包括口头语言和书面语言,还涉及形体语言、个人习惯和风格、物质环境等,即任何赋予信息意义的元素。"① 在英语中,沟通对应的单词为 communication,它源自拉丁语 communis,包含传授、参与和共享三层含义,既可作为信息的载体,也可反映互动关系和反馈。

从广义上讲,沟通可以被视为包含信息的发送、传递、接收和反馈四个核心环节的一个交流过程(图 6-1)。传递的信息通常有三种形式:口头、

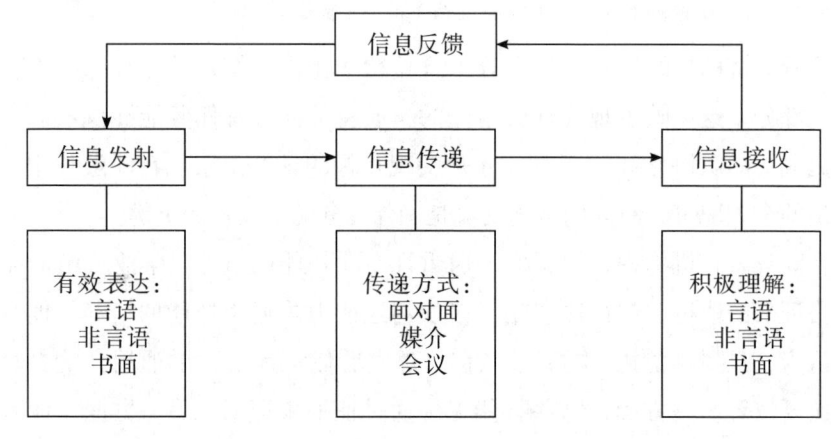

图 6-1 沟通的信息流程

---

① [美] 桑德拉·黑贝尔斯、理查德·威沃尔二世:《有效沟通》,李业昆、何辉译,电子工业出版社 2016 年版,第 5 页。

非口头和书面。这些信息通过多种渠道,如面对面交流、媒体传播、会议讨论和公开演讲等,被传递给接收者。接收者在获取这些信息后,会对其进行重新解读,并向信息的发送者提供口头的、非口头的或书面的反馈。在实际的沟通过程中,沟通双方通常会交替扮演信息的发送者和接收者两个角色,进行互动。由于沟通的四个环节中的任何一个都可能影响沟通的效果,因此,要实现有效沟通,必须对这四个方面给予足够的重视。

徐为列强调:"有效的沟通需具备两大条件。第一,信息发送者清晰地表达信息内容,以便信息接受者能够确切地理解;第二,信息发送者重视信息接受者的反应并根据其反应及时修正信息的传递,避免不必要的误解。"① 例如,企业微信服务商芝麻微客通过分析员工与客户的沟通记录,协助员工识别服务中的不足并提升服务质量。此外,在沟通时,主管应使用简洁明了的语言以确保信息的准确传达,并根据听众的反馈调整自己的表述方式,以确保沟通更加流畅高效。

(二)沟通中的"资讯窗"

乔哈里资讯窗(Johari window)是一种涉及沟通技巧与理论的模型,亦称作"自我意识的发现——反馈模型"(图6-2)。这一理论起源于20世纪50年代,由两位学者——乔瑟夫·勒夫(Joseph Luft)和哈里·英格拉姆(Harry Ingram)共同创立。他们在研究组织动力学时,提出了这一模型,并以他们的名字将其命名为乔哈里资讯窗。该模型不仅有助于个人和组织在自我意识方面的展示与提升,而且能够显著改善并优化组织内部的信息沟通动态。乔哈里资讯窗理论实际上包含了情感、经验、观点、态度、技能、目标、动机等交流信息的各个方面。这些信息的主体通常与特定组织相关联,有助于我们深入理解信息沟通的过程。

乔哈里资讯窗模型将人的内心世界比作一扇窗,它被划分为四个部分:公开区、盲区、隐蔽区及未知区(亦称封闭区)。

第一象限:公开区(open area)。这是你我皆知的信息领域。例如,你的姓名、发色,以及你拥有一只宠物狗的事实。人际交往的核心目标之一就是

---

① 徐为列:《有效沟通的障碍因素分析》,载《商业研究》2000年第10期,第33-34页。

扩展这个公开区，实现这一目标的主要策略包括提升个人信息的可见度、积极寻求反馈等。

第二象限：盲区（blind spot）。这是你自身未察觉，而他人却了解的领域。例如，你的某些行为方式、他人对你的某些看法。

第三象限：隐蔽区（hidden area）。这是只有你自己知道的秘密领域。例如，你的隐私、愿望、梦想，以及你的喜好和厌恶等。

第四象限：未知区（封闭区）（unknown area），它如同宇宙中的黑洞，隐藏着连你自己都未曾探索的秘密。对于其他区域而言，它既是未知的，也充满了潜在的影响和可能性。

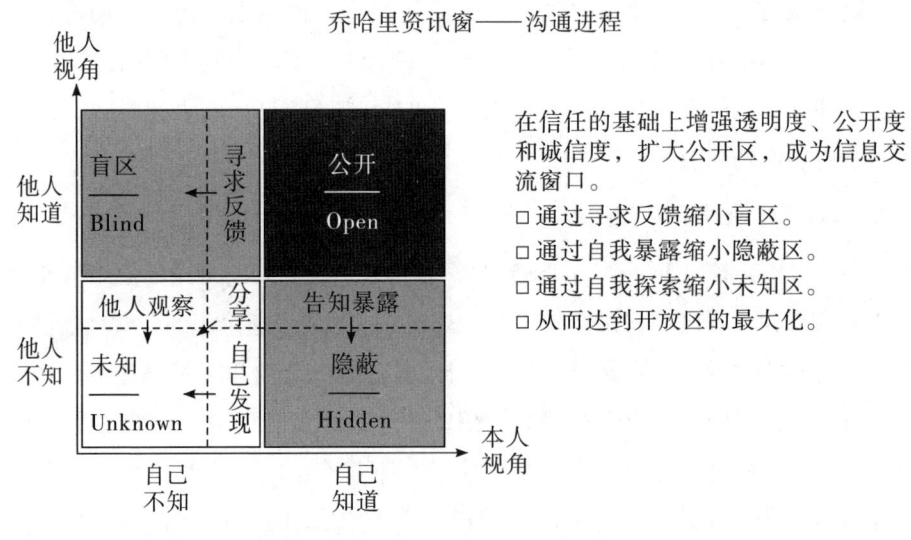

图6-2 乔哈里资讯窗

真正的有效沟通，只有在公开的区域内才能得以实现，因为在这样的区间内，双方交换的信息是完全可共享的，沟通的结果能够使双方都感到满意和愉悦。然而，在现实生活中，许多沟通者对彼此的了解并不深入，往往不自觉地就陷入了封闭区间，其沟通效果自然不言而喻，甚至导致误解和冲突。因此，为了实现有效的沟通，我们需要努力营造一个开放的环境，鼓励双方坦诚地分享信息，避免误解和冲突的发生，从而达到双方都感到满意和愉悦的沟通效果。

为了达到理想的沟通效果，我们需要采取一系列措施来增强个人信息的可见性，并且积极地寻求来自他人的反馈意见。通过这些方法，我们可以不断地拓宽自己的公开领域，从而提高信息的真实性和透明度。我们精心设计的沟通策略的目标是找到一个双方都愿意倾听并且能够产生共鸣的隐蔽区域交汇点，这个交汇点我们称之为"策略信息开放点"。它就像一座沟通的桥梁，有效地连接着双方的内心世界。随着交流的不断深入，"策略信息开放点"会逐渐向公开领域扩展，进而使得公开领域得到逐步扩大和丰富。然而，在选择"策略信息开放点"时，我们必须谨慎行事，避免涉及那些过于私人的议题，如个人的心理健康问题、严重的错误等敏感话题，以免造成不必要的误解或冲突。

思考一下，你的乔哈里资讯窗中每个象限都涵盖了哪些内容？你用哪些策略来分享信息？在与他人进行交流时，你是成功地进入了彼此沟通的开放区域，还是仍在隐秘的角落里徘徊，感到困扰？

（三）沟通中的倾听

要想在人际交往中避免引起他人的不快，有一些行为是需要特别注意的。

首先，从不倾听他人的倾诉，这会让对方感到被忽视和不被尊重。其次，总是不停地谈论自己的事情，而对他人的话题不感兴趣，这会让人觉得你自私且缺乏同理心。最后，不时地打断他人，急于表达自己的观点，这种行为不仅显得粗鲁，还会让对方感到他们的意见不被重视。这些行为模式如果经常出现，很容易让别人对你产生反感。

1. 沟通能力的80%：倾听的能力

倾听与单纯的听之间存在着根本差异。听是一种简单的生理行为，通过耳朵捕捉各种声音，本质上是被动的。相反，倾听是一个积极主动的过程，它要求我们不仅要接收声音，而且要对所听到的内容进行重构和解读，赋予其深层的意义。倾听不仅能够帮助我们获取信息，还使我们能够理解说话者的情感。这需要特定的技巧和持续的练习。

掌握倾听的各个层次能够帮助我们更深刻地理解倾听的真谛。

（1）漠然地听——心不在焉地聆听。这种听法仅能捕捉到零星的声音，却忽略了说话者试图传达的深层含义。

（2）表面专注地听——看似全神贯注。我们经常在假装倾听的同时，忙于处理自己的事务，对他人的话语只是敷衍了事。

（3）选择性地听——只关注自己感兴趣的部分（如天气预报或老师关注学生的错误）。人们通常倾向于聆听好消息而忽略坏消息，这是人之常情。

（4）屏蔽性地听——当话题令人不快时，选择性地听不见或不关注。例如，在提醒某人关于其未完成的工作或落后的成绩时，他们往往以点头或简短回应作答，但随后便迅速将你的话抛诸脑后。

（5）专注地倾听——即从自我出发的聆听。它要求我们全神贯注地聆听对方的话语，并以自身的经历为参照进行理解。专注地倾听通常能在说话者和倾听者之间产生共鸣，但如果倾听只是为了与自己的经历和感受做比较，达到自己的目的，即便是最专注地倾听也可能对说话者产生不利影响。

（6）同理心倾听——从对方的角度出发倾听（用他的视角看世界）。用心聆听并回应，以理解对方的意图、动机和感受。

同理心与同情有着本质的区别。同理心体现在"我理解你的心情"这句话中，它强调双方地位的平等；而同情则通常意味着你站在一个较高的位置，给予对方情感上的怜悯，这在无形中便产生了地位的高低之分。同理心也不等同于了解。同理心要求倾听者暂时搁置自己的主观判断，从对方的视角思考问题，从对方的处境去理解对方的思想和行为，感受对方的情感。同理心也不等同于认同。认同意味着双方在某些问题上有共同的看法和价值观，而同理心并不一定认同对方的所有观点，但会尊重对方的观点，并理解和接受对方的真实感受。

2. 倾听者易犯的错误

（1）注意力分散。在倾听过程中，人们往往过分关注对方的着装、姿态和言辞技巧，或是被外界噪声所干扰，从而忽略了说话者所传达的核心思想。再者，个人情绪的波动亦会削弱倾听者的专注力，令人难以全情投入于对方的言语之中。

（2）急于插话。人们常常急不可耐地在对方话未说完之际打断，迫不及待地想要阐述己见。这种行为不仅妨碍了对对方意图的准确理解，还可能造成误解。

（3）排斥异见。有些人倾向于只听与自己观点一致的言论，对持有不同意见的人持偏见。这种拒绝接受不同观点的人，不仅难以与他人有效沟通，也错失了个人成长的机会。

（4）思维定式。人类的行为和决策往往受到过往经验和信息的影响。由于人们普遍存在根深蒂固的思维定式和偏见，很难以平和、客观的心态去接收和理解说话者的信息，这无疑会对聆听效果产生负面影响。

（5）厌倦感。当认为对方讲述的内容过于浅显或缺乏吸引力时，我们容易感到厌倦，从而分心思考其他问题，无法保持专注地倾听。

（6）习惯性动作。诸如抖腿、四处张望、双手交叉抱胸等习惯性动作，可能会被对方解读为你对谈话内容感到厌烦。

3. 倾听的回应技术

（1）消除干扰。无论是外在还是内在的干扰，都是妨碍有效倾听的关键因素。因此，提升聆听技巧的首要策略是尽可能地减少这些干扰。我们必须将注意力完全集中在对方身上，以便准确捕捉对方的肢体语言，理解对方所表达的内容、难言之隐及话语背后的情感和意义。

（2）对方优先。让对方先发言，聆听他人讲话可以显示出我们对对方意见的尊重，这有助于我们建立和谐的关系和相互接纳。鼓励对方率先表达见解，有助于缓和对话中的竞争气息。我们应该为倾听营造一个开放的交流环境，这样有助于双方交换意见。待对方阐述完见解后，我们可以在抒发己见前，探寻双方的共识之处，这样更容易取得对方的认同。

在对方优先的原则下，还需注意在非必要时避免打断对方的谈话。擅长倾听之人，不会因欲强调细节、纠正对方无关紧要的言辞、突兀转换话题，或急于表述未尽之言而贸然打断对方。当我们武断地打断他人时，可能会导致无法完全理解对方的意图。

（3）观察肢体语言（表6-4）。在与人交谈时，即使我们尚未开口，我们内心的感受也已经通过肢体等非语言信息清晰地传达出来。如果倾听者表现出封闭或冷漠的态度，说话者自然会更加关注自己的言行举止，不易敞开心扉。相反，如果倾听者态度开放，表现出浓厚的兴趣，这表明他愿意接受对方，渴望了解对方的想法，从而激励说话者。积极的肢体语言体现为自然的微笑、避免交叉双臂、不遮挡脸部、身体微微前倾、频繁地与对方眼神交流，以及通过点头表示赞同等。

表6-4 非语言信息的内涵

非言语表述	行为含义
手势	柔和的手势传达出友好和协商的意图，而强硬的手势则传递出一种信息："我才是正确的，你必须遵从我！"
脸部表情	微笑传达着友善与礼貌，而皱眉则表达出怀疑和不满
眼神	凝视可能被视为不礼貌的行为，但同样可以表达出浓厚的兴趣，或是寻求支持
姿态	双臂交叉通常被视为一种防御姿态，而在会议中独自坐在一旁可能被解读为傲慢或缺乏兴趣
声音	在演讲中，抑扬顿挫的语调能够展现激情，而适时的停顿则旨在创造悬念，以吸引听众的注意力

（4）保持适当距离（表6-5）。每个人都有自己的心理领地和心理空间。在面对面交流时，若未保持适当的距离，侵入了个人的心理空间，人们就会感到不适、被侵犯，这自然会影响沟通的效果。研究表明，一个人的心理空间范围和人与人之间的关系紧密相关。在倾听时，尊重他人的心理空间，保持适当的距离，会使他人感到更安全、更舒适，表达也会更加放松。

表6-5 人际空间距离

	个人空间范围
亲近的朋友或家人	45 cm 左右
朋友或亲近的同事	45～80 cm
同事或熟人	60～120 cm
陌生人	大于 120 cm

（5）注意识别隐含信息。许多人不倾向于直接表达自己的真实想法和感受，而是通过叙述或提问的方式，间接地传达内心的观点和情感。这种含蓄的表达方式可能会妨碍沟通，因为如果听众不够敏感，他们可能会误解说话者的意图和内容，最终可能导致双方言语不和或引发争执。因此，当遇到含糊其词的表达时，可以通过提问或解释来鼓励说话者更明确地表达自己的

观点。

（6）倾听关键词，把握核心。关键词是指那些描述具体事实的词语，它们透露出重要信息，同时也反映出说话者的兴趣和情绪。准确捕捉对方话语中的关键词，能够帮助我们更有效地决定如何回应对方的陈述，从而深化交流。

抓取核心要点时，要关注主要意思，避免被细节分散注意力。善于倾听的人总是能够分析出哪些内容是主要的、哪些是次要的，以便把握事实背后的主旨，避免误解。

（7）积极正面的反馈。积极反馈的首要方式是复述对方的话，这也是沟通中一个非常重要的技巧。这种反馈可以让对方感受到我们一直在聆听，并且理解了他们的话。然而，复述并非简单的重复，而是以自己的话语，精炼地提炼并转述对方的核心观点。积极倾听的益处在于，它能让对方感受到自己被重视，同时帮助我们精准地捕捉对方的重点，确保对话的连贯与深入。

积极正面的反馈还包括感知对方的情绪，将对方话语背后的情感表达出来，表示接受并理解对方的感受；同时也要注意反馈，及时确认自己是否正确理解了对方。只有完全理解了对方的意图后，才能更好地理解后续的讲话内容。微笑是最简单、直接、有效的积极正面反馈方式。

（8）适时总结。在与人交谈时，我们通常有几秒钟的时间可以在心中回顾对方的话，并梳理出其中的重点。我们应当忽略无关紧要的细节，专注于对方强调的重点和核心思想，并将其牢记于心。

在心中回顾并整理出重点，也有助于我们继续提问。若我们能指出对方话语中的未尽之处或模糊地带，说话者便会感知到我们正专注与努力地去全面理解其意图。如果我们不确定对方更重视哪些要点或想法，可以采用询问的方式，向对方表明我们对谈话内容的关注。

（9）运用总结句式。例如：

如果我没理解错的话，你认为……

让我们来归纳一下……

你好像……

你似乎……

你是不是觉得……

4. 沟通中的提问

要洞察对方的真实意图，首先要掌握提问的艺术，通过提问得到你想了解的信息。一个恰当的问题能激发对方愉快地分享，而一个不当的问题则可能引起沉默甚至反感。在交流互动中，有效的提问是引导倾听的关键。

在探讨如何提出有效问题之前，我们先来了解问题的种类，问题可以分为封闭式问题和开放式问题。

（1）封闭式问题，即那些可以用"是""否"以及简单事实来回答的问题。例如，你喜欢你的专业吗？你是哪所学校毕业的？

（2）开放式问题，即那些不能简单地用"是""否"来回答的问题。例如，你喜欢你的专业的哪些方面？你的老师怎么样？你最近遇到了什么问题？

通常，封闭式问题用于获取具体信息。然而，人们通常仅对封闭式问题给出简单的事实性回答，缺乏深入阐述，这不利于建立深入且持久的沟通。因此，我们有必要提升自己提出开放式问题的能力，通过开放式问题来展开话题的全貌，获取我们所需的信息。

那么，我们应如何恰当地提问呢？

（1）避免提出无效的问题。尽量减少使用封闭式问题，避免频繁使用"为什么"来提问，因为"为什么"有时带有责备的语气，容易让人产生防御心理。"引导性问题"和"多重问题"也属于无效问题。因为"引导性问题"容易暗示回答者你期望的答案，而"多重问题"则因缺乏焦点，让回答者难以把握你真正想了解的内容。

（2）学会运用一些中立且不具挑战性的问题，使用探索性问题来深入探讨你感兴趣的话题。探索性问题是对对方的回答进行进一步的追问，以便获取更详尽的信息。这些问题可以是："发生了什么事？""你做了些什么？""那是如何发生的？""可以告诉我这件事的更多细节吗？"等。

（3）用提问帮助说话者澄清模糊的表述。当对方说"那件事我不能接受"时，我们可以使用这样的提问来引导对方进行澄清："我们该如何调整，才能让你接受呢？"或者"能否分享一下你具体的想法，以便我们了解你无法接受的原因？"

（4）在提出下一个问题之前，先对上一个问题的回答进行简短的重复和总结，表明你真正关心对方，认真倾听，避免提问显得过于生硬，让对方感到被审问。

5. 沟通中的语言表达

在现代社会,随着经济的迅猛发展,人际交往变得越来越频繁。因此,出色的语言表达能力已经成为现代人不可或缺的技能。语言能力不仅是掌握人生、改善生活的关键,更是追求事业成功不可或缺的利器,是通往成功之路的重要基石。那么,我们该如何提升自己的语言表达能力呢?

(1) 克服说话时的紧张情绪,积极大胆地与他人交流。许多人与他人交流时会感到紧张,这种紧张感会严重影响沟通效果。当你说话感到紧张时,试着让自己放松下来。静心深呼吸,让气息平稳且悠长,呼气时稍加用力,充分换气,从而帮助你更容易放松。微笑对于缓解全身的紧张状态具有极佳的效果。微笑能够调整呼吸,使思维更加敏捷,提高说话的集中度。即使处在紧张时,尝试做出微笑的表情,也能轻松地让自己变得愉快,从而自然地引发身体放松。

(2) 平时多积累自己擅长且感兴趣的话题,同时尽量避免涉足不擅长或不感兴趣的话题。平时应留心观察他人讨论的话题,了解哪些是吸引人的,哪些是不吸引人的。通过扩展知识领域,多读书、多参与户外活动,可以有效增加与人沟通的话题和机会。在成为有效的表达者之前,先学会成为一个好的聆听者,多听讲座,收看或收听谈话节目,在与朋友和长辈交流时,认真倾听他们的意见,并借此机会每天收集可表达的素材,同时学习他人的语言表达技巧。同时,也要避免一些不良话题。避免谈论自己不完全了解的事情,因为谈论自己一知半解的话题会给人留下不踏实的印象。同样,要避免自己不感兴趣的话题,因为如果自己不感兴趣,很难完全投入于谈话之中。

(3) 设身处地为他人着想。每个人都有独特的人生经历,人与人之间的价值观和性格差异很大,因此,我们需要学会理解他们,从他人的角度看待问题。例如,在与一个注重细节的人沟通时,不能只讲大概,而应深入细致地描述;而对于一个重视整体的人来说,过于详尽的细节描述可能会引起听者厌烦。

第二节 求职技能

生涯案例

美娜即将从一所知名高校的中药学专业毕业。她根据从报纸和网络上搜集到的招聘信息,投递了数十份简历。然而,这些简历投递之后都杳无音信,她没有收到任何面试邀请。这让美娜感到焦虑:如果没有面试机会,她该如何找到工作呢?她开始考虑自己应该更加积极地寻找其他途径,例如,参加职业博览会,或者直接联系潜在的雇主。

李朋在大学期间积极参与社团活动,并在多个领域取得了显著成就。在撰写简历时,他面临一个挑战:如何在不使简历显得冗长的同时,有效地展示这些成就。根据简历写作的建议,李朋准备在简历中突出与他申请职位最相关的经历,并用具体的数据和事实来描述他的成就,例如,他在某项活动中提高了多少效率或节约了多少成本。此外,他为了确保简历内容简洁明了,避免不必要的细节,从而在一页纸内清晰地展示了他丰富的经历和能力。他不禁思考,究竟应该如何有效地组织自己的简历呢?他开始考虑是否需要请教职业规划师,以获得更专业的建议。

杨月是一名大三学生,即将迎来毕业季。她了解到,根据大学生求职面试调查报告,大三学生在求职面试方面的经验相对较多,占到了54.5%。在浏览了学校论坛上流传的面试和笔试题目后,她感到非常惊讶。这些面试题不仅形式多样,而且内容千奇百怪,远超出了她的预期。她还了解到,面试官的判定标准多样,包括沟通能力、专业技能、团队协作等,这让她担心自己将来是否能够全面应对。对于面试,她应该做哪些准备呢?杨月开始考虑参加一些模拟面试的培训课程,以提高自己的应对能力。

张峰,男,大五学生,主修预防医学专业。他希望通过准备一份出色的简历来找到一份企业销售的工作。咨询刚开始,张峰便向咨询师递上了自己精心准备的简历,并提出了疑问:"老师,您觉得我的简历怎么样?内容虽多,却不够引人注目;只写亮点,又觉得内容不充实。"咨询师建议他,应该尝试将简历中的内容进行精简和优化,同时突出自己的销售潜力和相关经验,以吸引雇主的注意。

"能够出色地完成工作"与"能够找到一份好工作"是两个不同的概念。因此,我们建议学生应将寻找并获得一份理想的工作视为一项课程任务来认真学习。撰写简历和参与面试是求职过程中两个至关重要的实践环节。之前所做的大量准备工作,最终都将通过这两个环节得以体现。

一、简历撰写

(一) 简历的定义

简历是个人的展示窗口,是一种自我营销的工具,旨在展示个人的专业技能,以及这些技能对潜在雇主的潜在价值,其核心目标是帮助你赢得面试的机会。虽然一份出色的简历并不能保证你直接获得职位,但在雇主做出招聘决策的过程中,它能发挥重要的推动作用。一份高质量的简历应当详细描述你的职业目标,以及与之相关的技能、经验和成就。

根据美国劳工部的调查统计,以下是一些关于简历的关键数据。

(1) 雇主平均在每份简历上花费的时间仅为 15 秒。

(2) 在 245 份简历中,大约只有 1 份能脱颖而出获得面试机会。

(3) 一些大型企业每年收到的简历数量甚至超过 10 万份。

(4) 雇主在报纸上发布一个职位广告,通常会吸引大约 200 份简历的投递。

(5) 在所有简历中,有 85%~95% 的简历最终会被淘汰。

鉴于此,编写一份高质量的简历显得尤为重要。除了要关注简历的外观、风格、长度和措辞等要素,关键在于掌握如何通过简历筛选过程(即求职策略),并结合个人实际情况,有针对性地制作简历内容。求职者在开始准备个人简历时,已经在某种程度上对求职方向有了明确的定位。简历是个人对过往经历的精心编排与提炼,其撰写与修订的过程,不仅是对自我认知的深化过程,更是搭建自我与外界沟通的坚实桥梁。

(二) 简历的写作格式及注意事项

1. 简历的格式

从功能性的角度来看,简历可以被划分为两大类:通用简历和个性化简历。通用简历,顾名思义,它就像是一份详尽的个人履历,将个人所有的求职相关信息全面地呈现出来。一方面,这种简历非常适合在求职者准备投递简历之前使用,因为它能够帮助求职者全面地梳理自己的个人经历,确保在求职过程中能够准确无误地展示自己的背景和资历。另一方面,个性化简历则是一种更加精细和定制化的简历形式。它不是简单地罗列信息,而是根据特定职位的具体要求来量身定制的。这种简历强调的是个人经历与应聘岗位之间的匹配度和针对性,目的是更好地吸引招聘方的注意,提高求职成功率。通过精心设计,个性化简历能够突出求职者最符合职位要求的技能和经验,从而在众多候选人中脱颖而出。表6-6和表6-7分别提供了适用于应届大学毕业生的通用简历模板和个性化简历模板。

表6-6 通用简历模板

个人简历	
个人信息	姓名、性别、年龄、民族、政治面貌 联系方式
教育/培训经历	起止时间(倒序) 教育/培训内容 结果(核心课程、论文、成绩)、相关证明
工作/实习经历	起止时间(倒序) 单位、职位、工作内容 工作表现、相关证明
校园经历	起止时间(倒序) 社会实践项目/学生组织名称,职位 工作内容、工作成果、相关证明
所获奖励	起止时间(倒序) 奖励名称、奖励等级

续表 6-6

个人简历	
相关证书	英语能力证书 计算机能力证书 职业/执业资格证书
个人描述	个人优势、性格特点

表 6-7　个性化简历模板

个人简历	
个人信息	姓名、性别、年龄、民族、政治面貌 联系方式 招聘信息中提到的特殊要求（如身高等）
求职意向	明确的职位
教育/培训经历	起止时间（倒序） 教育/培训内容 结果，相关证明 （教育经历与通用简历相同，培训经历只描述与应聘职位相关的内容）
工作/实习经历	起止时间（倒序） 单位、职位、工作内容 工作表现、相关证明 （只描述与应聘职位相关的经历）
校园经历	起止时间（倒序） 社会实践项目/学生组织名称，职位 工作内容、工作成果、相关证明 （只描述与应聘职位相关的经历）
所获奖励/相关证书	提供与应聘职位相关的证书、获奖证明、著作等
个人描述	与所应聘职位相关的经验与个性特点

以上为通用简历与个性化简历的相关内容，但值得注意的是，一份出色

的求职简历，其重要性不仅体现在"内容"上，还体现在"呈现方式"上。

2. 撰写简历

在开始撰写简历之前，应当回顾个人的自我评估及搜集到的工作信息，确保简历内容清晰且针对性强。这一步骤是至关重要的，因为它将帮助你梳理自己的经历和技能，以便在简历中突出那些与你所申请的职位最相关的部分。通过这种方式，你的简历将能更加吸引雇主的注意，从而提高获得面试机会的可能性。

（1）外观与风格：无论是电子版还是纸质版，简历都应努力塑造良好的第一印象。内容组织必须条理清晰，字体需清晰易读，书写规范严谨，信息务必及时更新。对于纸质简历，纸张的色泽与质地也应上乘，以彰显专业风范。一些学生试图通过艺术化的封面和一些"经典语录"，如"我是千里马，你是伯乐吗？""毛遂自荐"等来吸引招聘者的注意。但如果应聘的不是艺术设计类职位，这样的简历可能会显得过于浮夸甚至滑稽。因此，撰写简历时，应从外观开始就要确保符合目标职位的风格。请记住，简历的目的是展示你的专业能力和经验，而不是为了展示你的设计才华。

（2）内容：表6-6和表6-7提供了一个参考的标准顺序，你可以遵循此顺序撰写简历，也可以根据实际情况调整内容的先后顺序。如果你拥有丰富的工作经验，那么可以将这部分内容置于教育背景之前。如果你的工作经验不多，但教育背景与目标职位紧密相关，那么可以将教育背景部分提前。以下列出了简历中每部分内容撰写时应注意的要点。

第一，个人信息。你的姓名应当清晰可见，位于简历上方的中央或左上角。提供的联系电话应便于招聘人员联系到你。确保你的电子邮件地址专业且易于识别，避免使用不正式或带有个人喜好的邮箱名。

加入个人照片或能为简历增色，但需谨慎选择。应届毕业生常用证件照，这是可以接受的。若选彩色照片，则需注意着装得体，例如，男士着西装系领带，保持整洁；女士建议淡妆，穿着正式。不过，照片作用有限，有时甚至可能适得其反，求职者需权衡利弊。因此，在决定是否加入照片前，应慎重考虑。这部分内容应尽量简短，避免过多的个人信息，以免分散招聘者的注意力。

第二，目标职位。这是简历中最关键的部分。根据你能为雇主提供的价值来陈述你的职业目标，而不是雇主能为你做什么。明确指出你期望从事的职位（如计算机程序设计师）或领域（如通信、公共关系、健康教育等）。目标职位能清晰展示你的工作期望，明确你的职业规划，为双方沟通打下良好基础。但在实际中，目标职位的表述常被忽略。有些求职者甚至因为没有明确目标或对求职缺乏信心而选择不写目标职位，希望招聘者能从简历中发现适合自己的职位。这种做法风险很大，因为招聘者并非你的职业规划顾问。他们通常期望看到明确的职业目标，以便快速判断你是否适合该职位。

第三，教育背景。在简历中，若你的GPA成绩优秀或在专业领域内排名靠前，建议特别标注。例如，可以写明"GPA 3.8/4.0（专业排名前5%）"，以突出你的学术成就和专业能力。同时，列出你所获得的资格证书。这些信息能够向雇主证明你具备了从事该领域工作的基础和潜力。

主修科目：你可以将这部分作为子标题或教育背景的重点。选择与职业目标相关的3~6门课程，必要时，详细描述课程的相关性。这有助于雇主了解你的专业知识背景，以及你如何将所学知识应用到实际工作中。

论文：你也可以将这部分作为子标题或教育背景的重点。任何准备好的相关项目、报告、论文等都可以包括在内。通过清晰的题目或一段文字来展示其重要性，或其与潜在雇主之间的联系。这部分内容不宜过多，但应精选与目标职位最相关的成果进行展示。

第四，经历概述/技能概述。这部分应提供与目标职位相关的工作经历概述，是简历的核心部分，占据最大篇幅。这是你希望雇主开始对你感兴趣，且为你带来竞争优势的部分。通常使用4~6个要点来说明与你希望从事的工作最相关的技能。应注意以下四点。

首先，应描述自己在工作中取得的具体成绩和所承担的任务，而不仅仅是列出工作职责。应强调个人行动，突出展现你的专业知识和可迁移技能，而非仅仅描述单位、工作或活动内容。同时，要强调你的工作方法，突出自我管理技能；并着重说明因你的行为而取得的显著成果，以及这些成果对单位或项目的重要性。

其次，以职位要求的技能为主题来选择和组织这部分内容，强调你的可迁移技能，尤其是与目标职位相关的技能。使用行为动词（通常是可迁移技能）作为每个句子的开始，如"组织""领导""计划""提出建议"等。用动词展示你的成就,如"提高""改进""增加"等,使用积极简明的语言,并尽可能提供具体细节,用数字量化成绩。避免使用"参与了……"的表达方式,而应具体说明你所做的事情。

再次,我们还可以使用本书第二章提到的 STAR 原则来描述经历。STAR 原则是一种描述工作经历的方法,它包括情境(situation)、任务(task)、行动(action)和结果(result)四个部分。通过这种方式,你可以清晰地展示你的工作经历和成就。

最后,避免使用长段落,将同一岗位的不同职责用项目符号列出,力求清晰易读。这样不仅使简历看起来更加整洁,也便于招聘者能快速地抓住重点。

二、面试技巧

获得面试机会表明你已经离一份工作不远了,然而面试中的诸多因素也可能让你未能如愿。因此,面试前的周密准备显得至关重要。准备面试的主要目标是帮助你顺利获得这份工作。面试通常承载着两个核心功能:一是观察求职者的行为表现,二是评估求职者的能力。通过行为观察,面试官能够判断求职者是否与企业或组织的文化相契合;通过能力测试,面试官能够衡量求职者在面对问题时所表现出的能力。因此,面试对于求职者和用人单位而言,都是一项需要精心策划和系统规划的任务。接下来,我们将首先探讨典型的面试流程,随后讨论如何准备面试,并提醒大家注意面试时应留意的细节。

(一)典型的面试过程

面试流程通常涵盖四个主要阶段。首先是破冰初步接触环节,其次是进行日常话题的交流,再次是深入探讨核心议题,最后是总结与收尾。在破冰环节,面试官通常会发起对话,求职者则需配合,双方通过这一阶段的相互适应,为后续面试环节打下基础。求职者尤其需要注意给面试官留下的第一印象,因此,在着装和举止上都应表现出足够的重视。

准备就绪后,在第二阶段的日常话题交流中,面试官会基于已审阅的求职者简历,提出一些希望进一步了解的求职者的背景信息。这也是求职者展示更多与职位相关的信息,以及了解职位需求、雇主期望、职位所需技能等的宝贵机会。在这个阶段，求职者、职位和雇主之间的契合程度将开始显现。因此，求职者需要深入理解职位的具体内容和性质，并对自身在新职位中的适应性有清晰的认识。

第三阶段是面试中至关重要的环节。此时，求职者和面试官将针对职位的性质、内容和所需技能进行深入探讨。面试官也会进一步了解求职者的价值观、职业期望和未来规划，以此来评估求职者与职位的契合度。求职者可以利用这个机会，提出对职位内容的疑问，并进一步阐述自己与职位的匹配度。

在最后的总结阶段，双方将对讨论过的内容进行概括，并简要表达对整个面试过程的感受。此时，求职者可以提出对职位的任何疑问，也可以询问招聘单位接下来可能采取的步骤。求职者通常会以表达对职位的热情、展示自身能力，并期望获得进一步沟通的机会来结束面试。

除了上述四个阶段，面试前的准备工作，以及面试结束后的后续跟进也至关重要，例如，用恰当的方式表达对面试机会的感激。如果被录用，如何协商薪资和工作条件；如果无法接受这份工作，如何礼貌地结束关系；等等。请务必记住，即便你已经接受了其他机构或单位的工作，也不能忽视那些打算录用你但你无法入职的单位，必须以礼貌的方式适当说明。因为一旦进入一个工作领域，同领域的圈子其实并不大，未来仍有可能再次相遇。

（二）面试考核的要素

无论面试的形式如何变化，也无论在面试过程中被提出哪些问题，其核心目的始终在于评估应聘者的能力。这些能力主要包括专业知识技能、可迁移技能及自我管理技能（图6-3）。首先，面试官通过各种不同的提问方式，旨在深入了解应聘者在专业领域的熟练程度，以及他们如何将所学知识应用到实际工作中。其次，面试官也会关注应聘者是否具备一些通用技能，如团队合作、沟通能力、解决问题的能力等，这些技能在不同的工作环境中都是可以转移和应用的。最后，自我管理技能也是面试中非常重要的考察点，它包括时间管理、自我激励、情绪控制等方面，这些能力对于个人的职业发展和团队协作都至关重要。

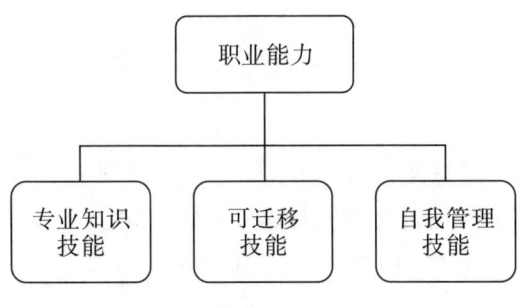

图 6-3 职业能力的结构

1. 专业知识技能

专业知识技能是指我们通过系统学习和记忆所掌握的专业知识理论，通常以名词形式进行概括。例如，教育学、心理学、应用数学、有机化学、物理学等。专业知识技能是决定求职者的简历是否能进入初选的关键因素。尽管目前一些工作岗位对专业背景的要求并不严格，但对求职者的知识结构仍有一定的期望。

在面试过程中，可以通过以下四种方式评估应聘者的专业知识技能。

（1）要求应聘者提供学历证明、毕业证书或成绩单等官方文件。

（2）安排现场的笔试环节。

（3）在面试中对专业问题进行即兴问答。

（4）提出面试问题，例如："你学习过哪些专业基础课程和专业课程""你的成绩总排名是多少""你怎样看待概念 A 与概念 B 之间的差异与联系""简述一下你的毕业论文设计思路" "请运用某某理论对某某问题进行分析"等。

2. 可迁移技能

可迁移技能是指通过实践和训练所培养出的专业技能，这些技能通常以动词形式呈现，如研究、分析、咨询、沟通、演讲、协调和管理等。由于这些技能在不同行业和领域中具有广泛的适用性，它们被称作"可迁移技能"。用人单位高度重视这些能力，它们也是求职者最宝贵的资产。

在面试过程中，可以通过以下方式评估应聘者的可迁移技能。

（1）要求应聘者提供实习证明、工作证明、实践获奖证明等相关文件。

（2）安排现场操作考试，以测试其实际操作能力。

（3）要求应聘者对具体问题进行分析并提出解决方案。

（4）在面试中提出问题，例如："你曾经从事过哪些相关工作""在实习期间，你负责了哪些具体工作""面对此类问题，你会采取怎样的处理流程和思考方式"等。

3. 自我管理技能

自我管理技能是指求职者所展现的特质与品质，亦被称作"胜任特征"，通常以形容词或副词形式表述。例如，积极主动、吃苦耐劳、踏实肯干、学习能力强及勇于承担责任等。这种能力是求职者身上最具潜力的财富，它与他们未来的发展前景和可能达到的职业高度紧密相关。近年来，自我管理技能越来越受到雇主的重视，有时甚至超过专业知识技能和可迁移技能。在谈论自己的优点或能力时，求职者不仅要阐述，还应将它们与应聘职位和公司（组织）的需求相结合。除了说明自己具备哪些能力和优势，求职者还应尽量提供简洁有力的实例作为支撑，以证明自己是岗位的理想人选。

在面试过程中，评估自我管理技能的问题通常包括以下四个方面。

（1）"在你亲朋好友看来，你具备哪些特质和品质？"

（2）"在实习期间，你给同事留下了怎样的印象？"

（3）"如果要用三个词语来描述你的优点，你会选择哪三个？"

（4）"你的前同事或老板是如何评价你的？"

一旦求职者明确了面试考核的核心，并根据能力结构对自己的能力进行了梳理，那么在面试时，他们就能做到心中有数、泰然自若，以稳定的心态应对各种问题。

（三）面试中常见的问题

（1）自我介绍。

在面试的过程中，面试官通常会首先要求应聘者进行自我介绍，这不仅是一个展示个人背景和能力的机会，同时也是让面试官对你有一个初步了解的环节。因此，一个合理且有效的自我介绍可以是这样的："我叫张三，目前在某知名大学攻读计算机科学与技术专业。通过四年的系统学习，我不仅掌握了编程语言、数据结构和算法等计算机科学的基础知识，还深入研究了人工智能和机器学习等前沿技术。在过去的实习经历中，我曾在一家互联网公司担任软件开发实习生，通过实际参与项目开发，我积累了宝贵的团队合作和项目管理经验。从我的个性特点及他人评价来看，我是一个勤奋、细心且具有创新精神的人，这些品质和特点让我在面对挑战时总能保持积极的态度并寻找解决问题的新方法。综上所述，我认为自己非常适合这份工作，并且非常期待能够为贵公司贡献我的力量。"

需要注意的是，自我介绍是对简历内容的精炼而非简单重复，可以依据一定的框架进行准备，如按照教育背景、工作经验和个性特点的顺序来组织你的介绍内容：

请用一句话简要介绍你的姓名。

请用三句话简述你与应聘岗位相关的三个优势和工作经历。例如，我具备扎实的专业知识基础、丰富的项目实践经验及良好的团队合作能力，这些都与贵公司的岗位要求高度契合。

请用一句话表达你为何渴望从事这份工作。例如，我对贵公司的企业文化深感认同，并且对这个岗位所涉及的工作内容充满热情，我相信自己能够在这个职位上实现个人价值并为公司创造更大的价值。

（2）请详细分享一下你五年后的职业规划，或者具体谈谈你的职业目标是什么？

通过这个问题，面试官不仅希望了解你是否对自己的职业发展有明确的规划，而且还想探究你的规划是否与目前申请的职位相契合，从而更深入地洞察你申请该职位的真正动机和职业抱负。

（3）你为何对我们公司（单位）这个职位产生兴趣？

在面试过程中，面试官通常会提出这个问题，目的是探究你申请该职位的深层动机。他们希望了解你的选择是经过深思熟虑的，是基于对公司文化、价值观、发展前景及职位本身的深入了解，以及你对自身兴趣、职业规划和能力的充分认识。面试官期望看到的是一个有明确职业目标、对工作充满热情，并且能够与公司共同成长的候选人，而非仅仅因为一时兴起或盲目决定而申请该职位的人。

（4）你为何相信自己适合这份工作（或者：你能为我们公司或单位带来哪些贡献）？

这个问题也可以这样表述：你为何选择我们公司，你对我们有何了解？此时，你需要展示对目标职位或公司业务及自身优势的深刻理解，强调你所具备的正是公司所重视的特质（无论是在专业技能还是在沟通能力方面）。请着重说明你能为公司带来的贡献，而不是你期望从这份工作中获得的利益（因此，请避免仅提及"我希望通过这份工作学习到……技能"）。你应该深入研究公司的文化、价值观及业务目标，并思考你的个人经历和技能是如何与这些方面相契合的。举例说明你过去在类似职位或项目中取得的成就，以及这些成就是如何转化为对公司的具体贡献的。通过这种方式，你可以向雇主展示你不仅了解公司，而且你已经准备好利用自己的能力为公司创造价值。

（5）你是否曾与一个特别难以相处的人合作完成任务？请描述一下这个经历（或者：请举例说明你在……方面的能力）。

这个问题及类似的问题（例如，"当你与合作伙伴意见不合时，你是如何处理的""在压力极大的情况下，你是如何平衡生活与学习的""你如何处理与你的道德标准或商业规范相冲突的请求"等），旨在通过具体实例来展示你在某一方面的能力。这些能力是雇主所重视的，常见的包括沟通能力、领导能力、创新思维、团队合作/人际交往能力、问题解决能力、适应性等（根据问题的具体内容而定）。关键是要有具体、实际且令人信服的例子，而不是单纯地声称自己拥有某项品质（例如，"我非常擅长与人交往"）。在准备面试时，建议提前准备一些这样的实例以备不时之需。在叙述时，避免过于冗长，特别是在描述事件背景时，但同时也要提供必要的细节。按照"事件发生的情境—我的应对策略—取得的积极成果"的结构可运用 STAR 原则进行准备来讲述，强调自己的应对能力和取得的积极效果。

（6）你最大的优点是什么？

在回答关于你的优点或能力的问题时，非常重要的一点是将你的回答与你所申请的职位及公司的需求紧密联系起来。这不仅能表明你对职位和公司有深入的了解，而且还能展示出你对如何将个人技能和特长应用到工作中有清晰的认识。除了简单地提及自己具备的某项技能或特长，还应该尽可能地提供具体的实例或经历，这样可以更具体、更生动地展示你的优势。通过这些实例，你可以向面试官证明你不仅有理论知识，而且还有实际操作的能力，从而让他们相信你是该职位的理想人选。

(7) 你有哪些不足之处？

在面对这个问题时，你可以选择多种不同的回答策略。一种方法是挑选那些对你的工作表现影响相对较小的缺点进行说明；另一种方法是采用一种表面上看似负面但实际上带有积极色彩的自我描述，例如，你可以自称为完美主义者，表明你对待工作的态度是如此认真细致，以至于有时会因此而花费更多的时间。最理想的回答方式是采用"我不擅长……但我已经意识到这一点，并开始采取……措施/方法来改进"的结构。务必避免声称自己没有任何缺点，因为这样的回答可能会让人觉得你不诚实或缺乏自我反省的能力。同时，切记不要提及那些你有所欠缺但对于职位至关重要的关键技能。

(8) 如果我请你的朋友来描述你，你认为他们会如何形容你？

这类问题有助于面试官从侧面了解你的个性，因此，在面试前深入地了解自我显得尤为重要。在回答问题时，应当突出那些与目标职位相关的个人优点。你可以提前准备一些能够描述你性格特点的词汇，如团队合作者、创新者、细心的观察者等，这些词汇能够帮助面试官更好地理解你的个性和工作风格。

(9) 为什么至今仍未找到工作？

对于那些投入了大量时间、精力和努力，却仍然在求职的道路上徘徊，未能找到合适工作的同学们来说，这个问题无疑充满了挑战性。它可能会迅速唤起你的沮丧情绪，让你对自己的能力失去信心，甚至开始怀疑自己的价值。如果你有这样的负面感受，可能是因为你内心深处认为自己尚未找到工作的原因是能力不足，或者是自己的简历不够吸引人，又或者是面试技巧不够娴熟。持有这样的想法，是很难找到一份令人满意的工作的。因此，不妨尝试从另一个角度思考问题：你已经为自己的未来付出了很多努力，与那些顺利找到工作的同学相比，你在面对挫折时展现出了更大的韧性。尽管你失败了许多次，但从未放弃，这正是你的可贵之处。从这个角度来看，你甚至应该感谢自己。因此，对于这个问题，每个人可能会有不同的答案，但关键是要从积极的角度去回答。记住，每一次的失败都是通往成功的必经之路，每一次的尝试都是积累经验的过程。保持乐观，继续努力，相信在不久的将来，你一定能够找到属于你的那份工作。

(10) 似乎你在某些领域（如销售、筹款、簿记等）缺乏经验。

这可能意味着在这些特定的行业或职位上，你还没有积累足够的知识和技能。然而，重要的是要记住那些能够跨行业、跨职位应用的可迁移技能，这些技能是你在职业生涯中应对各种挑战的有力工具。无论你身处哪个行业，这些技能都能帮助你适应新的环境，提高工作效率，甚至在某些情况下，它们可能比特定领域的经验更为重要。

（11）设想一下，如果你的任务是向旅游区寺庙里的和尚推销梳子，你会采取哪些策略？

这类问题通常基于现实或假设的情境。回答问题的关键在于展示你的思考过程和解决问题的方法，而不仅仅是答案的"正确性"。以下五个步骤可以帮助你应对这类问题。

第一，仔细聆听问题的细节。

第二，询问一些澄清性问题，以便准确理解面试官的期望。

第三，阐述你将如何搜集所需信息以做出明智的选择。

第四，讨论你将如何分析这些信息以做出决策。

第五，基于你搜集的信息、可行的选择方案及你对问题的理解，说明你将如何做出恰当的决策或提出建议。

这类问题没有标准答案，只有你个人的答案。面试官会通过这些问题来评估你是否符合岗位的要求。

在面试的过程中，通过深入分析和理解面试官向你提出的问题，你可以进一步挖掘出更多关于你所申请的职位的详细信息。面试官在提问时，往往会强调某些特定的技能、知识领域、个人特质及工作态度，这些内容对于职位来说至关重要。通过仔细聆听和思考，你可以洞察到这些关键点，从而更精准地理解雇主对于该职位的期望。了解这些期望之后，你将能够更有针对性地构建你的回答，以确保你的答案能够充分展示你符合这些要求的能力和素质。这样，你不仅能够给面试官留下深刻的印象，还能提高你获得该职位的可能性。

（四）求职者应提出的问题

为了在面试中进一步丰富之前搜集的信息，求职者也应在面试过程中准备一些相关的问题。提前准备好想要了解的问题，并将其记录下来随身携带，这种做法非常明智，因为这样做能向面试官展现出你为面试所做的充分准备。所提问题不仅要与职位紧密相关，还应能展现出你的热情和专业素养。通过精心构思的问题，你向雇主展示了对公司诚挚的关注及深入了解的渴望。如果在面试中你的问题已经得到回答，就无须重复提问，以免给人留下没有认真倾听的印象。以下是一些可供参考的问题。

（1）公司对员工有哪些期望？

（2）能否描述一下，在这个职位上工作的典型的一天是怎样的？

（3）这个职位一年内通常会分配哪些任务？

（4）这个职位的职业发展路径是怎样的？

（5）我将与哪些同事合作共事？

（6）这份工作最大的挑战是什么？

（7）如果我有幸被录用，将会接受哪些相关培训？

（8）这个职位有哪些发展前景？

（9）公司未来的规划是什么？

（10）目前公司面临的最大挑战是什么？

（11）公司最大的机遇在哪里？

（12）我从公司的网站上了解到公司的文化是……您能否进一步详细介绍一下这方面的情况？

在面试的过程中，关于薪资及其他可能引起敏感反应的问题，通常不建议在面试的初期阶段急于提出，除非是面试官主动提及这些话题。这样的做法有助于保持面试的正面氛围，并且可以避免给面试官留下过于急功近利的印象。通常情况下，这类敏感问题最好等到你感觉到自己已经给面试官留下了良好的印象，并且确信获得职位的可能性相对较大时，再适时地进行探讨和询问。

（五）言语与非言语沟通

在面试的过程中，展现你的热忱与积极态度是至关重要的。在回答问题、叙述个人经历时，可以通过你的措辞和肢体语言（如使用激昂的语调，保持微微前倾的姿态，点头表示赞同等）来体现你的热情与活力。保持眼神交流是面试中的关键，缺少它可能会被误解为缺乏自信或不够坦率。

在面试中，保持一个舒适的坐姿，避免显得懒散。不要在膝盖上或手中持有物品，以免妨碍你的自然动作，减少不必要的小动作。将你的笔记本、记事本、公文包和笔放在椅子旁边，以便在需要时能迅速取用。

回答问题时，要简洁明了，同时确保提供足够的细节，以便面试官能够全面评估你的资历。如果面试官不得不聆听冗长且杂乱的回答，可能会感到不适。在发言前先思考，适当停顿以整理思路。避免使用填充词如"嗯""啊""你知道"等，或为了拖延时间而重复问题。使用专业术语，避免使用俚语。

提前准备应对你关心或可能感到不适的问题。如果你希望避免某些问题，可以巧妙地让面试官意识到这一点，或者直接表达出来。大声练习回答问题，直到你能够自信地表达。

（六）求职者的权利

一些雇主错误地认为，由于他们支付薪水，因此，他们有权提出任何问题。然而，法律与道德的界限明确指出，雇主的权力并非毫无限制。法律赋予了雇主一定的管理权，但同时也规定了对员工基本权利的保护。道德上，雇主应尊重员工的个人隐私和尊严，避免提出与工作无关的侵扰性问题。此外，有些雇主在面试技巧上显得笨拙，可能会提出一些不妥当的问题。在这种情况下，你无须回答那些使你感到尴尬的问题。

在某些特定场合，你可以选择回答那些"含蓄"的问题。例如，当被问及"你现在有孩子吗？"或者"你计划近期要孩子吗？"这样的问题时，它可能隐含着"你能否适应加班？"这样的考量。在这种情况下，你可以回答说，在必要时你愿意加班，并且你有能力安排好孩子的看护问题。

你还可以这样反问："请问这个问题与我应聘职位的资历要求有何关联？"这样的反问或许能让雇主重新审视或明确他的提问意图，不过，也可能引起部分雇主的不快。但无论如何，这能帮助你进一步了解公司的文化和价值观，并思考这是否是你所寻求的。如果你认为没有必要回答某些问题，因为你对这份工作不感兴趣，或者你认为这些问题不恰当，你可以说"我认为我没有义务回答这个问题"或"这个问题是不适当的"。这样的回答可能会产生两种结果：一是让雇主意识到问题的不妥，并因你的指出来感到高兴；二是可能使雇主不悦，导致他们不考虑你担任该职位。因此，在回答这些问题之前，请权衡风险和你所期望的，但请记住，你始终有权拒绝回答某些问题。

（七）结束面试

在面试即将结束之际，以下几点是你应当留意的。

（1）确保你对招聘流程有充分的了解，例如，确认招聘方在确定人选之前是否还会安排其他面试。了解整个招聘流程的步骤，可以帮助你更好地准备接下来可能发生的任何情况，并且能够让你对整个求职过程有一个清晰的预期。

（2）向面试官表达你对职位的热情，并感谢他们提供的面试机会。这不仅显示了你的专业素养，而且也表明你对这份工作抱有极大的兴趣和热情。同时，感谢面试官的时间和考虑，这可以给面试官留下一个良好的印象。

（3）主动向面试官索取名片，或确保自己已确切掌握其姓名、职位及联系方式，以便后续发送诚挚的感谢信，并在需要了解面试进展时，能顺利与面试官取得联系。这样做不仅体现了你的积极性和主动性，而且在后续的沟通中，能够更加方便快捷地与面试官进行交流。

（八）面试后的反思

在每次面试结束后，我们不妨花些时间，仔细地审视以下这些问题。

（1）在面试过程中，我所强调的重点中，有哪些可能引起了面试官的兴趣？

（2）我是否以最佳的方式展示了我的资历，并且提供了恰当的实例来作为有力的支持？

（3）我是否明确且清晰地传达了我的个人目标、兴趣所在及未来的愿望蓝图？

（4）我是否错失了自我推销的机会，以展示我能为公司带来的诸多贡献？

（5）在回答问题时，我说话是过多或过少，还是恰到好处？

（6）我是否表现得过于紧张、被动或主动？是否找到了一个平衡点，既显得自信又不过分张扬？

（7）我是否通过面试获得了足够的信息，以帮助我做出明智的决策，判断这个职位是否真正适合我？

（8）为了下一次面试，我可以做出哪些改变，以提升我的表现，更好地展示自己的能力和潜力？

（九）面试中的口头表达策略

1. 金字塔原理

在本章中，我们将深入探讨一种与之前所提及的认知信息加工理论中的金字塔模型有所区别的思考与沟通策略，即所谓的金字塔原理。这种原理强调的是如何在思考和沟通过程中突出重点，保持逻辑的清晰性，确保层次的分明性和易于理解性，从而成为一种展示思路的有效方式。

金字塔原理的核心理念体现在其独特的结构设计上：它倡导首先明确地呈现结论，随后按照自上而下的顺序逐层展开细节；在展开过程中，需要合理地进行分类，并确保逻辑的递进性；同时遵循一系列原则，包括先呈现结论再阐述原因、先讨论重要事项再涉及次要内容、先进行总结再展开具体细节、先构建框架再填充细节、先展示结果再描述过程、先提出论点再提供论据等，以此来确保思路的清晰度和连贯性。

通过不断地应用金字塔原理来进行表达练习，求职者将能够更加精准地捕捉到面试官的意图、需求及关注的焦点，从而能够清晰且有序地展示自己的能力和特点。掌握这种原理，将帮助求职者在面试过程中运用一个有效的沟通框架和标准流程，以提高沟通的效率和效果。

例如，在回答面试官的第一个问题"请介绍一下你自己"时，可以运用金字塔原理来组织自我介绍的内容。金字塔原理是一种思考和沟通的框架，它强调先提出中心思想，然后通过逻辑顺序展开支撑论点，从而让听众或读者能够迅速抓住主题的核心。以下是一位面试律师助理岗位的自我介绍，它通过金字塔原理来构建。

尊敬的面试官们，大家好，我叫刘媛媛，非常荣幸有机会参加今天的面试。我毕业于北京大学法学院财税法专业，并已成功通过司法考试。

我今天来面试的职位是律师助理。我相信自己非常适合这个岗位，原因如下：首先，我拥有超强的自学能力，这一点从我曾以优异的成绩考入北京大学法学院可以看出（出示论据1）。这不仅证明了我具备扎实的法律基础知识，也展现了我自我驱动和不断学习的能力。

其次，我具备扎实的专业基础，这得益于我在校期间的实习经历和实际案件处理。我曾在三家不同的律师事务所完成了三份与岗位相关的实习，并在实习期间处理过35个案件，这些经历让我对律师助理的工作有了深入的理解和实际操作的能力（出示论据2）。我能够熟练运用法律知识来解决实际问题，并且在团队中发挥协作精神，我为这份工作做好了充分准备。

最后，我对整理收纳充满热情，这不仅体现在我的学习上，也体现在我的工作和生活中。我学习过相关专业课程，如证据法和法律文书写作，这些课程让我更加注重细节和条理。在日常生活中，我也是一个有条理的人，这使我能够有效减少错误，提高工作效率。这无疑是该岗位所需的重要素质（出示论据3）。

我对贵公司以及我所面试的职位非常感兴趣，并已经做了深入的了解。贵公司在法律界的声誉和对员工的培养计划让我深感敬佩，我希望能够获得这个机会，与公司一起成长，为公司贡献我的力量。

这个例子清晰地展示了，采用金字塔结构式的表达方式，可以使求职者的观点更加鲜明，重点更加突出，思路更加清晰有序、层次分明。这种表达方式不仅便于面试官理解求职者的核心优势，还能激发他们的兴趣，使求职者的特点和优势更加令其难忘。通过金字塔原理，求职者能够有效地传达自己的价值，从而在众多候选人中脱颖而出。

2. STAR 原则

在制作简历时采用的 STAR 原则，同样适用于面试场合，可以基于简历中的经历进行更详尽的阐述。

情景（situation）：请描述你曾参与或负责的项目的启动背景、涉及的团队成员以及你所扮演的角色。例如，你接受任务时的具体情况是怎样的？在项目中，你承担了哪些职责？你的汇报关系是如何安排的？

任务（task）：请详细说明项目的具体目标、性质和规模，以及这些与你所申请职位的技能要求之间的匹配程度。例如，项目的具体内容是什么？它的规模和性质如何？你的技能与项目要求的匹配度如何？

行动（action）：请叙述你在项目实施过程中的具体行动，包括是否遇到任何困难，以及你的心理活动。例如，你采取了哪些具体措施？是否遇到困难？你是如何解决这些困难的？在项目中感受到的压力有多大？

结果（result）：请描述项目的结果，以及你的行为对结果产生的影响，还有你对整个经历的总结和思考。例如，项目最终的结果如何？你对项目的贡献是什么？你从中学到了什么？有哪些地方可以改进？

在描述工作经历时，我们往往倾向于强调"我们做了什么"，但实际上，向面试官展示"我们做成了什么"更为关键。

接下来，将以 STAR 原则为例，详细说明"完成产品分析报告"的过程。

情境（situation）：在当前的市场环境中，识别出某品牌新品沐浴露的潜在机会点，以便更好地定位产品并抓住市场机遇。

任务（task）：负责独立开展沐浴露这一行业的深入市场分析工作，研究内容需涵盖品牌分布情况、产品功效特点、消费者对成分的偏好及市场上的消费者细分等多个关键维度。

行动（action）：通过仔细撰写长达 29 页的详尽的市场报告，深入理解沐浴露市场的最新动态和趋势，并结合消费者的具体需求，为该品牌的新品沐浴露提供基于市场趋势和消费者需求的有力决策支持。

结果（result）：通过精准的市场定位和策略实施，新品沐浴露成功实现了销量 32% 的显著增长，这一成绩充分证明了市场分析和决策支持的有效性。

在应用 STAR 原则时，求职者应避免提供过于含糊、主观、理论化或缺少具体操作性的案例。因为这些不恰当的实践有可能会误导面试官，令其错误地将理论性的陈述误认为是实际成果。具体而言，不恰当运用 STAR 原则的情况可以归纳为以下三类。

（1）不明确的描述："我通常……""在大多数情况下，我会……"

（2）主观臆断："我认为……""我觉得应该……""根据我的经验……"

（3）理论化或不切实际的描述："我想我……""我将会……"

在求职面试的过程中，无论是运用金字塔原理来组织思路，还是采用 STAR 原则来描述具体情境下的行为和成果，求职者都需要不断地进行大量的练习，并且提前做好充分的准备。这样，在面试的时候，他们就能够自然、流畅地运用这种结构化的表达方式，从而给面试官留下深刻的印象。

职业素养和求职技能是大学生在正式步入职场之前，必须提前进行磨炼和提升的关键能力。本章特别强调了沟通能力的重要性，这项能力对于学生的个人发展具有至关重要的作用。通过学习和掌握这些内容，我们期望每一位学生都能够在日常生活中自觉地、不断地提升这些关键的就业通用技能。简历的撰写和面试的技巧作为求职过程中的基础环节，实际上是对学生职业能力的全面考核。因此，在介绍求职技能的过程中，我们特别强调了这些求职环节的重要性，目的是提醒学生在大学期间就要有意识地、有针对性地提升自己的职业技能，以便在未来求职的过程中能够脱颖而出，获得理想的工作机会。

本章小结

本章主要探讨了大学生在求职过程中所需具备的职业素养和求职技能。内容涵盖了职业素质要求、大学生就业通用技能、沟通能力、简历撰写、面试技巧等多个方面。通过对大学生职业适应性、角色转换能力的重视，以及对沟通能力、团队合作精神、领导能力等通用技能的强调，旨在帮助大学生提升个人职业素养，使其掌握有效的求职技巧，从而在职场中脱颖而出。

生涯规划练习

1. 了解自身学习技能

通过表1的练习，你可以评估自己掌握了多少课程要求的学习技能，并为自己的表现评分，从而更深入地了解自己在学习技能方面的优势。

表1 为学习技能打分

学习技能	给自己打分 （5分很好，1分很差）	举例
例子：按时完成工作		
1. 按时完成工作		
2. 自我激励，能坚持完成困难的任务		
3. 敢于表达自己的观点		
4. 能从不同渠道获取信息		
5. 阅读复杂的文章或表格，明白主旨大意		
6. 能从繁杂的信息中筛选出有用信息		
7. 比较不同选项，找到判断是非的合理依据		
8. 权衡利弊，判断是非		
9. 有自己的写作风格		
10. 能给出充分理由，为自己的观点提供论据		

2. 对学习技能的优先顺序进行反思

请参考表 6-3 "大学期间可以培养的部分通用技能",在表 2 中详细地列出了在大学及其他场合所培养的、能够转化为就业市场所需通用技能的各项能力。

表 2　为就业市场所需通用技能的各项能力打分

学习技能	A 符合	B 需要掌握 (6~10分)	C 掌握情况 (1~5分)	D 优先度 (B-C)
1. 知道怎么做才能达到最佳学习效果,知道怎样反思、怎样评价自己的工作				
2. 有强劲的学习动力,知道怎么设定合理目标				
3. 有良好的时间、地点管理能力,能合理安排自己的学业				
4. 能制定应对新任务或新作业的策略				
5. 对自己的调研能力充满信心				
6. 对自己的阅读方法有信心				
7. 对数字敏感				
8. 能有效做笔记,并能整理、保存、查阅、使用笔记内容				
9. 能有效利用上课时间,摄取课堂知识				
10. 知道怎么演讲、怎么准备,能充分发挥自己的优势				
11. 能合理安排一系列写作任务				
12. 知道怎样用信息技术辅助学习				
13. 批判性思考,善于分析,能权衡自己和他人的观点				
14. 具备有效的记忆方法				
15. 有良好的复习方法和考试技巧				

3. 列举技能转化的可能场所和活动

请在表 3 中举例说明技能转化的可能场所和活动。

表 3　技能转化的可能场所和活动的例子

技能、素质、特点和成绩	举例
自我意识、自立	
口头表达能力	
团队合作	
管理项目时的实际操作能力	

4. 反思个人的倾听习惯

回想以下情景的细节，以识别自己在哪些情况下倾听效果不佳。

（1）当他人发言时，你可能在听，但并未真正投入注意力。

（2）你可能专注地听取了某条信息，但不久后便忘记了。

（3）你可能关注并记住了某条信息，但对其理解并不准确。

（4）你可能理解了某条信息，却未能有效地做出回应，未能将你的理解反馈给信息的发送者。

（5）你可能未能记住某条重要信息的全部或部分内容。

5. 简历评审

将学生分成 6～8 人的小组，每组分发 6 份简历。要求各小组在 8 分钟内根据优秀程度对简历进行排序。

每组选出一名代表来简要阐述排序的理由。

注意：每组分发的 6 份简历应为应聘同一职位的简历。

6. 模拟面试

邀请一位熟悉招聘流程和面试技巧的用人单位代表，或一位研究生导师，亦可由同班同学扮演面试官。一位同学扮演求职者，进行模拟面试。面试结束后，先由学生进行回顾讨论，随后由教师进行总结点评。

注意：如果由同学扮演面试官，最好提前确定人选并让他们做好准备。扮演求职者的同学也应提前确定，以便做好准备，并根据其期望的目标职位准备职位描述和面试问题。

第七章 生涯规划管理

本章内容框架

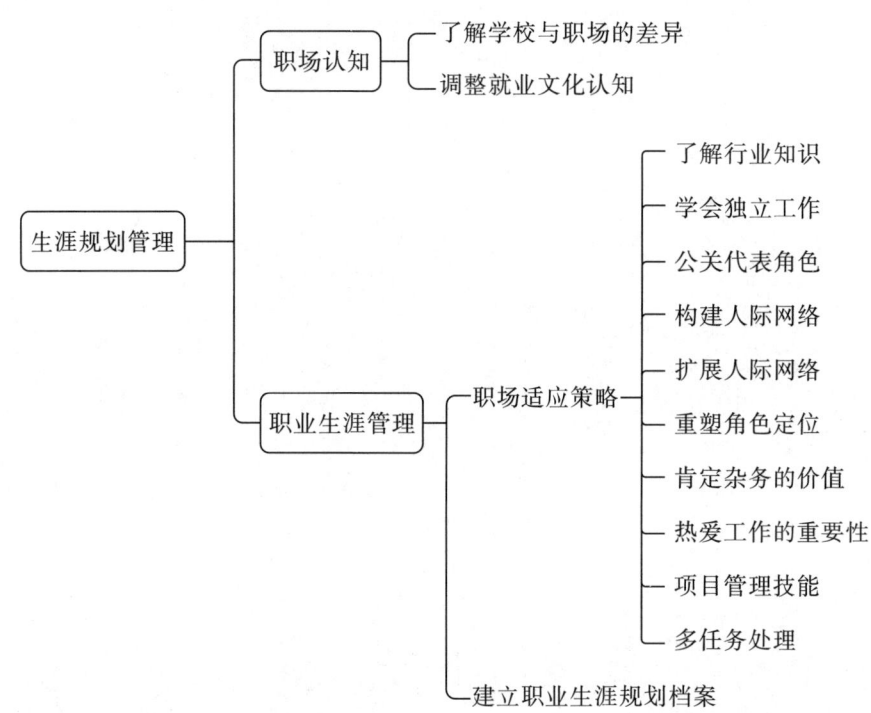

生涯案例

杨乐大学毕业之际，求职之路异常顺畅，几乎未遇波折，他便在家乡附近的一家行业领军企业觅得一份心仪已久的工作。毕业后，杨乐怀揣着对未来的无限憧憬与兴奋，踏上了前往公司总部所在城市的旅程。彼时，他还未深刻体会到离别的愁绪。尽管他曾经在考研和就业之间犹豫过，但是公司里有熟悉的校友和同学，让他觉得未来充满希望。就这样，他懵懵懂懂地开始了职场生活。然而，过了半年的某一天，他突然意识到校园已经离他很远，巨大的不适感突然袭来，让他感到伤感。频繁出差的工作、职场的人际关系，也让他感到了压力。他开始怀疑，这难道就是自己梦寐以求的工作与生活吗？

洪源，一位即将迎来人生新篇章的毕业生，在临近毕业之际，经过长时间的深思熟虑，最终做出了一个重要的决定——他决定留在这个充满活力的南方城市。经过一番努力，他的面试也如愿以偿地获得了通过。然而，面对即将踏入职场的生活，他感到忐忑不安。虽然在校园里，他也曾经历过各种人际关系的处理，那些关系也不完全单纯，但与之相比，校园里处理的人际关系问题相对简单，人际关系的复杂程度也有限。职场上的人际关系会是怎样的呢？自己能否适应那里的环境和节奏？这些问题让他感到不安，他开始思考如何在新的环境中找到自己的位置，如何与同事建立良好的关系，以及如何在工作中展现自己的能力。

对于那些刚踏出校园或即将结束大学生涯步入职场的年轻人，他们的心中洋溢着对未来的无限憧憬和美好梦想。正如心理学家埃利奥特·阿伦森（Elliot Aronson）所描绘的，这些年轻人正处于职业生涯发展的幻想阶段，这是一个充满希望和梦想的时期。在这个阶段，他们或许会像诗人罗伯特·弗罗斯特（Robert Frost）所表达的，对未来充满好奇和探索的渴望。阿瑟·奇克林（Arthur Chickering）和南希·施洛斯伯格（Nancy Schlossberg）在1998年对职业生涯的转变进行了深刻的思考和研究，他们指出，大学生在这个阶段可能会遭遇许多挑战，需要更多的指导和支持，以便能够顺利地从幻想阶段过渡到职业生涯的尝试阶段和现实阶段。他们提出，成年人（职场人士）的生活将不再是结构化、舒适和安全的，而是充满了变化和挑战。他们认为，许多大学毕业生由于缺乏足够的指导和准备，未能做好充分准备便向成人生活过渡，也未意识到这一转变的艰巨性，因此在过程中可能遇到各种事情的不确定性，以及情绪的快速波动。然而，我们同样应该相信，每个人的内心深处都拥有应对转变的潜在资源，并且有能力适应成人的生活。在本章中，我们将深入探讨如何从生涯规划过渡到生涯管理，帮助年轻人更好地理解自己的职业发展路径，以及如何在职场中找到自己的定位和方向。

第一节 职场认知

一、了解学校与职场的差异

在1987年,佛罗里达大学的管理学教授丹尼尔·费德曼(Daniel Feldman)进行了一项深入的研究,专注于探讨新就业大学生所面临的"入职冲击"(entry shock)这一现象。他向那些即将告别校园生活、步入职场的大学生提供了宝贵的建议,强调了他们即将踏入的世界与他们即将告别的世界之间存在的巨大差异。为了更清晰地阐述这些观点,费德曼教授在表7-1中详细对比了三个主要方面:首先是大学文化与职场文化的差异,其次是教授与老板在态度和行为上的不同,最后是大学学习过程与职场学习过程的对比。通过回顾和思考这些差异,即将毕业的大学生能够更好地理解变化发生的原因和方式,从而指导他们在就业环境中更好地应对这些变化。这样的理解有助于提升他们的元认知能力,即对自己认知过程的认识和控制能力,这对于适应新的工作环境和挑战至关重要。此外,费德曼教授还指出,大学环境通常更加自由和开放,鼓励学生探索和质疑,而职场则更加注重结果和效率,要求员工在规定的时间内完成任务并达到预期的业绩标准。在大学中,教授们往往扮演着导师和指导者的角色,他们不仅传授知识,还鼓励学生独立思考和创新。相比之下,在职场中,老板或管理者则更多地关注团队目标和组织利益,他们需要确保团队成员能够协同工作,共同实现公司的战略目标。在学习方式上,大学教育倾向于理论学习和批判性思维的培养,而职场学习则更侧重于实践技能和经验的积累。因此,即将步入职场的大学生需要意识到这些差异,并学会调整自己的学习和工作方式,以便更快地适应新的工作环境。

表7-1详细地阐述了导致一些大学毕业生在适应他们的首份工作时面临诸多挑战和困难的原因。这些挑战和困难包括但不限于时间管理能力的不足、工作结构的不明确性、难以融入的企业文化、需要持续不懈的努力以及复杂的人际关系网络等。在接下来的内容中,我们将深入探讨这些问题,并提供一系列实用的建议和策略,旨在帮助这些毕业生更加顺利地过渡到职场环境

中，从而减少他们在适应新工作时可能遇到的障碍。

表 7-1 大学环境与工作环境

大学文化	工作文化
1. 灵活的时间规划 2. 更系统化、个性化的反馈机制 3. 享受长时间的假期和自由安排的节日休息 4. 对问题有明确的答案 5. 教学大纲提供了明确的任务导向 6. 个人在分数上的竞争激励 7. 工作循环周期较短：每周 1～3 次班级会面，每学期持续约 20 周 8. 奖励基于客观标准和个人优点	1. 需要更加严谨的时间管理 2. 任何缺席都是不被接受的 3. 反馈既不规律也不频繁 4. 缺乏暑假，节假日休息极为有限 5. 正确答案往往不是一目了然的 6. 工作任务常常界定不清 7. 以团队绩效作为评估标准 8. 工作周期可能延续数月乃至数年 9. 奖励多基于主观标准和个人判断
教授	老板
1. 鼓励开展讨论 2. 明确任务完成的截止日期 3. 期待实现公正 4. 以知识为指导	1. 往往对讨论缺乏热情 2. 分配紧急任务，并且要求迅速完成 3. 有时表现出决断力，未必总是公平的 4. 注重结果（利益）导向
大学的学习过程	工作的学习过程
1. 遵循抽象与理论的原则 2. 实现学习的规范化、结构化和象征性 3. 促进个性化学习	1. 针对具体问题的解决方案和决策制定 2. 以工作中的临时性事件和真实生活情境为依据 3. 社会化的、共享式的学习过程

二、调整就业文化认知

根据表 7-1 所示的趋势，接下来将详细讨论 10 个关键领域，这些领域是新职场人士需要自我调整的核心要素。深入理解这些内容，将有助于新员工在从大学校园文化向全职就业文化转变的过程中，有效应对挑战并做出明智的决策。这些关键领域包括但不限于时间管理、沟通技巧、团队合作、职业规划、个人品牌建设、适应变化的能力、持续学习的态度、压力管理、职业伦理以及自我激励等。每个领域都是新职场人士必须面对和掌握的技能，它们共同构成了一个全面的框架，帮助新员工在职场中找到自己的定位，实现从学生到职场人的平稳过渡。

1. 从理论到实践

我们必须明确地认识到，与课堂上的选择题不同，职场中往往没有绝对的"标准答案"。员工常常需要采取务实态度，以有效应对职场中的意外与危机。此时，新职场人在思考问题和决策制定时的核心，应是如何达到务实或最佳的问题解决，而不是追求"正确答案"或理论上的完美。在实际工作中，问题的复杂性往往超出理论模型的范畴，因此，新员工需要学会灵活运用所学知识，结合实际情况，做出最合适的判断和选择。他们必须理解，职场是一个动态的环境，其中充满了不确定性和变化，需要他们能够迅速适应并做出反应。新员工应培养一种实用主义的思维方式，以便在面对各种工作挑战时，能够找到最有效的解决方案。

2. 时间管理

许多大学生发现，每天工作 8 小时、每周工作 5 天，或每周工作 40～50 小时的调整颇具挑战。大学的学习时间较短，有更多弹性时间可以自由安排，且有寒暑假和节假日，休息时间较多。而工作环境的周期更长，日程安排相对固定，休息时间减少。这种转变要求新职员必须调整自己的时间管理技能，学会在更紧凑的时间框架内完成任务，同时保持工作与生活的平衡。他们需要学会优先排序，合理规划工作和休息时间，确保在满足工作要求的同时，也能够照顾到个人的健康和福祉。此外，新员工还应学会如何在繁忙的工作中找到时间进行自我提升和充电，以维持长期的职业发展。

3. 组织结构

比较工作组织与大学校园的不同，需要考虑老板与教授的角色差异、单一雇员与多个监督者的关系,以及模糊性与结构性的对比。掌握一个工作组织的文化底蕴,往往需要时间的积淀,甚至需历经曲折与谬误,毕竟它与校园文化的差异是显著且深刻的。新员工需要理解组织的运作方式,包括决策流程、沟通渠道和团队协作机制,以便更好地融入并为组织目标做出贡献。他们应该学会如何在组织内部建立有效的网络,了解不同部门和团队的工作方式,以及如何在组织内部寻求支持和资源。

4. 职场期待

新入职场者需要审慎调整自身期望,不宜奢望迅速获得过多。例如,新职员可能得到的反馈是模糊且零星的,可能每 6 个月才有 3 次;而课堂中的反馈每学期至少有 2~3 次。埃德·霍尔顿(Ed Holton)于 1995 年曾指出,此乃雇主在应对新员工时所面临的诸多难题之一。因此,新职员不应期待雇主会及时提供工作反馈,而应专注于自我评估,并培养有效的问题解决技能。在职场中,自我驱动和持续学习是成功的关键。新员工应学会如何在没有外部指导的情况下,自我激励和自我提升,以实现个人和职业上的成长。

5. 合作的态度

工作环境要求同事间保持良好的相处,尽管存在差异。如果与某位教授发生分歧,个人通常可以选择暂停课业;但在工作中,你不太可能轻易地更换上司和同事。意识到这一点,新职员需明确,工作的核心在于任务的完成,而非过分纠缠于与他人的分歧。在团队中,合作和沟通是完成任务的基础,新员工应学会如何在保持个人立场的同时,与他人建立积极的工作关系。他们需要掌握如何在团队中发挥自己的长处,同时尊重和借助他人的优势,以达成共同的目标。

6. 责任担当

在工作环境中,你可能发现自己必须对某一工作情境做出重要决策,而无法从监督中获得帮助。尽管你是工作中的新人,很少得到指导,但你仍需承担大量决策制定的责任。这就要求新职员必须迅速学习,提升自己的判断力和决策能力,以便在没有明确指导的情况下,依然能够做出对公司有利的决策。他们需要学会如何在压力下保持冷静,如何搜集和分析信息,以及如何预测决策的潜在后果。

7. 管理哲学

如果你在一家私企工作，公司生存的基础是盈利。在商业环境中，你可能发现自己在维护机构和既定的行事规则，而在大学里，你通常是在挑战它们。新员工需要理解商业环境中的实际运作，包括如何在追求利润的同时，保持道德和合规性，以及如何在竞争激烈的市场中保持公司的竞争优势。他们应该学会如何在商业伦理和公司利益之间找到平衡点，以及如何在遵守规则的同时，寻求创新和改进。

8. 认识不足

在全新的职场环境中，追求完美是不现实的——因为错误总是难以避免。你需要学会将错误看作成长的契机，而非对个人能力的否定。雇主和教授通常以不同的方式看待个人的不足。雇主将其视为成本和问题，而教授则视之为教育和学习的机遇。新职员应将错误视为学习和进步的机会，积极寻求反馈，并从中吸取教训。他们应该培养一种开放的心态，愿意接受批评，并将其转化为改进的动力。

9. 对新工作地点的适应

就业可能会要求你迁移到新的地区，这时，你需要关注并适应新的生活方式和社交环境。你不仅要适应工作本身，还要适应新的通勤需求，以及有利于个人发展和休闲娱乐的新机会。新员工应主动了解新环境的文化和习俗，以便更快地融入当地社区，同时也要注意保持与原居住地的联系，以维护个人的社会支持网络。他们需要学会如何在新的环境中找到归属感，如何建立新的社交圈，以及如何在新的社区中找到生活的平衡。

10. 沟通

在职场中，沟通是至关重要的技能之一。新员工需要学会如何清晰、有效地表达自己的想法和意见，同时也要学会倾听和理解他人的观点。他们应该掌握各种沟通方式，包括书面和口头沟通，以及非语言沟通的技巧。此外，新职员还需要了解在不同情境下，如何恰当地使用电子邮件、电话会议、面对面会议等沟通方式。有效的沟通不仅有助于建立良好的工作关系，还能提高工作效率，减少误解和冲突。

第二节　管理职业生涯

一、职场适应策略

为了帮助职场新人顺利地从校园过渡到首个专业职位，布拉德利·理查德森（Bradley Richardson）和布鲁斯·图尔甘（Bruce Tulgan）在1997年提出了10条宝贵的适应建议。① 这些指导原则旨在帮助初入职场的年轻人更好地理解工作环境，提升个人能力，并在职业生涯的早期阶段取得成功。他们认为，通过这些职场秘诀，职场新人可以更快地适应工作环境，提高工作效率，从而在职场中脱颖而出。

1. 深入学习行业知识，增进对职场文化的理解

正如前文所述，在进行职业选择和生涯规划前，需广泛了解新工作的相关信息，包括职业知识。入职后，可以通过阅读组织史、了解部门互动、与各级员工交流及研究行业趋势和组织行为等方法，达成此目标。这不仅有助于你更快地融入新环境，还能让你在工作中更加得心应手。此外，了解行业动态和组织文化，可以帮助你更好地理解公司的运作方式，从而在工作中做出更明智的决策。通过不断学习和实践，你可以掌握行业内的最佳实践和工作流程，这将使你在面对复杂问题时，能够迅速找到解决方案。同时，了解职场文化也有助于你建立良好的人际关系，这对于职业发展和团队合作都是至关重要的。

2. 学会独立工作

随着网络、电子邮件、传真、手机等新技术的普及和应用，办公室的传统界限已经被重塑。你可能会发现自己可以选择或需要远程工作。在某种程

---

① B. Ichardson, B. Tulgan, "The 1997 Career Survival Guide", *Tools for Life*, 1997, 2(1), pp. 11-27.

度上,这似乎与我们通常所说的"团队"或"工作小组"的概念相悖。然而,从另一个角度来看,它又与"在新的职业生涯中,我们都是企业家"或"自由代理人"的理念相契合。我们需要培养以非传统方式工作的技能,并自我激励和自我指导。阿舍(Asher,1998)[①] 建议,应主动预见学习需求,以保持专业领域的领先地位。这将帮助你在不断变化的工作环境中保持竞争力。同时,独立工作能力的提升,也能让你在面对挑战时更加自信,从而在职场中获得更多的机会。此外,独立工作还意味着你需要具备良好的时间管理能力,能够有效地规划和执行任务,以及在没有直接监督的情况下,自我管理的能力。这些技能对于个人在现代职场中脱颖而出至关重要。因此,无论你是自由职业者还是在传统公司工作,培养独立工作的能力都是至关重要的。

3. 扮演自己的公关代表

工作做得好固然重要,但如果没有人知道你的成就,你可能无法获得应有的认可。阿舍建议,利用空闲时间与人多交流,让人们了解你的工作进展。与同事分享有趣的文章,并主动展示你的工作成果。在获得新的资格认证、完成重要项目或学习新技能后,及时更新简历。这样,你就能确保你的努力和成就得到认可,为未来的职业发展打下坚实的基础。同时,良好的公关技巧也能帮助你在职场中建立良好的人际关系,从而为你的职业发展创造更多的机会。此外,不要忘记在社交媒体上保持活跃,因为这可以成为你个人品牌的有力展示平台。通过定期发布与你专业领域相关的内容,你可以吸引行业内的关注,扩大你的影响力。同时,积极参与行业会议和研讨会,不仅可以提升你的专业知识,还能让你结识更多的同行和潜在的合作伙伴。记住,建立一个强大的个人品牌需要时间和持续的努力,但一旦建立起来,它将成为你职业生涯中的一个宝贵资产。

4. 构建人际网络

主动参与并加入专业协会或贸易组织,将有助于你紧跟行业动态,巩固并拓展你的人脉网络,同时捕捉新的职业机会。通过这些平台,你可以结识

---

① D. Asher, "How to Earn a Promotion in 12 Months or Less", *National Business Employment Weekly*, 1998, http://public.wsj.com/careers/resources/documents/980106asher-promotion.Htm.

行业内的专家和同行，为自己的职业发展开辟更多可能性。此外，一个强大的人际网络也能为你提供更多的支持和帮助，让你在面对挑战时更加从容，甚至当你在职业道路上遇到困难时，这些联系人也可能会成为你宝贵的资源和助力。

5. 扩展人际网络

我们应该积极努力地与那些能够为我们的单位或组织创造价值的个人建立并维护长期的人际关系。这可能涉及形成某种指导关系，或者提出创新的方案和策略，帮助你所青睐的人提高他们的工作效率和质量。通过这种方式，你不仅能够提升自己的影响力和领导力，还能为组织带来积极的变化和进步。同时，良好的人际网络也能为你提供更多的支持和帮助，让你在面对各种挑战和困难时更加从容不迫，能够有效地解决问题。

6. 重塑自己的角色

当你对组织有了系统的了解后（即当你理解了部门的独立工作方式和部门之间如何协同运作后），你就能识别出组织中你可以帮助的多种"客户"。除了你的上司，你开始了解组织中其他管理人员和员工的需求，评估自己的技能和兴趣，看看如何为组织贡献自己的价值。根据这种评估，你可以设计各种方案来改变自己的角色，创造一个你认为组织必需的新岗位职责。基于行业趋势、自身技能和兴趣、组织需求，重新设计你的工作，将为你的职业生涯注入活力。同时，这也是一种自我提升和成长的过程，能让你在职场中更加自信和有成就感。你可以通过主动承担额外的项目，或者提出创新的解决方案来满足组织的未被充分满足的需求。通过这种方式，你不仅能够提升自己的工作满意度，还能提高自己在组织中的可见度和影响力。此外，这也有助于你建立起一个更广泛的职业网络，因为你将与更多不同部门的同事合作，从而拓宽你的视野和经验。最终，通过重塑自己的角色，你将能够更好地适应组织的变化，成为组织不可或缺的一部分，为组织的成功贡献自己的力量。

7. 不要抱怨杂务

在职业生涯的早期阶段，由于大多数人并非从组织的顶层开始，你可能会发现自己最初的工作包括买午餐、跑腿、信件收发等看似琐碎的杂务。面对这些看似不重要的任务，我们应将其视为增进自己对组织和同事了解的契机。几乎所有的工作都包含一些乏味和看似不重要的责任。通过这些看似不起眼的工作，你可以展示你的可靠性和专业性，为将来承担更重要的任务打下坚实的基础。同时，这也是一个学习和成长的机会，能让你更好地理解工作的各个方面，从而在职场中更加游刃有余。请记住，每一个伟大的事业都是从基础做起的，而这些基础工作正是你积累经验、展现能力的舞台。因此，即使面对的是最平凡的杂务，我们也要以积极的态度去面对，因为这可能是你职业生涯中一个重要的转折点。

8. 从事自己喜爱的活动是至关重要的

从长远的角度来看，一个人的职业生涯能否稳固发展，很大程度上取决于是否能够投身于自己热爱且自认为极其重要的事业之中。为了实现这一目标，我们必须坚信自己的技能和知识是有市场需求的，这样我们才能毫无束缚地去追寻个人的兴趣和价值观。正如阿舍所指出的，如果一个人的工作不能让他们感到快乐，那么他们可能无法在工作中表现出色，这一点在绩效评估中可以得到体现。因此，找到一份能够激发你热情的工作，对于职业发展来说是至关重要的。同时，热爱自己的工作也能让你在面对各种挑战时更加积极和充满动力。

9. 项目管理

理查德森和图尔甘强调，控制自己的工作计划至关重要。他们认为，每个项目都需设定明确目标，并清晰界定责任归属，以确保每一步行动其执行者都了然于胸。根据任务完成日期制定时间表，整个项目将按时间表进行直至结束。为项目制订书面计划，并确保参与项目的每个人都有计划表的副本。让每个人都能清楚地了解项目当前的状态。在项目进行过程中，从可能受项目影响的人那里获取反馈。若你尚未在项目发展、管理及评估方面受过专业训练，务必在第一份工作中寻求学习机会，利用业余时间自我提升。掌握项目管理的技能，将使你在职业生涯中更加游刃有余。同时，良好的项目管理能力也能帮助你在面对复杂任务时更加从容和高效。项目管理不仅仅是关于时间管理和任务分配，它还涉及沟通、团队协作、资源分配和风险管理等多个方面。一个成功的项目经理需要具备这些综合能力,以确保项目能够顺利进行并达到预期目标。因此,不断学习和实践项目管理的最佳实践和工具,对于任何希望在项目管理领域取得成功的人来说,都是至关重要的。

10. 同时处理多项任务

你的新工作可能要求你同时关注多个任务。对于那些喜欢一次只专注于一件事的人来说,这确实是一个挑战。实现多种责任和机会之间的平衡需要建立关于自己和时间管理的新元认知。此时,我们可以使用本书第五章介绍的时间管理四象限法来管理多项任务。成功人士会设法将各种项目和活动整合成一个整体,这个整体大于各部分之和。我们有时将其称为"协同效应"(synergy),即两个或更多行为相互作用的综合效果。通过在工作中创造协同效应,我们能够更有效地应对多重任务。学会有效管理多项任务,将使你在职场中更加高效和有成效。同时,这也是一个锻炼和提升自己的机会,能让你在面对挑战时更加从容和自信。掌握同时处理多项任务的技巧,不仅能提升你的工作效率,还能帮助你在职业道路上走得更远。它要求你具备出色的组织能力、优先级判断力及灵活调整计划的能力。在面对多个任务时,你需要学会如何合理分配自己的注意力和时间资源,确保每项任务都能得到适当的关注。此外,学会在不同任务之间切换,保持清晰的思路和高效的工作状态,也是至关重要的。通过实践和不断优化,你将能够更好地掌握时间管理的艺术,从而在职场上取得更大的成功。

理查德森和图尔甘总结了许多年轻工作者的工作经验,这些年轻人利用时间和各种机会反思自己最初的工作经历。这10个秘诀揭示的并非真正的"秘密",而是来自现实的领悟,旨在帮助职场新人厘清有助于处理新工作情境的各种元认知,帮助他们从新手时期的早期经历中获得经验。通过这些实用的建议,职场新人可以更好地适应职场环境,为自己的职业生涯奠定坚实的基础。同时,这些秘诀也能帮助他们在面对挑战时更加自信和有动力,从而在职场中取得更大的成功。

二、建立职业生涯规划档案

当我们迈入新的工作环境,职业规划的重点将发生微妙的转变。对于初入职场的新手而言，寻找一位或多位能够提供指导的导师，成为我们在新组织中的首要任务。这些导师将扮演关键角色，为我们提供宝贵的建议和指导，帮助我们管理自己的职业生涯。因此，投入时间和精力去寻找合适的导师至关重要，它能确保我们在职业生涯发展之初获得强大支持。同时，我们要记住，尽管我们开始了新的工作旅程，职业规划的过程并未结束。我们需要不断评估自己的职业目标，确保这些目标与个人长期愿景保持一致，并适应组织和行业不断变化的环境。此外，我们还应关注工作与个人生活的平衡，这对职业发展同样具有深远影响。只有找到工作与生活之间的平衡点，我们才能在职业生涯中保持持续的动力和健康的心态。

1987年，费德曼（Feldman）教授在其文章《早期生涯规划的重要选择》中，就生涯管理问题提出了独到见解。他认为，有效的生涯管理最终将依赖于卓越的工作表现，而有道德的行为将为我们带来长期的利益。他指出，这两个因素在许多流行的生涯成功书籍中并未得到足够重视。对我们而言，重要的是将职业生涯视为一场马拉松，而非百米冲刺——它是一个持续的过程，而非单一事件。我们需要不断学习新技能，适应不断变化的工作环境，并在面对挑战时保持坚韧不拔的态度。同时，也要学会在压力下保持冷静和专注，这对于职业生涯的成功至关重要。

费德曼教授强调，生涯规划不是一个简单的任务列表，而是一个需要深思熟虑和持续努力的过程。他建议，个人应在职业生涯早期开始规划，并持续评估和调整职业路径。在这个过程中，个人需要识别自己的核心能力和兴趣所在，同时了解市场需求和行业趋势。费德曼教授提到，个人应培养良好的人际关系网络，因为这在职业发展中扮演着至关重要的角色。此外，他还提醒我们，虽然短期成就可能令人兴奋，但长期职业发展才是更为重要的目标。因此，个人应追求那些能够带来长期职业成长和满足感的工作机会。

在职业生涯的发展过程中，勇于挑战自我，不断提升社会地位和专业水平，保持积极向上的心态非常重要。尽管在成长道路上会遇到各种不安和挑战，但正是这些不安和挑战，让职业生涯变得更加丰富多彩。从另一个角度看，对于那些要寻找具备全面技能、能承担领导和管理职责的员工的雇主来说，如果个人的专业技能过于狭窄，可能会降低个人的价值。因此，我们应努力拓宽技能范围，以提高职场竞争力。此外，不断更新知识库，保持对行业动态的敏感性，也是提升个人竞争力的重要途径。只有这样，我们才能在激烈的职场竞争中脱颖而出，实现职业生涯的飞跃。

进一步来说，职业生涯的发展并非仅依赖于所谓的"幸运"，也不仅仅是"在正确的时间、正确的地点遇到正确的人"。实际上，人们完全可以通过勤奋工作、积极参与各种专业组织和社团、建立广泛的人际关系网络，以及为完成工作或承担责任而积极努力等途径来提升自己的幸运指数。在这个意义上，人们可以经营和掌控"运气"，从而收获职业生涯的丰硕成果。我们需要主动寻找机会，把握机遇，并在遇到困难时保持乐观和积极的态度。同时，也要学会在逆境中寻找成长的机会，因为每一次挑战都可能是职业成长的催化剂。请记住，成功往往青睐那些有准备的人，而准备不仅仅是知识和技能的积累，还包括心理素质的培养和对机遇的敏感度。因此，不断学习新知识，提高专业技能，同时培养良好的心态和社交能力，这些都是在职业生涯中取得成功的重要因素。

费德曼强调，尽管"成功"这个概念能引导人们达到自我实现的高峰，但同时它也伴随着一定的代价。成功不仅仅意味着在职业生涯的各个领域都能展现出色的能力，而且意味着在这个过程中往往充满了挑战和困难。一个人的职业生涯是否成功，很大程度上取决于他们对成功的理解和态度。如果我们能不断关注并提升自己的人格价值、技能和兴趣，那么我们将很有可能在职业生涯中取得成功。更重要的是，这种成功所带来的成就感和满足感将会伴随一生。因此，不断地进行自我提升和自我完善是实现职业成功的关键所在。同时，我们还必须认识到，成功并不是一朝一夕就能实现的，它需要我们长期的坚持和不懈的努力。

在职业生涯的初始阶段，即第一份工作中取得成功，将极大地有助于启动职业发展这一过程。它不仅为你提供宝贵的工作经验，帮助你更好地理解自己在职场中的定位，而且为你未来的职业发展奠定坚实的基础。此外，第一份工作也是你建立职业形象和声誉的起点，因此，确保你的工作表现能够体现出你的专业性和潜力至关重要。在第一份工作中展现出色的工作态度和能力，能够为你的职业生涯铺设一条光明的道路，同时也会为你将来可能遇到的机遇和挑战做好准备。

在深入学习了各个章节的内容之后，你将具备能力去系统地整理和归纳所有的学习资料，从而构建起一个属于你个人的、独一无二的职业生涯规划档案。这个档案不仅会帮助你系统地记录下所有的探索资料，还会进一步帮助你确认和明确自己的目标与行动计划。

职业生涯规划档案的内容

1. 自我知识

（1）霍兰德特质类型、个人360°评估。

（2）个人价值观与职业价值观（选出最重要的五项）。

（3）目前所掌握的技能（包括可迁移技能和自我管理技能），以及在大学期间计划提升的技能。

2. 职业知识

（1）基于所学专业和兴趣爱好，探索可能的职业路径（列举不少于10种）。

（2）拟从事职业的详细信息。

3. 生涯目标设定（包括长期、中期、短期目标），以及最近一个月的具体计划。

4. 个人简历概要。

5. 面试经历记录。

认识自我是一个复杂且持续的过程，它要求我们在实践中不断地进行反思和自我评估。同时，鉴于外部环境和行业趋势都在不断地变化和发展，你应当至少每年审视一次自己的职业生涯规划，考查它是否仍然符合你内心的向往和期望。如果你继续目前的工作和生活方式，你的感受将会是怎样的呢？如果继续或改变某些方面可以让你感觉更好，那么你就应该进行一些生涯满意度的评估，通过这些评估来反思自己的发展和成长（表7-2）。

表7-2 生涯满意度问卷[①]

思考的问题	是/否
清晨，你总是精神抖擞地醒来，心情愉悦，因为即将迎来一天中充满快乐和成就感的工作时刻	
你明白如何为组织的成功做出贡献，并因此获得相应的公正待遇	

---

① 钟谷兰、杨开：《大学生职业生涯发展与规划》，华东师范大学出版社2016年版，第171页。

续表 7-2

思考的问题	是/否
你感受到自己在团队或组织中持续地成长与提升	
你的日常工作充满挑战，而你通常都能成功地应对这些挑战	
你完全有能力胜任公司的各项任务，并能以自己的独特方式妥善处理	
你的工作与生活方式相得益彰：你能够恰到好处地协调工作与健康、休闲及家庭、朋友之间的关系	
你的工作领域正引领你逐步接近自己的长远目标	

注：以上各项并无正确或错误之分，仅旨在帮助你反思自己的职业生涯旅程行至何处，是否有必要进行调整。

在你继续前进的道路上，请花时间再次仔细审视你的职业生涯规划档案。根据你目前的状况和未来的发展方向，思考一下在自我探索的过程中，有哪些方面是需要进一步深入挖掘和理解的。同时，也要评估你的目标和行动计划是否仍然符合你的职业愿景，或者是否需要做出相应的调整和更新。将这些思考和变化详细记录在你的职业生涯规划档案中，这样在未来回顾时，你将拥有一份翔实的参考资料，帮助你根据实际情况做出明智的决策。确保你的档案始终保持最新状态，准确地反映你当前的职业目标和计划，这样你就可以随时回顾并根据不断变化的环境和个人发展需求进行必要的调整。此外，不要忘记定期更新你的简历和职业介绍，确保它们能够准确地反映出你的专业技能、经验和成就。通过保持这些文档的最新状态，你将为潜在的职业机遇做好充分的准备，确保在机会来临时，你能够迅速而自信地展示自己的价值。

本章小结

本章主要探讨了大学生如何从校园过渡到职场，以及如何在职场中进行有效的生涯规划和管理。通过分析毕业生在职场适应过程中可能遇到的挑战，并提供了应对策略和建议，旨在帮助年轻人更好地理解自己的职业发展路径，找到其在职场中的定位和方向。本章还强调了理论与实践的差异，对职场文化与校园文化进行了对比，以及阐述了个人在职业生涯中应如何自我调整和管理，以实现从学生到职场人的平稳过渡。

生涯规划练习

播放一首能让你心如止水，同时又是你所钟爱的曲目。请采取一个舒适的坐姿，放松身心，闭上双眼，找到自己的呼吸节奏。

设想今天是你80岁的寿辰，你的家人、子孙、亲戚和朋友们将为你筹备一场盛大的生日庆典。屋内装饰着五彩缤纷的彩灯，你的生日庆典即将拉开序幕。此刻，你独自一人坐在书房内，窗外传来模糊的音乐和人声。请你回想在自己漫长的人生旅程中，有哪三件事是你引以为傲，每当回忆起来都令你感到愉悦的。

思考完毕后，请睁开眼睛，在一张白纸上记录下这三件事情。

这是一次心灵的探索，一次自我反思的旅程。通过这个练习，你将更清晰地认识到什么对你来说是真正重要的，以及你希望未来的生活如何继续。

参考文献

阿德勒，普罗科特. 沟通的艺术：看入人里，看出人外：插图修订第 15 版［M］. 黄素菲，李恩，王敏，译. 北京：北京联合出版公司，2017.

达格. 职业规划心理咨询全案［M］. 谢晶，译. 北京：中国人民大学出版社，2020.

黑贝尔斯，威沃尔二世. 有效沟通：第 11 版［M］. 李业昆，何辉，译. 北京：电子工业出版社，2016.

侯士兵，杨薛雯. 职业生涯发展与规划［M］. 上海：上海交通大学出版社，2018.

金树人. 生涯咨询与辅导［M］. 北京：高等教育出版社，2007.

里尔登，伦兹，桑普森，等. 职业生涯发展与规划［M］. 侯志瑾，伍新春，等译. 北京：高等教育出版社，2005.

林清文. 生涯发展与规划手册［M］. 广州：广东世界图书出版公司，2003.

罗伯逊，胡利，麦卡什. 牛津生涯发展手册：背景、理论与实践［M］. 北森生涯研究院，译. 北京：世界图书出版有限公司北京分公司，2023.

明托. 金字塔原理：思考、表达和解决问题的逻辑［M］. 汪洱，高愉，译. 海口：南海出版公司，2013.

田秀兰. 生涯咨商与辅导：理论与实务［M］. 台北：学富文化事业有限公司，2015.

吴芝仪. 我的生涯手册［M］. 北京：经济日报出版社，2008.

阴军莉，谢伟. 大学生职业生涯规划：入学版［M］. 北京：北京工业大学出版社，2019.

钟谷兰，杨开. 大学生职业生涯发展与规划［M］. 2 版. 上海：华东师范大学出版社，2016.

钟思嘉，金树人. 大学生职业生涯规划：自主与自助手册［M］. 北京：高等教育出版社，2017.

周文霞，谢宝国，潘静洲，等. 职业生涯研究与实践必备的41个理论［M］. 北京：北京大学出版社，2022.